ÉTUDES
SUR
L'ALLEMAGNE,

RENFERMANT

UNE HISTOIRE DE LA PEINTURE ALLEMANDE,

PAR

ALFRED MICHIELS.

Seconde édition.

II.

Bruxelles,
LIBRAIRIE ANCIENNE ET MODERNE DE A. VANDALE,
10, RUE DES CARRIÈRES.

1845.

IM. DEVROYE ET Ce, IMPRIMEUR DU ROI.

ÉTUDES

SUR

L'ALLEMAGNE.

OUVRAGES DU MÊME AUTEUR :

Histoire de la peinture flamande et hollandaise. 4 vol. in-8.
Histoire des idées littéraires en France au XIXe siècle et de leurs origines dans les siècles antérieurs. 2 vol. in-8.
Angleterre. 1 vol. in-8.
Névillac. 1 vol. in-18.

ÉTUDES
SUR
L'ALLEMAGNE,

RENFERMANT

UNE HISTOIRE DE LA PEINTURE ALLEMANDE,

PAR

ALFRED MICHIELS.

Seconde édition.

II.

Bruxelles,

LIBRAIRIE ANCIENNE ET MODERNE DE A. VANDALE,
10, RUE DES CARRIÈRES.

1845.

Jean Henri Voss.

I.

En 1778, il existait à Gœttingue une société de jeunes poètes qui devaient presque tous se faire un nom dans la littérature allemande. Les réunions avaient lieu le samedi, vers quatre heures. Sur la table, qu'environnaient leurs siéges, un gros livre noir tenait compagnie aux œuvres lyriques de

Klosptock et de Ramler. On commençait habituellement par ouvrir ces derniers volumes, et par lire quelque ode remarquable; ensuite venaient les observations et le café. Ceux qui, durant la semaine, avaient senti l'inspiration leur monter à la tête, donnaient connaissance de leurs nouveaux essais. Le gros livre noir servait de panthéon aux morceaux généralement approuvés; on les inhumait sous sa couverture, en attendant qu'ils ressuscitassent chez le libraire. Lorsque le temps ne s'y opposait pas, le club tenait séance hors de la ville. Une humble auberge les recevait, un aubergiste plus humble encore leur offrait sa bière et ses schoppes. Cependant la caravane inspirée dédaigna mainte fois l'habitation du Philistin. Pour peu qu'elle entendît chanter la fauvette dans les bois, elle allait s'installer sur l'herbe avec du lait et des fruits. Souvent on la rencontrait assise parmi les ruines, écoutant bruire le feuillage, pleurer les sources et mugir au loin les troupeaux. Il arriva même, à deux reprises différentes, qu'un beau clair de lune leur fit oublier le sommeil. Le dôme céleste couronné d'une illumination éclatante valait bien leurs plafonds et leurs rideaux. Excités par les brises aromatiques, par le silence infini qui planait sur les champs, sur les eaux, sur les collines, ils résolurent d'attendre le jour en s'ébattant avec la muse. Plusieurs odes, j'allais dire plusieurs rhumatismes, signalèrent ces équipées nocturnes. Leisewitz, Miller, Stolberg, Hœlty brillaient au milieu de la tribu pastorale. Quoique absents, Bürger et Klopstock s'affilièrent à la société. Mais si champêtres que fussent les inclinations communes, on n'avait pas encore atteint l'idéal. Un seul homme devait pousser jusque-là et vivre en pleine idylle. Cet homme se nommait Jean Henri Voss ; sa biographie a tous les caractères d'une églogue.

Né le 20 février 1751 à Sommersdorf, près de Wahren, dans le Mecklenbourg, il habitait Penslin, lorsque son père lui fit commencer son éducation. Aussitôt qu'il eut quinze ans, on l'envoya la terminer à l'école supérieure de Neubrandenburg. Comme les élèves n'y apprenaient que juste assez de grec pour comprendre le nouveau testament, Voss et quelques autres essayèrent de s'instruire eux-mêmes. Chaque semaine, ils se réunissaient plusieurs fois, étudiaient cette belle langue, et lisaient les auteurs allemands, entre autres Gellert et Hagedorn. Le jeune Henri manifesta dès-lors sa vocation littéraire. Il composa de nombreux *lieder*, traduisit certains morceaux d'Horace, et continua *l'Ile de Felsenburg*, ouvrage qu'il aimait beaucoup. Les dimanches, ou les jours ordinaires, s'il obtenait un congé, il parcourait tout seul la campagne. Les environs de Neubrandenburg sont fort beaux. Quand le soleil se couche, il projette l'ombre de la ville sur un bois qui murmure près des remparts ; derrière le bois, un grand lac folâtre avec la lumière et les vents. C'était là qu'il errait un livre à la main. Souvent la nuit le surprenait au milieu de ses rêveries. Il gagnait alors silencieusement son gîte ; mille étoiles s'allumaient dans le ciel, mille espérances dans son âme, et la lune curieuse passait la tête par la fente d'un nuage, comme pour le regarder.

Ce bonheur dura peu. Son maître n'était pas un puits de science ; deux années le mirent à sec. Que faire cependant ? Ni fortune, ni protection ; l'indigence traînait lentement son père vers la tombe. On lui offrit une place de précepteur ; il accepta, croyant pouvoir épargner assez sur ses honoraires pour fréquenter ensuite une académie. Ses appointements furent fixés à 60 thalers ou 225 francs ; le cuisinier en recevait 300. On y devait joindre un petit cadeau le jour de Noël. Un dimanche donc, il arriva chez son nouvel hôte ; pendant le repas on lui donna du vin, boisson rare sous ces latitudes. Mais le lundi, changement de régime : la précieuse liqueur désaltéra le propriétaire, sa femme et ses petits ; le pédagogue dut se contenter de bière. Le dimanche vint rendre à l'amphytrion sa générosité ; il pencha la bouteille sur le verre de l'instituteur. Voss donna le verre plein au domestique, assurant que le vin l'incommodait. Il en refusa toujours depuis ce moment.

Quelques mois après, le frère du mari voulut

prendre femme. Bonne noce suppose une chanson nuptiale. Le cher instituteur fut prié de célébrer les épousailles sous le nom de son élève. On devait imprimer les vers, il saisit l'occasion. Sa complaisance lui valut des remerciements, et l'oncle donna au disciple un double louis d'or qu'il courut montrer à son précepteur avec un air radieux. *Sic vos non vobis.*

Le jeune poète se lassa bientôt d'une aussi triste situation. Il lui fallut néanmoins la supporter deux ans et demi. Un digne homme lui tendit alors la main et le tira de cette fondrière. Ayant lu par hasard l'*Almanach des Muses,* qui se publiait à Gœttingue, Voss écrivit une lettre au directeur. Il y joignit deux ou trois pièces de vers pour qu'il les insérât, s'il le jugeait convenable. Une réponse amicale, non-seulement du directeur titulaire, mais aussi de Boïe, l'éditeur véritable, lui causa le plus vif plaisir. Une correspondance s'établit entre eux. Boïe lui proposa de venir habiter Gœttingue; connaissant d'ailleurs sa pauvreté, il lui obtint une exemption des droits universitaires, un *freitisch* ou alimentation gratuite, et paya lui-même son loyer. Ce fut à cette époque que notre auteur fonda la société dont nous avons décrit les habitudes.

Quoique la vie ecclésiastique le charmât faiblement, il accepta un emploi dans le séminaire dirigé par Gottlob Heyne, le fameux philologue. On lui donnait annuellement 50 thalers (187 fr. 50 c.); sa seule obligation était de se préparer à un futur professorat, en expliquant les auteurs anciens. Voss fit tous ses efforts pour mériter l'approbation du grand helléniste ; il comptait sur ses idées originales et s'aperçut bientôt qu'elles lui nuisaient auprès de l'antiquaire systématique. Lorsqu'il visita Hambourg, on le raya du grand-livre.

Ce dernier voyage décida de son avenir; il l'avait entrepris pour aller voir Klopstock et le père de Boïe, prévôt à Flensburg. Les louanges que son ami lui donnait dans ses lettres, sa propre correspondance avec Marguerite, la sœur aînée de son bienfaiteur, puis avec Ernestine, la cadette, ne permettaient pas de le considérer comme un étranger; aussi le reçut-on cordialement. A peine arrivé, un mal de poitrine et un crachement de sang mirent sa vie en péril. Les soins qu'on lui prodigua le sauvèrent, mais il les paya de sa liberté : pendant qu'il gisait sur son lit de mort, une ombre silencieuse errait tout le jour sous ses yeux; il s'était épris de cette gardienne assidue, il aimait Ernestine. Pourtant il ne devait point songer à l'épouser ; les plus doux sons de la musette pastorale ne nourrissent pas une femme. Il s'éloigna le cœur plein de larmes et de projets.

L'année suivante, il quitta Gœttingue et alla se fixer à Wandsbeck. Une distance moins grande le séparait de son amie; le même nuage, la même brise portait la fraîcheur de l'un à l'autre : aussi réalisa-t-il dès lors ses fantaisies champêtres. Une lettre datée de cette époque renferme le passage qui suit : « Une foule d'agréments recommandent Wandsbeck. Le bois du baron Schimmelmann est la plus belle forêt que je connaisse. Nous passons la journée entière avec Claudius, ordinairement couchés sur un vert gazon abrité par une tonnelle ; nous écoutons le chant du rossignol et les clameurs du coucou. Sa femme, vêtue comme une bergère et les cheveux flottants, repose près de nous, sa petite fille entre les bras. Nous buvons du café ou du thé, fumons une pipe et bavardons sans nous gêner. »

Tandis qu'il s'amusait à voir palpiter le feuillage et verdir la lumière qui le traversait, le père de sa bien-aimée luttait contre une mort prochaine; il ne triompha que pour succomber quelques mois plus tard. Voss affligé supporta noblement sa douleur : suivant une coutume dont il ne se départit jamais, il chercha dans le travail une consolation efficace. Rien n'est admirable comme la force morale qu'il opposa toujours aux maux extérieurs. Quand les misères humaines venaient l'assaillir, venaient martyriser sa chair de leurs flèches acérées, il souffrait courageusement, sans plainte et sans impatience : nouveau saint Sébastien, il levait les yeux vers un autre monde, et calme, résigné, plein d'espoir, il oubliait les archers qui le torturaient. Plus de faiblesses, de goûts puérils ; il n'y avait en lui qu'une volonté ferme, domptant l'affliction et lui disant : tu n'iras pas plus loin. Ainsi, lorsque sur ses vieux jours, son fils chéri mourut à ses côtés, il ne se laissa pas abattre, il ne versa pas une larme. Ouvrant l'Écriture-Sainte, il entra dans la chambre de sa femme et lui lut ces paroles d'une voix assurée : « Tant que mon enfant a vécu, j'ai pleuré, j'ai jeûné pour lui, car je me disais : qui sait si le Très-Haut ne se montrera pas miséricordieux, s'il ne le sauvera pas? maintenant qu'il est mort, pourquoi pleurerais-je? Lui rendrai-je la vie? Hélas! je puis bien aller le trouver, mais lui ne viendra pas à moi! »

Après le décès de Boïe, le père, Voss qui dirigeait alors l'*Almanach des Muses*, sentant combien cette ressource était précaire, se mit sur les rangs pour une place de maître d'école à Hambourg. Le jour qu'il devait se présenter, il ne voulut point subir la perruque infligée aux candidats par le cérémonial : ses amis lui arrangèrent un toupet décent, lui mirent un habit noir, des bas noirs, et lui ôtèrent son gourdin. Klopstock lui prêta même sa canne d'apparat ; mais rien ne servit ; on le refusa net. Il griffonnait des vers!

C'était aussi ce que lui reprochait le beau-frère d'Ernestine, agréable marchand qui savait ses quatre règles. Son opposition et la répugnance de la mère, qui abhorrait les hommes sans place, n'empêchèrent point Voss d'épouser la fille en juin 1777. Aussitôt la noce terminée, il emmena sa femme à Wandsbeck; mais là les attendait une difficile épreuve. Leurs moyens d'existence étaient si restreints qu'ils ne purent louer plus d'une chambre pour coucher et s'habiller; un petit pavillon de bois, situé au milieu d'un jardin, leur donnait asile durant le jour. Leur mobilier leur coûta 375 francs; cette somme composait toute leur richesse. Pendant longtemps ils furent contraints de ne brûler qu'une seule chandelle à la fois; or, notre poète travaillant toujours debout et sur un pupitre fort élevé, l'éloignement de la lumière empêchait Ernestine de coudre; elle approchait alors la table, plaçait dessus un tabouret et, ainsi exhaussée, mettait son aiguille en mouvement. Du reste, quelle que fût l'indigence de Voss, il loua bientôt une demeure plus commode et un petit jardin. Quand il ne voyait plus le gazon, il perdait courage; il lui fallait un pan du ciel, quelques arbres verdoyants et la senteur des buis nains qui bordent les allées. C'était avec une joie infinie qu'il arrosait son parterre en fleurs. Comme il attendait ou espérait un fils, il y traça les lettres F, L, V, et sema du cresson sur la trace. Quand les graines germèrent on vit apparaître les initiales des noms qu'il destinait à son enfant (Friedrich-Léopold Voss).

Une circonstance inattendue interrompit bientôt ses semailles. Un jour, pendant qu'Ernestine relevait de couche, on annonça le bourgmestre d'Otterndorf ; au même instant, un gros personnage, traînant à son bras une femme tout endimanchée, entra dans la chambre où Voss causait avec quelques amis. Les amis sortirent et laissèrent le poète fort embarrassé ; mais l'épais visiteur prenant la parole, assura Voss de son estime et lui témoigna combien il serait satisfait qu'un homme aussi docte voulût bien accepter une place d'instituteur à Otterndorf ; il ajouta qu'il était lui-même un érudit, ayant su le latin et le grec, sans compter beaucoup d'autres belles choses. Aussitôt il entreprit d'examiner son hôte : le dialogue fut vif et s'échauffa plus que jamais lorsqu'on vint à parler de chrestomathies. Voss déclara que ses élèves étudieraient toujours les auteurs eux-mêmes. « Eh quoi ! demanda le bourgmestre, ne leur mettrez-vous pas celle de Basedow entre les mains ? » — « Celle-là moins que toute autre, » répondit Voss. — « Alors, que le diable vous emporte ! s'écria son interlocuteur ; je suis Basedow lui-même. » En disant ces mots, il embrassa le poète, et avoua que sa curiosité méritait une pareille leçon. Les amis qui s'étaient d'abord retirés, mais écoutaient à la porte, rentrèrent avec de grands éclats de rire. L'aventure finit par un joyeux repas.

Voss fut nommé recteur de l'école d'Otterndorf. L'excellent Basedow n'aurait pu mieux se venger.

Voss eut à peine accepté cette place qu'il s'en repentit ; elle ne rapportait que 300 thalers (1,135 francs) et lui imposait six heures de leçons tous les jours. D'ailleurs le pays est affreux : la ville, construite sur le bord de la mer, essuie d'éternelles tempêtes ; la rafale parcourt ses rues en triomphe et l'ensevelit sous le brouillard. Au lieu de campagne, un marais ; ni bois, ni sources, ni collines. Pour breuvage, l'eau des pluies ; nulle autre moisson que les roseaux. Quelquefois, durant les nuits d'automne, une rumeur confuse éveille les habitants : à la morne clarté de la lune, ils voient l'Elbe écumer dans le lointain ; ils voient l'inondation joyeuse sauter par-dessus les digues et s'élancer vers leurs murailles au pas de course. Les goélands effrayés attristent la nuit de leurs clameurs sauvages. Les lampes s'allument ; on cherche, on appelle ses voisins ; les bestiaux inquiets frappent du pied leur litière. Tel est le tableau que Voss a lui-même esquissé ; une lettre le commence, une pièce de vers le termine.

Afin que rien ne manquât à sa situation désagréable, on lui donna pour logement une maison basse, humide, obscure, dans une rue sale et malsaine. Pauvre poète! Quelle amère raillerie! Les exercices de l'école dévoraient ses jours presque tout entiers. Les bambins psalmodiant leurs déclinaisons remplaçaient les oiseaux et leurs confidences amoureuses : puis, lorsque seul enfin, il ouvrait ses croisées et demandait au ciel un air pur, il n'apercevait plus ses collines d'autrefois : les eaux jaunes de la Mæme rampant sur leurs limons, quelques tombes verdies par le byssus, deux ou trois scabieuses à l'air maladif, voilà tout ce qu'il découvrait.

Il en eut bientôt assez. Après trois ans de souffrances il abandonna Otterndorf, non toutefois sans emporter une fièvre quarte ainsi qu'un dernier souvenir. Son ami Stolberg lui avait obtenu une place de directeur, et loué une habitation à Eutin. Mais on n'échappe pas comme on veut au malheur : Voss retrouva dans sa nouvelle maison l'humidité devant laquelle il fuyait ; la pluie traversait la toiture délabrée ; Ernestine y contracta la fièvre ; leur fils, âgé de quatre ans, ne put résister et mourut. Pour la première fois, le malheureux pédagogue se sentit accablé. Conseillé par le désespoir, il résolut d'abandonner sa profession et d'entreprendre la librairie ; il écrivit cependant au ministre Holmer pour lui exposer sa situation. Presqu'en même temps on lui offrit un professorat à l'université de Halle. Le ministre, craignant de le perdre, lui accorda 2,000 thalers (7,500 francs), avec lesquels il devait se faire bâtir une demeure convenable, et porta ses appointements à 400 thalers (1,500 francs). Cette faveur fut le gage de sa réconciliation avec la fortune ; si depuis elle ne l'enrôla point dans sa garde d'honneur, elle ne le laissa pas non plus jeûner et languir parmi les valets de l'armée. On le voit bien encore aux prises avec les embarras pécuniaires, mais la lutte est moins terrible. Ainsi, en 1785, ayant quatre enfants à nourrir, il ouvre une table d'hôte. Son espoir d'augmenter par là son revenu ne tint pas contre l'expérience; il abandonna pour toujours le commerce. Deux cent trente-huit ans auparavant une ancienne religieuse avait eu recours au même moyen; c'était Catherine de Bora, la femme de Luther, qui mourut à Wittemberg, dans l'indigence et l'abandon.

Voss dirigea vingt ans l'école d'Eutin. Les travaux multipliés qu'il exécuta durant cette période, les six heures de leçons auxquelles l'astreignait sa place, épuisèrent enfin son courage et ses forces. Il sentit qu'il ne pouvait continuer sans mourir. Le duc de Holstein voulant reconnaître ses longs services, lui assura une pension de 600 thalers (2,250 francs). Libre désormais et à l'abri du besoin, il alla pendant trois ans habiter Iéna. Il entreprit ensuite un voyage dans le midi de l'Allemagne. L'électeur de Bade lui proposa une rétribution annuelle de 500 gulden (1,075 francs), s'il voulait accepter un emploi à Heidelberg, ou plutôt y élire domicile. Voss ayant refusé pour ne pas quitter ses amis, une seconde lettre rendit la tentation plus forte, et comme cette fois ses amis lui conseillèrent de partir, il ne se récusa point.

Les propositions méritaient examen. On lui promettait 1,000 gulden (2,150 francs) par année, sans exiger de lui aucun travail. Il se transporta donc au bord du Neckar, dans le magnifique vallon où Heidelberg écoute les flots bruire à ses pieds; il y resta vingt-et-un ans, et y mourut en 1826.

Deux événements malheureux troublèrent seuls sa vieillesse : l'un fut la perte de son fils, perte que nous avons déjà mentionnée ; l'autre, sa célèbre querelle avec Stolberg. Elle prit naissance en 1792; Voss ayant alors écrit une imitation de la *Marseillaise*, sous ce titre bizarre : *Hymne des nouveaux Francs pour la loi et le roi*, Stolberg lui déclara net qu'il regardait la noblesse comme une race supérieure, primant la roture par l'élévation de l'intelligence, par le sentiment des grandes choses, et méritant ses priviléges sous tous les rapports. Mais l'orgueil ne se jeta pas seul entre les deux amis. Stolberg penchait vers le papisme; les prêtres catholiques fréquentaient sa maison. Il retira ses enfants de l'école, sous prétexte que les auteurs anciens contenaient beaucoup de notions contraires à ses principes; enfin, il abjura le luthéranisme, en 1800. Voss, dans sa douleur, composa une ode énergique intitulée : *Avis à Stolberg*. L'avertissement fut inutile. Le comte établit une propagande et s'occupa lui-même activement d'éclairer les âmes. En 1818, il publia un essai sur l'esprit du temps; cet ouvrage, où l'auteur injurie et flagelle toute espèce de liberté, irrita Voss au dernier point; ni prières, ni observations ne purent l'empêcher de faire paraître son fameux article : *Comment Fritz Stolberg est-il devenu un servile?* Sa réponse à cette question montre quelles circonstances spéciales amenèrent le comte à encenser le despotisme.

Cet écrit souleva une clameur générale; c'était, disait-on, une honte d'attaquer ainsi les personnes. Quelle rudesse! quelle amertume! Stolberg composa une *Courte réfutation du volumineux libelle publié par le conseiller Voss*, et le traita de calomniateur. Voss riposta; une confirmation de son premier opuscule fut accompagnée d'un essai sur les relations personnelles. Stolberg mourut quelque temps après. Un nommé Drusset, voulant exciter l'indignation publique contre son antagoniste, prétendit que la violence de ses paroles avait tué le comte; mais la comtesse déclara positivement qu'il fallait attribuer ce malheur à un vice d'organisation et non point au chagrin.

Quand tous deux eurent abandonné la terre, on voulut réunir leurs dépouilles dans un seul tombeau. Un jeune auteur composa d'avance leur épitaphe; il disait que, réconciliés pour toujours, la même étoile les voiturait peut-être de ciel en ciel. Mais le projet ne fut point exécuté;

les anciens amis reposent éloignés l'un de l'autre. Comment réussir à mêler ces poussières? Chacun d'eux avait sa foi, son espoir et sa vérité.

II.

Le portrait de Voss est une révélation complète sur son caractère et sur celui de ses écrits. Jamais intelligence n'a porté pour enseigne une physionomie plus véridique. Son front haut, mais quelque peu rejeté en arrière, son nez gigantesque, son menton non moins colossal lui donnent un air d'ingénuité campagnarde assez risible. Joignez à cela des yeux proéminents, de grandes paupières, une oreille placée trop bas, une longue mâchoire et des pommettes saillantes. Le tout annonce un esprit doux, vertueux, réfléchi ; mais on pressent une volonté ferme sous ce calme habituel. Qu'une occasion se présente, et l'homme de fer va roidir son bras contre les obstacles. Les obstacles céderont, car lui ne fléchira pas. En même temps, une expression fine et moqueuse adoucit la rusticité générale du visage. On croirait que la nature a voulu idéaliser le paysan. Les lignes roides et parallèles qui dessinent la tête des quadrupèdes domestiques se retrouvent dans sa figure. Il lui

manque l'air noble de Wordsworth, la douceur
élégiaque de Virgile.

Ce qui manque à l'homme manque à l'écrivain.
Peut-être aimez-vous les élans fougueux de l'âme
vers un ciel qu'elle désire, vers un infini qu'elle
ignore; peut-être la vague mélopée des forêts qui
s'entretiennent avec les brises, le météore sur le
lac lointain, les molles clartés dissoutes dans les
brumes d'automne vous charment-ils davantage
qu'un beau site, illuminé par un sol radieux. Alors
n'abordez point notre poète, il n'a rien de commun avec vous. Sa muse ne chante pas sous les
ifs ruisselants; elle n'aspire ni le brouillard des
cascades, ni l'âcre exhalaison des marécages; elle
préfère une chambre bien chaude, un petit jardin
aux allées sablonneuses. Lorsque la neige tourbil-
lonne, que le poêle gronde et flamboie, que le chien
hurle douloureusement, elle contemple d'un air
joyeux son habitation chérie. Meubles et rideaux,
siéges et tapis, vases et gravures, tout lui plaît,
tout lui sourit, tout l'enchante; elle admire ces
simples richesses, et, le cœur satisfait, remercie en
pleurant la bonté divine qui ne l'a pas laissée mendier au bord des chemins. Puis l'hiver s'éloigne :
les arbres nus revêtent leur livrée splendide, un
nocturne concert tient les fleurs éveillées. Le ciel
et la terre s'admirent l'un l'autre. Aussitôt la mé-
nagère poétique suspend à son bras le panier de
jonc; elle va cueillir les fraises sauvages et laver

ses mains potelées dans l'eau des sources. Chaque buisson qu'elle froisse lui jette son tribut de parfums; elle regarde, écoute, murmure une vieille chanson, et regagne, tout émue, sa cabane environnée de sureaux.

La prédilection involontaire, qui mettait la flûte pastorale entre les mains du courageux instituteur, ne l'influençait pas uniquement; il s'y joignait un goût réfléchi pour la nature même la plus banale. Dès sa jeunesse il avait cherché le meilleur moyen de la rendre. Durant son séjour à Gœttingue, il écrivait: « J'ai beaucoup médité sur l'idylle; Théocrite seul m'a fait comprendre le but de cette espèce de poème : il ne rêve pas un monde impossible, ses bergers ne sont point de jolis messieurs. Il a peint la nature sicilienne, telle qu'elle s'offrait à lui; ses pâtres emploient souvent des expressions aussi grossières que nos rustres. Virgile, imitateur dans la pastorale comme dans l'épopée, lui vola ses plus beaux endroits, les combina selon sa fantaisie, ajouta quelques traits de mœurs italiennes, et créa de la sorte un monstre sans patrie. Il le nomma églogue ou choix, assemblage de morceaux. Les Italiens et les Espagnols trouvèrent leur pays encore plus prosaïque; ils émigrèrent en Arcadie, asile supposé de l'innocence et des douces chansons. Gessner marcha sur leurs traces et peupla les Alpes d'Arcadiens, ou plutôt d'habitants chimériques. Je te prouverai qu'il n'excelle jamais, quand il oublie la réalité. »

Une théorie aussi incontestable devait porter de bons fruits ; elle devait pour le moins tenir à distance les chevriers plaintifs et les vachères langoureuses qui, sans elle, seraient venus obséder notre poète. Bonsoir aux madrigaux, bonne nuit aux gentillesses sentimentales. Le monde où nous entrons ne nous est point inconnu ; ses fleuves roulent des eaux véritables, ses plantes croissent et meurent ; un soleil réel éclaire ses pâturages. Si, du reste, l'auteur néglige un instant l'imitation rigoureuse, et cherche à répandre sur ses tableaux une lumière idéale, ne vous inquiétez pas ; il sait comment on atteint ce but. Il ne va point amener devant vous des créatures factices, leur prêter un jargon ridicule ; l'idole n'est pas le dieu. Il embellira la nature sans la travestir, perfectionnera ses harmonies sans les altérer, ajoutera la pensée humaine à l'admirable pensée qui anime et coordonne l'univers.

Ce système fut l'âme poétique de Voss. Sous son influence il écrivit *Louise,* son plus long, son plus bel ouvrage. Si quelqu'un voulait en Allemagne revenir sur cette délicieuse épopée, ses auditeurs lui souhaiteraient toutes sortes de prospérités et lui feraient un grand salut. Il aurait heurté contre un lieu commun. On lit, on achète, on se rappelle *Louise* avec un charme infini, mais personne n'en dit mot. Les popularités les plus bruyantes envieraient un pareil silence. Mais comme, Dieu merci !

nous vivons sur le sol français, nous nous hasarderons à présenter au lecteur le bon curé de Grünau.

Quand le poème commence, le digne pasteur, attablé sous les tilleuls fleuris, célèbre l'anniversaire de sa fille unique. Mille joyeux propos circulent. Les animaux eux-mêmes prennent part à la fête, les pigeons roucoulent au bord du toit, le coq et les poules attendent qu'on leur octroye quelques miettes, et Packan, le chien fidèle, ronge un os en regardant le chat de travers. On vide les bouteilles, et le papa se retire dans sa chambre pour faire la sieste; sa vigilante épouse bat le coussin du fauteuil, croise les rideaux et le laisse dormir. Cependant Louise part avec son fiancé, le théologien Walter; un jeune garçon les accompagne, innocent témoin de leurs furtives caresses; ils vont côtoyer le lac et attendre au-delà qu'un bateau leur amène leurs compagnons. Bientôt des rames frappent mélodieusement l'eau plaintive, la nacelle écarte les roseaux; père, mère et serviteurs débarquent. On s'établit au pied d'une colline sur laquelle une forêt de pins dresse ses noires pyramides. Les branches mortes servent à préparer le café; on boit et l'on cause.

Cependant le soleil décline, les forêts agitent leur chevelure odorante; de grandes ombres couchées sur le lac se bercent au roulis des vagues. Il faut partir : la rosée menace les traînards. On

descend donc à la rive, et le frêle esquif, longtemps
ballotté parmi les glayeuls, laboure fièrement les
ondes. Le paysage déploie toutes ses magnificences; des hirondelles noires passent devant l'écar-
late du couchant; les poissons reluisent, les joncs
se dandinent, la brise évente les arbres. Louise
chante pour réjouir son père; l'écho s'éveille et
l'accompagne, les avirons immobiles laissent dormir la nacelle. Enfin l'on aborde, on gagne le
village, et les scènes admirées pendant le jour
embellissent les songes de la nuit.

Quelque temps se passe, et, lorsque l'auteur
lève une seconde fois la toile, l'aurore flamboie
dans les croisées de la chambre où sommeille le
pasteur. Un pêcher, qui tremble au dehors, projette son ombre jusque sur les rideaux. Le vieillard ouvre les yeux, étend la main, et s'aperçoit
que sa femme est déjà levée; il tire le cordon de
la sonnette. L'épouse complaisante accourt aussitôt; elle l'aide à mettre sa robe de chambre en
damas bleu, vêtement des grands jours; puis elle
l'assied dans son fauteuil, devant une table où
brillent les tasses et la théière apprêtées pour le
déjeuner. Ce luxe annonce une fête: c'est qu'on
attend Walter, le fiancé de Louise. Un orage, qui
la veille a bouleversé l'air et trempé les champs,
fait douter de son arrivée. Tout à coup la porte
s'ouvre, il entre, il presse ses vieux amis sur sa
poitrine. Aucun événement fâcheux n'a-t-il inter-

rompu son voyage? Le froid et le brouillard ne se
sont-ils pas ligués contre lui? Walter les rassure
et décrit poétiquement le spectacle nocturne qui
l'entourait. Après la tempête, de tièdes vapeurs
baignaient l'atmosphère ; le rossignol chantait dans
le lointain. Échappée aux brutales étreintes des
nuages, la lune avait repris sa couronne étoilée.
Pourtant quelques rares éclairs, bientôt dévorés
par les ténèbres, incendiaient encore le ciel et surprenaient, éblouissaient les chevaux. A la fin,
l'aube naissante lui montra le nid de cigognes
établi sur le toit qu'il cherchait. Pendant ce récit
et la longue conversation à laquelle il sert de prologue, Louise ne paraît point ; sa mère étonnée
cherche ce qu'elle est devenue et la trouve dormant toute habillée.

Ici Voss place dans la bouche de la jeune fille
qui s'éveille un langage admirable. Jamais on n'a
mieux exprimé l'ardeur et la naïveté, l'étourderie
et la grâce d'un premier amour. Louise avoue
qu'elle n'a pu d'abord sommeiller ; ne veillait-il
pas aussi? Entendant sonner une heure du matin,
elle s'était levée. Les pâles lampes suspendues
aux voûtes célestes éclairaient la campagne. Pour
attendre le jour, elle avait pris et revêtu sa parure ; mais au milieu de ses apprêts, la fatigue
l'avait gagnée ; quand sa mère survint, un songe
enivrant la préoccupait. Celle-ci lui apprend l'arrivée de son fiancé. Louise court à sa rencontre

et tombe dans ses bras en poussant un grand cri.

La narration enjambe un second intervalle. Maintenant les soucis fleurissent ; voici l'automne et ses mélancolies. Le pasteur de Grünau, la châtelaine, Amélie sa fille, Louise et Walter sont rassemblés ; ils chantent, devisent, pèlent des fruits et se les offrent mutuellement. La noce aura lieu le lendemain. Louise, par un caprice de jeune fille, sort avec Amélie et s'enferme dans sa chambre : elle essaie la toilette si chère aux mariées. Tout ce qu'elles voient leur rappelle un souvenir ; elles songent à leur inévitable séparation, elles y songent, et la tristesse s'empare de leur cœur.

« Assieds-toi sur ce siége, Amélie ; bien souvent nous nous y sommes reposées toutes deux : nous avons ici partagé nos plaisirs et nos chagrins ; mais, hélas ! l'heure des adieux approche !

» Ainsi parla Louise ; elle pressa la main de son amie et l'attira vers elle : celle-ci se dégagea, vint s'appuyer contre la fenêtre et regarda fixément la lune. Un nuage passait devant l'astre chagrin. Tantôt les vapeurs se fendaient et laissaient pleuvoir la lumière ; tantôt elles se refermaient et engloutissaient la pâle reine des nuits. Dans la cour le vent dépouillait les arbres, dispersait leur feuillage, ou l'entrechoquait au milieu de ses tourbillons avec un bruit sinistre. Amélie resta quelque temps silencieuse et pensive ; une larme éclairée par la lune tremblait sur sa joue : pourtant elle se contint, rentra dans l'ombre et prit la parole d'un ton léger. »

Pendant que les jeunes filles s'attendrissent, l'époux trouve leur absence bien longue; il accourt, saisit sa fiancée, lui donne un baiser voluptueux et l'entraîne dans la salle; leur présence excite une vive émotion, et le curé, profitant de la circonstance, les unit à l'instant même. On boit, on se réjouit, des musiciens arrivent, la gaîté n'a plus de bornes. Enfin, tandis que les verres se cherchent, que les santés résonnent, le pasteur fait un signe au fiancé; l'heureux Walter disparaît avec Louise, laissant les rieurs plaisanter à ses dépens.

Tel est le simple canevas de l'idylle. On chercherait vainement un sujet moins compliqué, moins accessible aux péripéties inattendues. Or, cette douce et intime sérénité de la fable rehausse un ouvrage destiné à peindre la nature et la vie rustique; il faut qu'en le lisant on sente un calme divin dans toutes les pages. Les événements tragiques absorberaient l'attention, troubleraient l'âme. Louons donc le poète d'avoir su maintenir l'intérêt, sans employer les violentes catastrophes du roman. A mesure que la société vieillit, ces paisibles créations nous deviennent chaque jour plus nécessaires. Lorsqu'elles se déroulent devant nous comme une région bénie, on prendrait volontiers l'auteur pour un homme des anciens temps.

Ses vers ne semblent-ils pas, ainsi que la balsamite et le genet, exhaler un parfum sauvage? Les harmonies de la solitude, ou les grâces de la nature cultivée ne prêtent-elles point à ses discours leur charme éternel? Assurément, il a vécu sous la tente et chanté le soir en écoutant le loriot; assurément, il a dormi sous le chaume, au bruit de son moulin et des eaux flagellées par la roue.

Ce n'est pourtant là qu'une illusion. L'idylle croît sur les sociétés caduques; elle s'épanouit lorsque les institutions menacent ruine. Plus les mœurs deviennent factices et plus elle grandit, plus elle prospère. Théocrite, Virgile, Longus, assistent à l'agonie du monde antique; Gessner et Voss, Gœthe et Wordsworth, Crabbe et Wilson mêlent leurs douces voix aux litanies mortuaires de la civilisation chrétienne. Si les pastorales modernes l'emportent en nombre, le fait s'explique aisément. Nous communiquons moins avec la nature, et notre amour pour elle augmente par la privation. Incarcérés dans des villes immenses, notre désir comprimé fermente, nous porte à la tête; plusieurs mois, plusieurs années s'écoulent, sans que nous puissions lui ouvrir une issue. Mais aussi quand vient le jour de la liberté, quand l'oiseau nous chante sa romance, quand le vallon béant s'entr'ouvre devant nous et se ferme sur nos pas, oh! alors notre cœur bondit, notre imagination ressuscite, nous sentons que nous étions nés pour vivre et pour mourir à la face des cieux !

Un plaisir moral accompagne d'ailleurs la satisfaction esthétique puisée par l'homme dans la contemplation extérieure. Au milieu de ses espérances, de ses abattements, de ses luttes acharnées, il rêve toujours le calme, toujours la sainte et heureuse insouciance qu'il a perdue en agrafant à ses épaules le manteau viril. Naisse donc un beau jour et laissons-le fuir de la cité bruyante. Il éprouvera bientôt l'influence pacifique de la création; il verra tous les êtres suivre des lois régulières, progressives, éternelles : les animaux leur instinct, le fleuve sa pente, les arbres leur aspiration vers le soleil. Comparant malgré lui cet ordre magique avec le désordre de sa pensée, il finit par trouver supérieure à son libre arbitre la fatalité providentielle qui régit la matière. Puis, comme une sympathie mystérieuse nous unit au monde, la tranquillité le gagne; l'orage se tait dans son âme, tout rentre en lui sous le joug de la raison et de la volonté. Aussi calme désormais que l'œuvre divine, sa conscience l'élève au-dessus d'elle. Une voix intérieure lui crie que telle est sa destinée, que sa raison, que son énergie spirituelle doivent asservir les passions et lui conquérir une liberté suprême; qu'alors seulement il sera d'accord avec sa propre essence et pourra se proclamer roi, suivant la belle expression des stoïciens.

Voilà l'effet moral que la nature produit sur les

perversités les plus endurcies. L'idylle a le même but; son urne rustique verse la paix et le contentement. Aussi ne faut-il point trouver bizarre qu'elle contrarie le principe en vertu duquel la littérature réfléchit la société. Changez cette circonstance et vous lui ôtez sa raison d'être. D'ailleurs le principe ne comporte point une extension absolue. La poésie et la vie réelle chevauchent côte à côte, nous ne voulons point le nier ; mais si les conformités prévalent, les différences existent. Par un de ses aspects, l'art dément toujours son origine. Ne semble-t-il pas que les Alpes, le Jura, les Pyrénées avec leurs neiges, leurs abîmes, leurs cataractes, devraient nourrir une population merveilleusement crédule? Il en sort des fermiers et des logiciens, des Ibères et des Suisses. Les nations vertueuses parlent un langage obscène, les siècles corrompus rougissent et baissent les yeux comme une vieille prude. Couché sur le roc stérile, en face d'une mer inexorable, l'Islandais pensif n'entend pas gronder son volcan; il rêve, il voyage dans des royaumes lointains ; son imagination exaltée le promène sous les acacias en fleurs.

Ce qui rend la pastorale difficile de notre temps, ce sont les personnages qui doivent l'animer. Les préjugés, sur la foi desquels nous admirions les villageois, nous ont dit adieu pour jamais. Nous savons que l'innocence ne mange pas nécessairement du pain bis. La haie cache souvent un meurtrier, la grange une blouse sanglante. Qui voudra célébrer l'ignorance et l'abrutissement? Voss a pris un détour. Il nous conduit bien au hameau, sous un humble toit, mais nous y trouvons le curé lisant Homère. Des habitudes patriarcales, des physionomies bienveillantes nous entourent, sans que la sottise perce à travers la bonhomie. Comme cependant il fallait bien nous montrer aussi quelques grosses faces de campagnards, l'auteur a mis en scène deux domestiques, Jean et Suzanne. Mais c'est avec une remarquable adresse qu'il passe ce gué dangereux. Il les introduit en souriant d'un air goguenard; son ton, moitié sérieux, moitié badin, éloigne par le comique toute impression désagréable. La laideur fait place à un ridicule innocent. Gœthe comprit si bien l'excellence de cette méthode qu'il l'adopta sans restriction. Dans Hermann et Dorothée, sa raillerie secrète n'épargne aucun acteur; depuis l'hôtelier jusqu'au digne apothicaire, des manies et de petits défauts les singularisent plus ou moins. Gœthe et Voss me paraissent l'emporter sur Crabbe et sur Wordsworth. Leur mode d'exécution permet une vérité complète, en sauvant la rudesse qu'elle entraînerait avec elle. Tandis que le lakiste nous peint des charretiers et des colporteurs philosophes, Crabbe des matelots infâmes ou des laboureurs atroces, leurs rivaux allemands copient la réalité. Ils la prennent chacun par un bras et la suivent où elle les mène.

Outre son poème national si beau de conception, si fin, si gracieux de détails, Voss a écrit plusieurs autres idylles et s'est essayé dans l'ode. La majesté ne l'abandonne jamais ; toutefois son inspiration lyrique manque de vigueur. L'élan n'abonde pas, l'image arrive clopin-clopant, le moins vite qu'elle peut. Son idée revêt malgré lui une forme didactique. Ses chansons et ses lieder valent beaucoup mieux. Ils sont plaisants, faciles et naïfs. Qu'on lise entre autres l'*Hymne printanier d'une jeune personne du grand monde*. L'auteur y décrit fort spirituellement les goûts absurdes que la vie urbaine développe dans certaines classes, dans certains individus. Ainsi la noble demoiselle trouve la campagne abominable : le crillon l'étourdit, les mouches la piquent, le coq l'éveille et la rosée tache ses escarpins. Mais elle tressaille de plaisir, quand elle voit la fumée ondoyer au loin sur la ville.

Malgré leur mérite, Voss regardait ces légers ouvrages comme un délassement. Son occupation habituelle, j'allais dire sa rage, c'était de traduire. Cinquante ans il resta courbé sur des productions étrangères, et la mort seule put dompter sa monomanie. On attribue au fameux Lope trois millions de vers ; Voss n'en a probablement pas translaté un moins grand nombre. Plutôt que de ne pas traduire, il aurait traduit des traductions. Pendant une maladie grave, on lui défendit cet amusement pénible ; mais il ne voulut rien écouter. Il fallut lui donner Tibulle, puis Bion, puis Moschus ; tous trois y passèrent. Une telle fureur le saisissait par moments qu'il lui arriva de reproduire en quatorze jours le premier chant de l'*Iliade* et l'épopée entière en neuf mois. Notez bien qu'il rendait mot pour mot, vers pour vers ; son travail n'a pas d'égal. Nous n'oserions raconter toutes les entreprises aventureuses dans lesquelles il s'est lancé. Disons néanmoins qu'indépendamment des trois auteurs déjà nommés, d'Alembert, Pindare, Blackwell, Shaftesbury, l'*Iliade* et l'*Odyssée*, les *Mille et une Nuits,* les *Eglogues* de Virgile et ses *Georgiques,* Properce, Théocrite, Ovide, Horace, Shakespeare, Hésiode, Lygdamus, Aristophane envahirent sous ses auspices la langue et la littérature allemandes.

Pourtant il n'en avait pas encore assez. A toutes ces prouesses il ajouta des querelles. Il fondit sur le romantisme, croisa la plume avec Stolberg, et l'anti-symbolique en main, essaya de désarçonner Creutzer. Puis, comme si rien ne pouvait fatiguer son bras, il voulut être armé journaliste. Il fit pleuvoir autour de lui une grêle de traités archéologiques, mythologiques, philologiques. Enfin il releva sa visière et promulgua les lois de la versification allemande. A présent, sa lance est brisée ; il dort sous les herbes d'un petit fleuve, et certes personne n'a mieux mérité le repos éternel. La seule épitaphe convenable, après une telle vie, serait cette fameuse inscription tumulaire :

Sta viator, heroem calcas.

Christophe Hœlty.

Louis-Henri-Christophe Hœlty appartenait à cette société de jeunes auteurs, dont nous avons décrit les séances pastorales sous les ombrages de Gœttingue. Il était né le 21 décembre 1748, à Mariensee, dans le Hanovre. Son père, ecclésiastique luthérien, avait épousé successivement trois femmes ; notre poète dut le jour à la seconde. Pendant son enfance, il se distinguait par une extrême beauté. D'un esprit curieux et vif, il nota ce qui le frappait dès qu'il sut tenir une plume : ses observations comiques et son bon caractère lui méritaient déjà l'affection de tout le monde. A neuf ans, la petite vérole le défigura et mit son existence en danger; lorsqu'il eut vaincu le mal, son père lui enseigna les premiers éléments du latin, du grec et de l'hébreu. Il avait un désir illimité de s'instruire; bien des fois l'aurore le surprit au milieu de ses livres, travaillant encore après une longue nuit d'étude. On lui défendit ces excès, on lui retrancha même en partie la lumière. Vaine précaution ! il acheta clandestinement de l'huile, se plongea tout entier dans la science, et vit souvent l'étoile du matin se coucher au milieu des brouillards, pendant que sa lampe veillait encore; il ignorait que ces homicides flambeaux devaient plus tard éclairer son agonie.

Un profond amour de la nature et de la vie champêtre se développa dès-lors en lui. Le calme éternel de l'univers passait journellement dans son cœur et y entretenait une douce sérénité. Quand ses devoirs lui laissaient quelque loisir, il choisissait un livre et s'en allait au fond des bois les plus écartés, sous les rameaux les plus sombres, déclamer seul et à haute voix les récits des poètes, les chants de ces infortunés qui nous désespèrent et nous consolent tour à tour. Si jeune encore, il recherchait déjà les émotions douloureuses. Quelle que fût l'heure du jour ou de la nuit, il parcourait avec charme les allées des cimetières; s'enivrant du murmure et de l'exhalaison des plantes funèbres. Par la suite, il décrivit lui-même ses pensives promenades; il n'oublia pas les couronnes de fleurs mortes qu'il avait vu trembler sur les tombeaux.

La verve d'Hœlty s'alluma de bonne heure. Ses premiers essais furent puérils comme l'âge où il les tenta : à onze ans, il rima l'épitaphe d'un chien, il mit l'alphabet en vers. Plus tard, il barbouilla les murailles de ses strophes; on dit même qu'il se fit un album de l'écorce des arbres; mais cette dernière coutume sent un peu trop la bergerie, et l'on nous permettra de ne point y croire. Enfin, pour dernière prouesse, il grimpait sur un escabeau; de cette chaire improvisée il endormait ses frères et ses camarades par de grotesques sermons.

Lorsqu'il fut âgé de seize ans, son père l'envoya à l'école publique de Celle, pour y continuer ses études. Après un séjour de trois années, il quitta cette ville et se rendit à Gœttingue ; il y devait apprendre la théologie sous la direction des professeurs universitaires : on espérait qu'en 1772 il serait capable d'exercer l'état ecclésiastique. Sans négliger les enseignements religieux, Hœlty, dans son ardeur scientifique, parvint à se familiariser avec plusieurs idiomes et plusieurs littératures : son noviciat n'était pas encore terminé qu'il savait déjà huit langues. Lorsque les tristes heures du départ vinrent le surprendre, il n'eut pas le courage d'abandonner ses amis; des liens étroits l'unissaient aux membres du *Hainbund*. Il obtint une bourse, une alimentation gratuite et une place au séminaire philologique; des leçons particulières lui fournirent le reste. Son père qui, heureusement pour lui, n'était pas dénué de bon sens, ne contraria point ses désirs.

Ainsi que Voss et plusieurs poètes élégiaques, Hœlty avait une figure comique. D'une haute taille, mais courbé, gauche, se traînant plutôt qu'il ne marchait, pâle comme la mort, silencieux et ne s'occupant point des assistants, il joignait à ces grâces toutes spéciales un air de simplicité divertissante. On le railla maintes fois sans le connaître. Ses yeux bleus exprimaient seuls la loyauté de son âme, et, par instants, un malin regard la finesse de son esprit. Du reste, pour ne point affaiblir ces avantages naturels, il ne prenait aucun soin de son habillement; il se promenait avec une douce satisfaction, équipé tout de travers. Une autre manie le singularisait encore; il ne parlait pas aux gens qu'il ne connaissait point. Différentes personnes, voulant l'attirer chez elles et jouir de sa conversation, l'engagèrent à venir prendre le café. Dans ces circonstances, il arrivait d'un air préoccupé, tirait à l'hôte un grand salut, vidait scrupuleusement la tasse préparée pour lui, et s'éloignait sans avoir dit un seul mot. Quand il trouvait

des auditeurs à son goût, il leur lisait ses vers, et
attendait ensuite avec confiance leur approbation.
Quelquefois il gardait très longtemps le silence,
puis le rompait tout à coup par une drôlerie : elle
produisait un effet d'autant plus grand qu'il conservait son sérieux.

Tous ces petits ridicules n'ôtaient pas à Hœlty
l'affection générale. Il avait un excellent naturel :
sincère, juste, bienveillant, il commit peu de
fautes ; il supporta le besoin et les maladies avec
une patience admirable.

Son malheur fut de ne pas savoir se modérer
dans le travail ; non-seulement il étudiait beaucoup, mais il entreprenait un grand nombre de
recherches à la fois. Son corps n'y put tenir, il
cracha bientôt le sang. Cet avis lugubre ne le dé-
tourna point : fatalement poussé vers la mort, il
continua sa route. Ainsi que le chevalier d'une
tradition normande, il ne voulut pas abandonner
son précieux fardeau ; il voulut conquérir sa bien-
aimée par son courage, et mourut de fatigue au
pied de la science. Admirons ce dévoûment héroïque, plaignons cette noble infortune. On dirait
que les hommes d'élite sont des victimes prédesti-
nées ; leurs vertus et leur génie les couronnent de
bandelettes funèbres. N'ayant ni la prudence ni
les craintes des hommes vulgaires, ils périssent
par leur propre faute, ou par les coups de lâches
antagonistes contre lesquels ils ne daignent ni ne

savent se défendre. Bonheur, estime, richesse, la perfidie leur enlève toutes les consolations de la terre, et parfois jusqu'au sentiment de leur innocence. Il y a sur plus d'une grève aride, au bord des flots désolés, quelqu'une de ces tombes où se sont enfouies des espérances sans bornes, un cœur pur comme le ciel, et des rêves pleins d'immortalité.

La lutte ne pouvait durer longtemps ; ses forces décroissaient de jour en jour. Au bout de deux années, il succomba sous l'impitoyable ennemi qu'il avait lui-même provoqué. C'était le 1er septembre 1776 ; il comptait à peine vingt-huit ans, et mourut loin de sa chère Gœttingue, dans la capitale du Hanovre.

Nous avons vu cet exemple se renouveler au commencement de notre siècle. En 1806, Kirke White rendit le dernier soupir à l'université de Cambridge. Pauvre jeune homme, sans autre ressource que son talent et des dons auxquels sa fierté ne se prêtait pas toujours, il voulut sortir d'embarras à force de persévérance. Mais les travaux qu'il s'imposait eussent miné la constitution la plus robuste. Il croyait marcher vers l'indépendance, il entrevoyait déjà le bonheur et la gloire, mais la mort le suivait côte à côte, et les poétiques rosées, dont s'enivrait parfois son âme, versaient elles-mêmes dans sa poitrine les germes de la destruction. Ces excès le réduisirent à une affreuse langueur : des palpitations violentes menaçaient de l'étouffer ; ses nuits étaient sans sommeil, pleines de terreurs et de lugubres images. Il se sentait quelquefois tellement épuisé, tellement abattu, qu'il allait de porte en porte demander à ses amis un refuge contre lui-même. La dernière crise le jeta dans les rues de Londres. Il voulait se calmer ; le bruit, le mouvement l'irritèrent. Sa perte fut dès lors certaine ; le délire le saisit et l'emporta sous ses ailes brûlantes à l'âge de vingt-et-un ans. Ses essais, dignes de Chatterton et de Gilbert, ont été recueillis en un volume par le fameux Southey. Rameau de buis déposé sur son lit mortuaire, peut-être ce léger souvenir l'accompagnera-t-il au fond de la tombe, car l'oubli visite de préférence la sépulture du malheur.

Les nombreuses études, auxquelles se livrait Hœlty, lui laissaient à peine le temps nécessaire pour produire lui-même. La liste de ses ouvrages n'est donc pas fort longue. Il traduisit de l'anglais : le journal hebdomadaire, intitulé *le Connaisseur*, écrit originairement par Towe, et dont il retrancha les détails les moins intéressants ; les dialogues politiques et moraux de Hurd ; enfin le premier volume des œuvres philosophiques de Shaftesbury. Voss se chargea des deux autres, quand son ami l'eut quitté pour toujours. Les poésies de ce dernier tiendraient facilement dans une cinquantaine de pages in-octavo. Dix-huit pièces ont été mises en musique par Reichhardt, et quelques-unes sont devenues des chansons populaires.

Hœlty n'est pas un écrivain du premier ordre. On n'aperçoit dans ses œuvres ni la lumière étincelante, ni les grandes ombres qui dessinent les créations de l'homme supérieur : il y règne plutôt un demi-jour expressif, une aube douce et voilée qu'égaient des chants lointains et de confuses modulations. Il a toute la grâce nécessaire à l'idylle, rien de plus. Ce qui le distingue entre les poètes élégiaques, c'est l'abondance des images et la concision du style. Non pas qu'il développe longuement ses tableaux ou refuse les termes à sa pensée, mais il évite les paroles inutiles et condense, pour ainsi dire, ses effets poétiques. Cette adroite économie est le signe d'un vrai talent; elle rapproche les causes de satisfaction, et tient de la sorte l'esprit en haleine.

Notre poète s'est essayé plusieurs fois dans la ballade, mais ne nous semble pas avoir complètement réussi. L'invention lui manque. Sa plus longue histoire a l'inconvénient de rappeler Alcine, Armide, Calypso, la Vénus de Politien, la Circé de Calderon, bref, toutes les déesses et magiciennes qui se livrent à la débauche dans des îles surnaturelles. Il n'y a d'original que le ton héroï-comique de la narration et quelques phrases très heureuses. Lorsque l'enchanteresse a enlevé son amant pour le conduire sous ses mystérieux berceaux, l'auteur nous décrit leur séjour de la manière suivante :

« Ils arrivèrent au milieu d'un paradis où le contentement et la volupté guettaient leur venue, soupiraient dans chaque brise printanière, murmuraient dans chaque fontaine. C'était, sur mon âme, une joyeuse campagne ! Autour d'eux fleurissaient des plaines bigarrées, et l'ardente image du soleil tremblait à la surface de mille ruisseaux. Les airs chuchottaient confidemment et ravissaient des baisers aux violettes, comme le jeune homme à sa fiancée... Lorsque la lune argentait les bocages, ils s'égaraient le long des allées où couvait maint oiseau, se reposaient sur l'herbe odorante et contemplaient à travers le feuillage la douce clarté des cieux. Bientôt ils unissaient leurs poitrines ; ce qu'ils faisaient de plus, l'astre des nuits peut seul vous le dire ; je ne saurais le deviner. Un suave murmure flottait parmi les arbustes, et les oiseaux chantaient des refrains d'amour dans les intervalles. L'haleine du soir, agitant les arbres fleuris, couvrait les amants d'une pluie embaumée. Ils se relevaient ensuite tout confus, avec de l'herbe et des graviers dans les cheveux, puis retournaient à pas lents vers leur demeure où les attendaient de flexibles coussins. Un livre joyeux les occupait alors jusqu'au moment où l'heure les avertissait de gagner leur chambre à coucher. Nous leur souhaitons une bonne nuit et nous allons à notre tour nous mettre dans les draps. »

Cette liaison se termine comme toutes les aventures du même genre. Pendant que le héros se promène sur le rivage de la mer, il aperçoit un navire, et quitte les jardins de la belle inconnue. Celle-ci, ajoute l'auteur, fut, après bien des escapades analogues, brûlée dans la ville d'Ingolstadt.

Les autres récits en vers, comme *la Nonne, Adelstan et Rosette, le Pauvre Wilhelm,* ont pour sujets des histoires d'amour et d'infidélité qu'on a lues partout. La facilité du langage, quelques détails agréables, compensent insuffisamment ce vice radical.

Le domaine véritable et pour ainsi dire exclusif de Hœlty, c'est la description sous toutes les formes; il ne se plaît qu'au milieu de la nature, dans l'herbe ondoyante des prés ou sur la lisière des bois. Les plaines fertiles, les coteaux arides, les sources tapissées de fleurs éveillent en lui mille sentiments de plaisir; il passerait volontiers de longs jours à contempler un vieux saule battu par le flot monotone, ou les larges corolles de l'althœa frissonnant aux premières bises de l'hiver. C'est ainsi que, dans le morceau intitulé *la Vie champêtre,* il s'écrie avec une émotion intime : « Heureux l'homme qui fuit les cités! Le murmure des arbres, les soupirs de l'onde errante lui prêchent la sagesse et la vertu. Le moindre taillis, qui courbe ses rameaux sur son passage, est comme un temple où il sent flotter l'esprit de Dieu ; chaque gazon devient un autel où il s'agenouille en face du Tout-Puissant. » L'idée ne semblera peut-être pas très neuve, mais on ne refusera pas à l'expression le mérite de la vivacité. Le défaut des auteurs secondaires qui chantent les pompes du monde extérieur, c'est qu'ils ne le dominent point assez. Lorsqu'on s'abandonne passivement à l'action des objets, on tourne dans un cercle de sensations vulgaires. La copie garde bien quelque chose du charme qui accompagne sans cesse l'original, mais on n'a plus qu'une scène commune. Il faut une âme labourée par les tempêtes, un cœur plein d'ambitions et de tourments pour rajeunir la nature et lui faire pousser, en l'étreignant avec force, un nouveau cri de douleur ou de joie.

Quoi qu'il en soit, Hœlty a, aussi bien que Voss, contribué pour sa part à la régénération littéraire de l'Allemagne. L'école moderne, au lieu de puiser ses effets dans les maigres bassins de l'art antérieur, a courageusement visité le fleuve lui-même, et bu l'inspiration aux sources vitales. Les airs ingénus fredonnés par les deux amis ont eu leur petite influence ; ils ont ramené les yeux sur ces pauvres champs qu'on dédaignait. C'était un résultat d'autant plus nécessaire, que la description est fille du moyen-âge, et n'exagérerait pas ses droits en revendiquant un tiers de la poésie romantique. On a expliqué ce fait, nous n'y reviendrons point. Seulement on pourrait montrer l'intelligence des beautés naturelles se développant dès les premiers siècles de notre ère, et crayonnant déjà dans les œuvres de Plutarque, d'Héliodore et de Longus, quelques tableaux pleins de vérité. Mais une raison qu'on a totalement passée sous silence, c'est l'anthropomorphisme intellectuel du moyen-âge. Voilà certes un terme bien pédantesque; il suffira néanmoins de quelques lignes pour l'expliquer.

L'homme ne crée pas seulement les dieux à son image, il se transporte encore tout entier dans le monde physique. Lorsqu'il ne connaissait de lui-même que sa partie matérielle, il inventait les idoles pesantes de l'Inde, de l'Égypte et de la Grèce. Pour remuer l'univers, il employait des causes visibles, des êtres charnels et passionnés. Mais ses ténèbres s'éclaircirent; il aperçut derrière les organes l'immortelle exilée dont la puissance les agite. Les massives déités de l'Olympe fondirent aux rayons de l'aube chrétienne; le souffle d'Elohim roula seul d'espace en espace les mondes habités et les comètes solitaires.

Ces variations religieuses amenèrent des changements analogues dans le système poétique. Aux yeux des artistes anciens, la foudre qui s'élance en rugissant d'un bout de l'horizon à l'autre, n'était qu'un javelot de feu lancé par Indra, Thor ou Jupiter; le soleil, un char traîné comme nos véhicules et les bocages n'offraient à l'âme la plus ardente qu'un régiment de dryades immobiles. « Il a fallu, dit M. Châteaubriand, que le christianisme vînt chasser ce peuple de faunes, de satyres et de nymphes, pour rendre aux grottes leur silence, aux bois leur rêverie. Les déserts ont pris sous notre culte un caractère plus triste, plus vague, plus sublime; le dôme des forêts s'est exhaussé; les fleuves ont brisé leurs petites urnes pour ne plus verser que les eaux de l'abîme du sommet des montagnes; le vrai Dieu, en rentrant dans son œuvre, a donné son immensité à la nature. »

Mais le spiritualisme ne se contenta point de restituer aux objets leur véritable forme; il les doua de sentiment, il les fit participer à la vie intellectuelle de l'humanité. Les arbres ne se bornent pas, comme autrefois, à déployer leurs branches sur nos têtes; ils laissent pendre mélancoliquement leurs rameaux, et fatiguent les brises de leur longue plainte. La source gémit, l'étang se lamente, les échos de la vallée ont un accent funèbre. Le soleil près de disparaître, allonge-t-il ses rayons dans les avenues désertes? c'est un regard d'adieu qu'il nous lance. La poule d'eau jette-t-elle son cri sonore, pendant que les joncs murmurent au souffle des nuits? ils se racontent leurs mystérieux chagrins dans le vague idiome de la nature. Tel est le langage qu'elle parle à notre cœur lorsque la tristesse nous enveloppe de ses ombres. Mais que le contentement jonche notre passage de fleurs et de verdure comme pour une entrée solennelle, aussitôt le monde se réjouit avec nous. La fontaine chante sur la colline, l'alouette l'accompagne dans les nuages, et le ruisseau danse gaiement le long de ses bords. Tout s'anime et prend un air de fête : le ciel sourit, l'herbe elle-même semble frissonner de plaisir au milieu des transports universels.

L'écrivain moderne prête donc son âme aux choses inertes : il spiritualise la création et transforme les muettes créatures en un peuple éloquent, sensible, agité comme lui de toutes les douleurs et de toutes les ivresses. Une chaîne sympathique l'unit à ce qui l'environne; les objets extérieurs deviennent pour lui des compagnons et des frères. Prisonnier sur une terre lointaine, l'hirondelle est un messager qui lui parle de son pays. Du reste, cette capacité d'émotions, cette intelligence qu'il communique à la nature ne l'obsèdent pas ainsi que les divinités grecques ; il anéantit d'un regard les fantômes évoqués par les génies de son cœur.

Voilà donc une source d'expressions et d'effets poétiques ignorés avant le christianisme. Les hommes uniquement nourris des auteurs anciens ne veulent pas accepter ces nouveaux éléments littéraires ; ils n'y voient qu'affectation et mauvais goût ; tôt ou tard cependant ils seront bien forcés de les admettre ; ils reposent sur une loi générale de l'art, et une aveugle obstination ne prévaudra point contre elle. Il n'y a que trois manières de vivifier les choses mortes : tantôt l'on transpose les qualités des objets matériels, on donne, comme le poète celtique, une chevelure d'or au soleil, une barbe au chardon de la prairie ; tantôt on revêt d'un corps les idées abstraites, on personnifie, on symbolise ; par une opération inverse enfin, on suppose une âme aux êtres que la nature en a privés. Cette dernière méthode fournit donc à la poésie moderne un tiers de ses figures. Elle n'abandonnera point cette propriété légitime.

On citerait facilement un grand nombre de passages où Hœlty demande à l'univers de sympathiques émotions. Mais à quoi servirait ce travail ? Ceux qui veulent lire l'original les découvriront eux-mêmes ; les autres ne s'en soucient guère.

Jean-Paul Richter.

Jean-Paul nous offre le type de ces hommes distingués, dont la vie n'est qu'un éternel espoir. La nature leur a donné de puissantes ressources, leurs moyens les élèvent non-seulement au-dessus de la foule, mais encore au-dessus des intelligences choisies. Ceux qui les approchent remarquent bientôt en eux les signes d'une organisation extraordinaire. Il n'y a personne qui n'ait foi dans leur avenir, qui ne leur prédise de glorieux destins. L'hommage des individus, l'estime du public, le murmure naissant de leur renommée les poussent à produire de grandes œuvres, à exécuter de grandes actions ; et cependant l'attente générale ne se trouve point satisfaite : leurs rêves particuliers demeurent à jamais des songes, leurs efforts ne les mènent point au but qu'ils semblaient devoir atteindre, aussi infailliblement que le soleil atteint le zénith.

Quelqu'étrange que paraisse une telle déception, lorsqu'on en cherche l'origine, elle perd bien vite sa singularité. Si parfois elle a pour cause des circonstances ennemies, le plus souvent elle naît de défauts inaperçus. Un seul instinct mauvais, l'absence d'une seule disposition, même accessoire, peuvent rendre stériles des germes excellents, ou tarir dans les fruits qu'ils produisent le suc nourricier de la vie. Pour les uns, dont les jours se passent au milieu des luttes politiques, c'est l'indolence, le manque de courage, la versatilité qui annulent et renversent sans cesse leurs projets ; pour d'autres hommes, voués dès leur enfance à la carrière industrielle, c'est l'amour des plaisirs, l'orgueil et l'irréflexion. Les mêmes vices privent certains poètes, certains penseurs de l'immortalité qu'ils auraient acquise, si le sort leur eût donné les vertus contraires ; des imperfections spirituelles, innocentes au premier coup-d'œil, tiennent encore plus d'un artiste éminent loin du siége d'honneur qu'il ambitionne. Celui-ci n'a pas dans l'intelligence cette netteté qui rend seule possibles les beaux ouvrages; celui-là ne maîtrise point la fougue de son talent et pèche par des excès continuels ; un troisième déploie une verve de détails extraordinaire, sans savoir coordonner un ensemble. Ils s'épuisent donc en essais infructueux; l'œuvre qu'ils tentent paraît toujours devoir être à l'abri des critiques, jusqu'au moment où elle subit les regards de la foule. On s'aperçoit alors que l'exécution a défiguré le plan primitif ; au lieu d'un cygne prenant son vol, on n'a plus qu'une outarde ou un pingouin.

Du reste ces perpétuels avortements sont l'emblème de la vie humaine. On peut regarder l'existence de chaque individu comme un drame auquel il travaille sans relâche; il le commence sur le ton héroïque et le finit presque toujours par un dénouement grotesque.

Les vices intellectuels, qui ont fourvoyé Jean-Paul, sont le manque de suite et le manque de goût. Dans un monde littéraire qui ne serait point comme le nôtre une scène de désordre, je n'aurais pas besoin d'ajouter une syllabe. Les mots seraient définis : on me comprendrait à l'instant. Mais nous sommes loin de cet état normal ; on peut dire que pour la façon d'expliquer l'art, il n'y a pas grande différence entre nous et les sauvages. En effet, quel sens donnons-nous au mot *goût*? Pas un seul homme vivant ne saurait peut-être le définir d'une manière rationnelle. Chacun lui prête une signification particulière, plus ou moins vague. A en croire ceux-ci, les œuvres moulées sur l'antique sont les seules que distingue cette mystérieuse qualité ; selon les autres, le moyen-âge a trouvé la règle absolue. Les Anglais cherchent le type du goût dans leur littérature ; les Italiens glorifient leurs poètes au détriment des poètes étrangers ; bref, il varie selon le temps et les lieux. A ces causes générales de désunion, il faut ajouter les erreurs individuelles. Il n'y a pas de terme qu'on ait si cruellement appliqué à la torture. Depuis Louis XIV jusqu'à nous, le bavardage impertinent, qu'on veut bien nommer la critique, ne s'est guère occupé d'autre chose. Nous voici donc revenus au point de départ et contraints d'expliquer les mots, avant de nous en servir.

Ce mal est né d'une double source : ou bien l'on ne se rendait pas compte de ses paroles ; ou bien, lorsqu'on hasardait une définition, elle était obscure, inadmissible, erronée. Pour n'envisager que la France, Montesquieu, Voltaire, Marmontel, La Harpe, André, Mme de Staël et de Crouzas ont tous voulu préciser cette notion. Mais on doit le dire sans crainte, ils n'ont pas même entrevu l'analyse philosophique, au moyen de laquelle on peut en arrêter les contours.

Suivant Montesquieu, « le goût n'est autre chose que l'avantage de découvrir avec finesse et promptitude la mesure du plaisir que chaque chose doit donner aux hommes. » En admettant que ce soit là l'unique fonction du goût, nous ne sommes pas plus avancés. On nous indique bien le résultat ; on nous annonce que le goût a pour but de mesurer le plaisir légitimement causé par un objet ; mais de quelle façon l'esprit le mesure-t-il ? Quelle est la nature de l'instrument qu'il emploie, l'essence du goût ? Montesquieu ne nous l'apprend point ; il se borne à en décrire les effets, au lieu de l'expliquer lui-même. C'était pour le moins une imprudence, car on ne saurait tirer des conclusions manifestes d'un principe ténébreux.

« Le meilleur goût en tout genre, nous crie Voltaire, est d'imiter la nature avec le plus de fidélité, de force et de grâce. » Très bien, mais nous n'avons encore ici qu'un résultat. On nous enseigne les qualités nécessaires de l'œuvre accomplie ; mais le moyen de les lui donner, nous le révèle-t-on ? Vous mentionnez l'effet ; où est la cause ? Vous nous laissez ignorer son essence, vous n'analysez point la faculté productrice ; vous n'avez rien dit.

Selon Marmontel et Mme de Staël, le goût est « le sentiment des convenances naturelles et sociales ; » à quoi ils ajoutent l'obligation de choisir parmi les éléments que nous fournit l'univers. Quel que soit le talent de ces deux auteurs, ils ne diminuent point notre embarras. Pour chasser les nuages qui nous poursuivent, il faudrait savoir quels caractères distinguent ce sentiment pris en lui-même de tous les autres pouvoirs intellectuels. Diffère-t-il de la sensibilité physique, de la sensibilité générale de l'âme ? L'objet auquel il s'applique a-t-il seul une nature spéciale, et la définition ne doit-elle envisager que lui ? De quelle manière cependant arrive-t-on à démêler les convenances ? Ni Marmontel ni Mme de Staël ne cherchent à résoudre la difficulté. Voyons donc si l'objet nous donnera quelque lumière. Il ne peut malheureusement nous faire sortir du labyrinthe, car il a lui-même besoin d'être défini. Le mot qui le représente est un des plus vagues de notre langue. Mais l'explication trouvée, il faudrait encore démontrer que le goût a pour unique mission de discerner les convenances. Et comment le prouver, si l'on ne connaît d'abord la nature du goût ? Enfin, les convenances se rapportent exclusivement à l'homme, et ne concernent nullement l'univers. Quelle règle nous dirigera donc, lorsque nous essaierons de le peindre ? Choisissez les éléments, nous dit-on. Mais n'est-ce pas à l'aide du goût qu'on les choisit ? Ne voit-on point des hommes préférer les circonstances les plus hostiles aux lois de l'art ? Le moyen d'éviter cette erreur, si vous ne m'indiquez point l'essence et les devoirs du goût ? M'ordonner de choisir sans éclairer mon choix, c'est m'imposer une obligation inexécutable. Il faut donc rejeter cette définition comme les précédentes. Les autres écrivains n'ayant fait que répéter Montesquieu, Voltaire, Marmontel et Mme de Staël nous ne nous arrêterons point à les combattre.

Pour sortir méthodiquement de ces ombres, nous suivrons le troisième précepte de Descartes, « en commençant par les objets les plus simples et les plus aisés à connaître, pour monter peu à peu, comme par degrés, jusqu'à la connaissance des plus composés, en supposant même de l'ordre entre ceux qui ne se précèdent point naturellement les uns les autres. » Nous examinerons donc le goût dans les individus, puis dans les nations, et enfin le goût en lui-même ou le goût par excellence.

Théorie du goût.

Dans les individus, le goût est à la fois la conséquence et l'expression de leur nature. Une âme grossière ne trouve son bonheur que dans les plaisirs grossiers; un cœur noble aspire à des jouissances dignes de lui-même et repousse fièrement toutes les autres. Ces prédilections dévoilent les secrets les plus intimes de la vie. Si magnifiques que soient les travestissements, quelque place que l'on occupe en tête de la mascarade sociale, on ne parvient pas à déguiser sa bassesse native. C'est là le signe dont le créateur a stigmatisé la plèbe, de l'échoppe jusqu'au trône. Il existe au contraire une grandeur morale, une sorte d'élévation enthousiaste que rien n'efface et dont le ciel a marqué ses fils. Le sauvage de l'Amérique, le pasteur des bruyères écossaises et les guerriers scandinaves nous en donnent l'exemple, aussi bien que le héros pensif des temps modernes. Ses rayons transfigurent l'homme en demi-dieu; son absence le dépouille du manteau royal, le condamne à brouter comme Nabuchodonosor. Préférer les sentiments vulgaires, les joies animales, les écrits plats et frivoles aux nobles créations, aux plaisirs élevés, ce n'est donc pas seulement trahir un mauvais goût, c'est encore annoncer une mauvaise nature.

A ces penchants instinctifs viennent se joindre des habitudes, des principes, des associations d'idées qui les modifient plus ou moins. Il n'est pas nécessaire, je crois, d'insister sur la force de la coutume, ni sur les attachements qu'elle engendre. Elle nous fait souvent aimer des usages, des figures, des objets pour lesquels nous n'aurions naturellement aucune prédilection. Les vertus et les défauts, la carrière et l'entretien de nos parents nous influencent dès nos plus jeunes années; ils décident de nos manières, de nos affections, de nos souhaits, de nos plaisirs même. Les lieux qui nous entourent nous impressionnent également : le citadin ne cherche que les jouissances de la ville ; le campagnard, enfermé dans nos étroites demeures, y regrette son immense horizon ; le descendant d'une noble famille, élevé loin du tumulte, à l'ombre des créneaux et des vieux maronniers, garde un poétique souvenir du château de ses aïeux.

Les livres et les discours agissent sur nous d'une manière différente, quoique tout aussi énergique. Ils ne nous familiarisent point avec des choses, mais avec des idées ; ils ne nous font pas connaître des objets, mais des principes ; ils ne nous révèlent pas le monde, ils nous enseignent à le juger. Or, telle est la force de la pensée que, dans les intelligences vigoureuses, elle semble parfois neutraliser à elle seule les autres causes réunies. L'homme n'approuve et ne blâme alors que du haut de ses doctrines ; l'univers se transforme à ses yeux selon son point de vue.

Peut-être aurais-je dû ranger les associations d'idées parmi les habitudes, car elles n'en sont le plus souvent qu'un résultat. Beaucoup cependant naissent d'une manière fortuite, et, comme telles, il est juste de les mentionner séparément. Une fleur, un nuage, un certain bruit nous rappellent des temps heureux ou malheureux, évoquent d'anciennes joies ou d'anciennes douleurs, et ces souvenirs produisent en nous, soit une affection, soit une antipathie pour les objets qui les réveillent. Notre attachement ou notre haine ne dérive pas alors d'une coutume, mais d'une relation accidentelle entre les choses extérieures et les sentiments de notre âme. Ce n'était point par l'effet d'une habitude que Jean-Jacques aimait la pervenche : une femme charmante n'avait attiré qu'une seule fois ses yeux sur cette fleur; mais elle lui en avait appris le nom, et sa mémoire suffisait pour la lui rendre chère.

Gardons-nous toutefois d'attribuer aux causes accessoires une importance trop grande. Les habitudes, les systèmes et les associations d'idées influent sur les détails du goût, sur le choix des éléments dont il se sert; mais ne changent en rien son essence. L'éducation n'engendre pas dans un homme vulgaire l'amour de la poésie; elle ne le rend point sensible aux charmes de la nature, à l'idéal transport qui jette les martyrs sous le glaive des préteurs. Une âme commune, soigneusement élevée, ne donnera jamais que ses fruits naturels. Le littérateur sans vocation bafouera les grandes pensées, l'art sérieux et la noblesse de l'intelligence, comme il aurait fait dans une arrière-boutique; ses avantages sur le marchand se bornent à affubler d'une enveloppe moins grossière des instincts non moins plats. Les journaux et le théâtre nous en offrent des preuves sans nombre.

Au contraire, le mérite des natures distinguées s'ouvre un passage malgré la rudesse de leur écorce; l'ambre et le nard qu'elles renferment s'échappent toujours par quelque fissure.

Pour résumer ce qui précède, nous dirons donc que le goût naît de quatre sources différentes : l'organisation en fournit la base; les coutumes, les principes et les associations d'idées l'entraînent vers tels ou tels objets, le séduisent en faveur de tels ou tels éléments.

Le goût des nations dérive de causes pareilles; seulement, au lieu de s'exercer sur les individus, leur pouvoir s'exerce sur les masses. Effectivement, la base du goût qu'on remarque chez un peuple, ce sont ses instincts généraux : les habitants d'une contrée doivent à la nature un amour universel de l'ordre et de la symétrie; les habitants d'une région voisine préfèrent la grandeur, même indisciplinée. Les uns apportent au monde un caractère violent et n'estiment que la force; les autres sont doués d'un caractère souple et n'estiment que la ruse. Ces tendances originelles leur font préférer certains hommes, certains objets, certains plaisirs; elles donnent à leur littérature, à leurs beaux-arts, une direction insolite. Le climat, les lieux, les circonstances au milieu desquelles vit une nation, lui imposent des habitudes, des mœurs, des travaux qui déterminent en elle des affections spéciales. Les tribus fixées près de la mer conçoivent une sorte de tendresse pour l'implacable Océan ; elles affrontent avec joie son courroux, et le saluent, comme Byron, dans des chants aussi majestueux que son aspect.

Les principes adoptés par une masse d'hommes, les croyances politiques et religieuses d'un peuple lui donnent aussi des propensions exceptionnelles. Un acte, qui serait bien venu sur un autre sol, le choquera vivement ; le tableau qui plairait à la jeunesse lascive du Midi, ne plaira point aux sévères étudiants du Nord. Un luthérien ne manifeste pas les mêmes sympathies qu'un dévot catholique.

Les associations d'idées influent sur les peuples comme sur les individus. Tel fait qui semble déshonorant en France n'a point le même caractère en Allemagne. Les Otahitiens ne regardaient pas la perte de la virginité comme une honte ; une femme qui avait eu beaucoup d'amants trouvait un époux plus vite que les autres ; on supposait qu'elle avait dû se façonner au mariage. Le blanc est pour les Chinois la couleur funèbre, et pour nous celle de l'allégresse.

Évidemment ces causes déterminent le goût des races tout aussi bien que le goût des nations. Les Orientaux n'ont pas les mêmes penchants, les mêmes tendances intellectuelles que les Européens ; ils naissent avec l'amour de l'hyperbole et de l'enflure, avec une imagination exubérante, et une dose très faible de bon sens. Certaines habitudes, certains principes, certaines associations d'idées ont en outre généralement cours parmi eux, et ne se retrouvent point parmi nous. Ce sont des liens qui unissent tous les peuples de l'Asie et leur donnent une ressemblance marquée, c'est un patrimoine qu'ils possèdent en propre; il les caractérise et modifie nécessairement leur goût. Chaque nation du Levant y ajoute ensuite des traits complémentaires, qui forment les goûts nationaux.

Du reste, si nous n'assignons pas de causes particulières au développement de cette faculté, si nous la faisons naître des principes universels de l'existence, on aurait tort d'en être surpris : le goût n'a point d'origine spéciale. Les affections littéraires ne sont pas distinctes des penchants réels. Le défaut qui enlève aux habitants d'une contrée le sentiment idéal de l'amour ou de la forme, les rend inhabiles à diviniser les lignes et les émotions. Le caractère bouillant et guerrier, paisible et studieux, avide et positif d'une société quelconque transmet à sa poésie des attributs analogues. La physionomie d'un art en dépend aussi bien que les types et les inventions dont il fait usage; car si l'on a pu dire des individus que le style peint l'homme, on a droit d'affirmer avec une égale justice que le style d'un art entier peint la nation qui l'exécute.

Mais il ne suffit pas de connaître les sources du goût et l'origine de ses variétés. En nous expliquant leur formation, cette analyse ne nous donne pas la mesure de leur valeur. Ces différentes espèces ne sauraient être également bonnes, et nous avons besoin d'un critérium qui nous permette de les juger. S'il semble moins nécessaire pour les goûts nationaux, on ne niera pas son utilité pour les goûts individuels. Où trouverons-nous donc une règle commune et absolue? Procéderons-nous par voie de généralisation, en retranchant des goûts particuliers ce qu'ils ont de contradictoire et en n'admettant que les points identiques? Mais si la diversité était assez grande pour détruire toute espèce d'accord? L'expérience donne lieu de le craindre. La beauté des femmes, par exemple, est jugée de tant de manières qu'on ne saurait peut-être découvrir une moyenne. Effectivement la question ne serait pas simple; il ne s'agit pas de se prononcer pour ou contre. Mais elle se complique à l'infini avec toutes les dissemblances d'âge, de couleur, de taille, d'expression et d'embonpoint. On obtiendrait facilement une majorité sur un problème politique ou moral, car on n'adresserait alors aux auditeurs qu'une seule demande, à laquelle il faudrait répondre affirmativement ou négativement. Ici le cas n'est plus le même. Les qualités sont multiples, les questions à faire innombrables. On devrait même prendre les défauts en considération, puisqu'il n'est pas rare de les voir chérir. Et si de l'ensemble on passe aux détails, les divergences d'opinion s'accroissent tellement qu'elles échappent au calcul. Cherchez donc l'unité dans cet immense désordre. N'oubliez pas, surtout, de recueillir l'avis des morts aussi bien que les opinions des vivants, car le goût a sans cesse changé depuis la création du monde. Soyez certain, après tout, que si vous réussissez à extraire de cette multitude de circonstances un goût universel, la définition en sera tellement nuageuse et abstraite, tellement loin de l'application et de la réalité, qu'elle ne vous donnera aucune lumière et ne vous rendra aucun service.

De prendre pour modèle le goût d'un homme célèbre, il n'y faut pas songer ; car sous certains rapports ses affections sont individuelles, émanent de son organisation, de son époque : et mieux vaudrait une licence absolue que cette étroite servitude. Où trouverons-nous donc le type, la règle, le criterium que nous cherchons?

Remarquons d'abord que la différence native et l'incompatibilité originelle des goûts ont pour source la prédominance de certaines facultés et la langueur de quelques autres. Un homme calme et froid, mais observateur, c'est-à-dire ayant peu d'imagination, peu de sensibilité, de l'éloignement pour les travaux spéculatifs, mais une intelligence nette et positive, recherchera les ouvrages nourris de faits, sobres de raisonnements, d'un style clair et facile. Un lecteur obsédé par une fantaisie exubérante, dénué de raison, du pouvoir d'abstraire et de généraliser, n'accordera son estime qu'aux productions du délire. Une créature vulgaire, soumise au despotisme des sens, et ne franchissant jamais en esprit le monde visible, aimera surtout les compositions triviales, qui lui rappellent ses actions ordinaires et flattent ses grossiers penchants. A côté de ces goûts radicaux les autres n'ont qu'une légère importance, nous l'avons dit, car ils agissent uniquement sur le choix du détail, au lieu que les goûts essentiels concernent l'ensemble et le fond.

Or, cette vigueur surabondante de quelques facultés, cet énervement des autres, en un mot l'absence d'équilibre témoigne d'une nature imparfaite. Évidemment, tous les pouvoirs moraux nous ont été donnés pour notre usage, et leur action est d'autant plus sûre, plus régulière, qu'ils se contrôlent et s'aident mutuellement. Leur accord prévient les excès. Lorsque l'imagination, lasse de son frein, va se perdre au milieu des ombres sans forme, la raison la contient, la mémoire et l'intelligence la ramènent à la vérité, la poussent dans une direction plus sage. Si l'esprit se relâche, la sensibilité impatiente le presse de l'aiguillon. La mémoire routinière veut-elle enchaîner la pensée? La fantaisie, la raison, l'activité humaine tout entière proteste et brise ses liens. En un mot, l'âme, dont toutes les facultés se surveillent et s'aident fraternellement, accomplit mieux sa destinée, touche d'une main plus sûre les différents buts qui la séduisent.

Or, la disproportion étant un vice, l'harmonie constitue la loi suprême, la perfection dernière aussi bien pour l'intelligence que pour le corps. Une tête hydrocéphalique n'est pas plus monstrueuse que l'esprit ou l'imagination développés outre mesure. Et comme on ne se règle pas sur les individus défectueux pour établir le type d'une race, nous ne chercherons pas le modèle du goût dans les hommes mal conformés. La créature normale, celle dont toutes les parties se coordonnent harmonieusement, a seule droit à nous fournir l'idéal de l'espèce. Nous trouverons en elle un exemple général, supérieur à tous les individus et les comprenant tous dans son intégralité. Comme elle est complète, elle renferme les traits essentiels qu'ils doivent offrir. En conséquence, si nous voulons découvrir le goût absolu, le goût humain par excellence, nous devons chercher quel serait celui d'un homme parfait.

Évidemment, il ne sera ni exclusif, ni outré, car les disproportions, les anomalies qui pourraient lui donner ces caractères n'existent pas. La nature en est donc aisée à concevoir. Un tel homme exigera d'un ouvrage qu'il s'accorde avec toutes ses facultés et n'en néglige aucune pour avantager les autres. Il voudra que sa sensibilité, que son imagination, soient agréablement émues, que son intelligence comprenne sans fatigue, que sa raison ne désapprouve pas, et que sa mémoire reconnaisse la similitude des peintures avec les originaux. Pour le contenter pleinement, il faudra lui ouvrir par moments de longues perspectives, afin de laisser une libre carrière à ses rêveries. Bref, il désirera la satisfaction générale de tout son être. S'il voit au contraire le bon sens délaissé en faveur de l'imagination, comme dans un grand nombre d'auteurs espagnols, ou la fantaisie sacrifiée à l'intelligence et à la mémoire, comme dans le poème didactique, il ne pourra retenir sa censure. Pour peu que le défaut passe certaines limites, l'œuvre excitera en lui une insurmontable répugnance. Dans le plus grand nombre des cas, il ne sera pas entièrement satisfait, mais il éprouvera un plaisir assez vif pour juger l'œuvre bonne, malgré ses imperfections. La mesure de son contentement réglera son estime.

Les devoirs de l'artiste ne se bornent point là. Ce n'est pas assez de prendre en considération chaque pouvoir, il faut encore proportionner son lot à ses droits et à son importance ; il faut conserver entr'eux leur ordre naturel. Les hautes facultés, les grandes aspirations doivent dominer les forces moins nobles, les désirs moins purs. Les idées religieuses, philosophiques, sociales, doivent planer sur tout l'ouvrage. La première place leur appartient, car elles sont le fruit et la pâture des plus majestueuses puissances de l'entendement. A côté d'elles viennent se ranger les descriptions et le récit, ou les effets tirés du monde externe, puis la sensibilité morale, ou poésie du cœur. Les séductions des sens, ou poésie des instincts, réclament de l'artiste une minutieuse attention. Il faut qu'il les emprisonne dans d'étroites limites et leur assigne un rôle subalterne. Comme leur nature est essentiellement grossière et terrestre, ils ont besoin d'être contenus, si l'on ne veut qu'ils choquent les tendances plus élevées. Il est donc nécessaire de les ennoblir avant de les admettre dans le domaine des arts. C'est par les idées, c'est par le sentiment qu'on les épure, et la description venant s'y joindre, achève de leur donner le droit de bourgeoisie. En conséquence, il ne s'agit pas seulement de contenter l'ensemble de nos pouvoirs, il faut encore observer leur hiérarchie.

Mais ce goût primordial n'existant pas seul, il importe de déterminer la valeur et les effets des prédilections secondaires.

On sait que dans les individus et les nations, elles n'influent pas sur les bases du goût, mais uniquement sur ses détails. Dans la formation du goût absolu, leur part est encore plus petite. Si l'on possède ce dernier, les habitudes, les systèmes, le climat, les associations d'idées et les circonstances ne font que lui livrer des matériaux. Ils ne le modifient pas, ils sont modifiés par lui. Peu importe qu'on décrive le nord ou le sud, la plaine ou la montagne, telles coutumes particulières, et telles sortes de végétaux. Ces éléments divers n'ajoutent et ne diminuent rien à la valeur du produit; tout dépend de l'usage qu'on en fait. Il y a autant de goût dans Sacountala que dans Faust. Le goût inné reste donc le seul véritable; les autres sont plutôt des attachements, des préférences, et agissent plutôt sur la vie réelle que sur la constitution de l'art. Ils n'aident point l'auteur à satisfaire les exigences de l'âme, ils ne l'empêchent point.

Le goût primordial se divise en deux classes : il est actif ou passif. Le premier se confond avec le génie, car il réclame non-seulement l'accord hiérarchique de toutes les facultés, mais en outre une vigueur générale qui les rende productives. Gœthe, Schiller, Platon, le Dante, Homère, Shakespeare réunissent ces conditions. Leurs œuvres sont un prodigieux mélange de toutes les qualités littéraires et philosophiques. La raison, l'intelligence, le sentiment, la fantaisie et l'observation y trouvent leur place.

Le goût passif est moins rare; il ne suppose pas d'aussi grandes forces. L'harmonie des pouvoirs constitue son essence ; leur vigueur ne lui est pas nécessaire. Pour en faire preuve, il suffit d'avoir une âme droite, complète, bien organisée. On n'a pas alors de génie, mais l'aptitude sans laquelle on ne peut le comprendre. Les lecteurs de cette espèce ressemblent à des instruments pleins de justesse, qui rendent des sons purs sous la main du virtuose et ne faussent point ses airs. Le nombre n'en est pas grand ; mais ils forment le vrai public.

Vue d'un certain côté, cette dernière espèce de goût mériterait plutôt le titre de négative. Elle peut se rencontrer dans un auteur qui produit et conséquemment ne reste point passif. Il se borne alors à ne choquer aucune faculté, sans avoir assez d'énergie pour les impressionner vivement. Il ne les contente pas, mais il ne les blesse point ; c'est l'*aurea mediocritas*. On trouve ce goût dans les auteurs sages, qui écrivent régulièrement, ne hasardent aucun paradoxe et suivent le chemin battu par la foule. Ils ont assez de dignité pour ne pas être plats, mais trop peu de vigueur pour être originaux.

Le mauvais goût forme aussi deux classes distinctes : il est positif, lorsqu'on laisse certaines tendances régner despotiquement sur les autres. Une multitude d'hommes ne recherchent qu'un genre particulier d'ouvrages défectueux. Il faut aux uns des saillies grivoises ; à ceux-ci, les prudentes maximes de la boutique ; à ceux-là, des bergeries et des sentiments factices. Chez les artistes, chez les poètes, il se trouve quelquefois accompagné d'un grand talent. On les voit alors prendre et conserver une direction exclusive. Ainsi que les derviches, ils tournent sur eux-mêmes sans regarder ce qui les environne. Au lieu de satisfaire complètement le lecteur, ils lassent une de ses facultés.

Le mauvais goût négatif a des résultats beaucoup plus pernicieux ; il entrave la production et mutile l'intelligence. Sa folie consiste à réprouver telle ou telle puissance morale, sous des prétextes plus ou moins absurdes. On reconnaît ici le goût français. Proscrire l'imagination et la rêverie, c'est montrer qu'on n'a pas un juste sentiment de l'art ; mieux vaudrait les laisser abuser de leurs droits. On estropie de la sorte l'entendement humain, on brise son harmonieuse unité. C'est pousser un peu loin l'orgueil, que de vouloir réformer l'œuvre du Créateur. Et lorsque au lieu d'apercevoir le ridicule d'une semblable prétention, au lieu d'en deviner les fâcheuses conséquences, on s'en fait une arme tranchante, on essaie d'amputer violemment les rebelles, alors on pousse les beaux-arts vers leur ruine. Le goût français du XVIIIe siècle et de l'empire, ce goût qu'on cherche à ressusciter depuis deux ans, devait amener d'autant plus sûrement cet effet, qu'il ne se bornait point à proscrire des facultés essentielles, mais aussi, tout ce qui pouvait, à tort ou à raison, d'une manière ou d'une autre, donner prise aux sots quolibets d'une nation dégénérée. L'art n'était plus qu'une lutte fatigante contre l'imbécillité railleuse ; en sorte que ce peuple si fier de son tact et de son élégance, trahissait, par la niaiserie de ses jugements, le goût le plus détestable qui puisse infecter une époque.

Tels sont les principes généraux à l'aide desquels on doit examiner les ouvrages de l'art et mesurer la compétence des critiques. Si maintenant nous voulons nous en servir pour apprécier les détails, nous verrons qu'ils permettent une application immédiate. Cette épreuve et cette utilité nous garantiront leur valeur. Prenons donc des exemples. Dans la fameuse pièce de Théophile, si justement ridiculisée par Boileau, Thisbé trouvant Pyrame étendu près du mûrier rougi de son sang, adresse au buisson une longue tirade où l'on remarque ces paroles :

> Bel arbre, puisqu'au monde après moi tu demeures
> Pour mieux faire paraître au ciel tes rouges-meures
> Et lui montrer le tort qu'il a fait à mes vœux,
> Fais comme moi, de grâce, arrache tes cheveux,
> Ouvre-toi l'estomac et fais couler à force
> Cette sanglante humeur par toute ton écorce.

Voilà, certes, du mauvais goût, s'il en fût

jamais. Or, pourquoi cette prosopopée nous choque-t-elle? Les écrivains n'ont-ils pas le droit de personnifier les objets extérieurs? C'est ce qu'on ne révoquera pas en doute. Mais il doivent alors user d'adresse et s'y prendre assez habilement pour ne heurter aucun de nos pouvoirs. Or, Théophile n'a pas même entrevu cette loi impérieuse. Lorsqu'il prie un buisson de s'arracher les cheveux et de s'ouvrir la poitrine, il indispose la mémoire, l'intelligence et la raison; la première sait que les arbustes n'ont ni cheveux, ni bras pour se les arracher, ni estomac à ouvrir; l'intelligence, qui étudie la nature des êtres, qui les classe régulièrement, s'irrite de voir attribuer aux uns les caractères et les actions des autres; enfin la raison, comparant les moyens au but, trouve absurde qu'on suppose aux végétaux des organes inutiles. Comme toutes ces facultés protestent à la fois, l'illusion n'a point lieu, et l'imagination elle-même, pour laquelle on semblait avoir violé les droits des autres puissances, rejette le grossier plaisir qu'on lui destinait. Un exemple contraire va rendre cette analyse plus évidente encore. C'est M. de Châteaubriand qui nous le fournira.

« On voit souvent, dit-il, par un profond calme,
» au lever de l'aurore, les fleurs d'une prairie
» immobiles sur leurs tiges ; elles se penchent de
» diverses manières et regardent tous les points
» de l'horizon. Dans ce moment même, où il sem-

» ble que tout est tranquille, un mystère s'accom-
» plit; la nature conçoit, et ces plantes sont autant
» de jeunes mères tournées vers la région d'où
» leur doit venir la fécondité. Les sylphes ont
» des sympathies moins aériennes, des commu-
» nications moins invisibles; le narcisse livre aux
» ruisseaux sa race virginale, la violette confie
» aux zéphyrs sa modeste postérité; une abeille
» cueille du miel de fleur en fleur, et, sans le
» savoir, féconde toute une prairie; un papillon
» porte un peuple entier sur son aile. »

Les personnifications abondent dans ce passage; mais elles sont conduites avec un art si merveilleux, qu'elles réjouissent l'âme au lieu de la troubler. Le poète a su mêler à des effets réels un sentiment moral qui charme l'imagination et le cœur, sans offenser ni la mémoire ni l'intelligence. Les fleurs s'animent sans perdre leurs qualités distinctives; seulement ces attributs prennent une signification nouvelle.

Ajoutons encore un spécimen d'une nature différente; il nous montrera en quoi consiste la platitude du goût. Trissino a fait, comme on sait, un poème épique intitulé : *l'Italia liberata da' Goti*. L'ouvrage a pour sujet les victoires de Bélisaire. Dieu voulant délivrer la Péninsule, envoie son ange à l'empereur Justinien, et lui ordonne de chasser les barbares. Le monarque, tout plein de cette vision, salue l'aurore naissante, et se

dispose à obéir. « Alors, dit le narrateur, le camé-
» rier se leva, prit d'abord une chemise blanche
» de toile fine, et en revêtit ses membres hono-
» rés; par-dessus, il lui endossa une camisole de
» drap d'or; ensuite il lui passa des bas roses et
» des souliers de peau veloutée. Quand il eut fini,
» il lui présenta de l'eau pour ses mains dans un
» admirable vase de cristal; au-dessous il tenait
» une grande cuvette d'or pur. Le monarque se
» lava la face et les mains, puis les essuya avec
» une belle serviette blanche. » Dix-neuf vers de
la même force continuent à nous peindre les pré-
paratifs de Justinien.

Ne voilà-t-il pas un moment bien choisi pour
nous faire assister à sa toilette? Quoi donc! lorsque les intérêts d'un grand peuple sont en jeu,
que le Seigneur lui-même donne par ses messagers le signal d'une vaste entreprise, lorsqu'on
attend des actions dignes d'un pareil chef et d'une
pareille cause, vous nous entretenez de lingerie,
et vous nous apprenez de quelle manière on a
peigné l'empereur! Mais vous heurtez le bon sens,
l'imagination, l'esprit tout entier; il réclame autre
chose de vous; et, perdre le sujet de vue pour ces
niaises descriptions, c'est trahir un manque absolu
de facultés poétiques.

Si les exemples que nous venons de rapporter

ne prouvaient point suffisamment notre théorie, les œuvres de Jean-Paul nous en fourniraient un grand nombre d'autres.

Son premier malheur est d'avoir inhabilement choisi les titres de ses ouvrages. Quoique le titre n'ait pas en lui-même une grande importance, il acquiert des propriétés offensives, lorsqu'on lui donne une tournure absurde ou emphatique; pareil à certains hommes, il n'a guère de puissance que pour faire le mal. Sa nature l'oblige à servir ou de désignation explicative, ou de simple étiquette. Le jeter comme un leurre au public sent le charlatanisme et rappelle les vastes enseignes de la foire. Nous avons vu depuis quelques années tout ce qu'il est possible d'inventer en ce genre. Je ne crois pas néanmoins qu'on ait détrôné Jean-Paul. Il intitula son premier ouvrage : *Procès du Groënland*. Quelle était sa raison? Je n'ai pu la deviner. C'est un recueil de pièces satiriques sur une grande quantité de sujets, et aucune ne renferme le mot de l'énigme. Plus tard vint *la Loge invisible, ou les Momies*. Cette production se divise en cinquante-six secteurs ou portions de cercle, et en extrafeuilles. L'un est appelé, sans qu'on sache pourquoi, *le Secteur de Saint Michel;* un autre, *de Simon Jude;* un plus grand nombre, *Secteurs de la Trinité*. Le vingt-cinquième parmi ces derniers a pour titre : *Grandes fleurs des aloès de l'amour, ou le Tombeau, le Rêve, l'Orgue*, à quoi se joignent mon *Apoplexie*, ma *Botte fourrée et mon Liripipium de glace*. Qu'est-ce qu'un *liripipium?* Je ne vous le dirai point, car je l'ignore, et l'auteur s'est bien gardé de nous l'apprendre. Cherchez vous-même, si vous espérez le découvrir.

Le livre qui parut ensuite porte le nom d'*Hespérus*. Ce terme ne manque pas d'élégance et réveille de fraîches images. Salut donc à l'étoile du soir. Va-t-elle apparaître au milieu des brumes germaniques? va-t-elle flatter de ses rayons un ciel plus pur que le regard de l'enfance? Tranquillisez-vous; ne lâchez pas la bride à votre imagination; il vous faudrait courir avec l'auteur quarante-cinq postes aux chiens : tel est le nom qu'il donne à ses chapitres.

Celui de la composition suivante n'annonce pas un meilleur goût. Voici la rubrique dans toute sa splendeur : *Vie de Quintus Fixlein, extraite de quinze boîtes à papiers, outre laquelle on offre au lecteur une portion de bouillie et quelque jus de tablettes*. C'est là une pauvre enseigne de gargote. Le jus de tablettes me semble une des plus tristes métaphores qu'on ait jamais hasardées. Au surplus, je ne m'arrêterais pas si je voulais frapper de ridicule les *Divertissements biographiques sous le crâne d'une géante*, les *Périodes de Jubilé*, les *Cycles* de Titan, les *Summulæ* qui divisent l'excursion aux eaux de Katzenberger; les *Enveloppes de harengs*, les *Cornets de poivre et de café*, les *Chapitres de Judas*, les *Modèles de bonnets*, étalés dans la vie de Fibel, et toutes les charges malheureuses dont Jean Paul a semé ses ouvrages. Franchissons le parvis, errons dans les ténèbres de ces monuments cyclopéens.

L'absence d'unité, le vague de la conception est un défaut qu'on y remarque sur-le-champ. Jean Paul semble avoir improvisé tous ses ouvrages; c'est à peine si les différents tableaux composent un ensemble. Jamais on n'a poussé plus loin le fanatisme de la digression. Ainsi qu'une mer pleine de goemonds, de fucus et d'algues verdoyantes, elle soustrait aux regards un sol qui gît cependant à de médiocres profondeurs. Cette tendance vicieuse s'était si bien emparée de lui, qu'elle ne le laissait jamais suivre la ligne droite. Elle obscurcit même les petites nouvelles et les essais écrits pour les journaux. Dans ces compositions restreintes, où l'exiguité de la lice aurait dû prévenir les folles incursions sur tous les domaines voisins, Jean-Paul franchit sans cesse les barrières du sujet, et va se perdre au milieu des taillis. Il commence une histoire, on lui prête l'oreille, on fait cercle autour du narrateur; mais il n'a pas dit vingt paroles qu'il abandonne son héros; il divague d'une manière tellement impitoyable, qu'on ne tarde pas à s'endormir, et qu'une basse de respirations sonores accompagne mélodieusement sa voix. Son plus bel ouvrage, traduit en français depuis quelques années, fut écrit, pour ainsi dire, au hasard. L'auteur savait bien ce qu'il désirait faire, mais il ne savait par quelle route marcher à son but. N'était-ce point une folie de se mettre en voyage?

Oublier l'organisation vitale, c'est commettre la plus grossière de toutes les fautes contre les lois de l'art. Une seule famille de productions laisse aux auteurs cette dangereuse liberté : ce sont les œuvres pareilles au *Tristram Shandy* de Sterne, au *Morgante* de Pulci, au *Beppo* de lord Byron. D'une nature essentiellement comique, elles ne doivent pas observer la méthode rationnelle. Loin de se tenir dans les voies ordinaires, l'esprit s'amuse à bouleverser le monde. S'il enfante un personnage, il ne lui donne ni l'intelligence, ni la grâce, ni la beauté; il le rend au contraire le plus sot, le plus laid et le plus gauche qu'il peut. Il intervertit sans cesse les rapports naturels des choses. Quelquefois il se borne à déformer les parties, à renverser leur aspect habituel, sans négliger l'harmonie de l'ensemble. Telles sont les pièces de Molière, et en général toutes les comédies habiles. D'autres fois, il viole sciemment les règles de la composition; il travestit le plan aussi bien que les détails. Il donne alors une grande importance aux choses futiles, et traite avec légèreté les circonstances vraiment importantes; il met à la fin ce qui devrait servir d'exorde, et jette la conclusion au milieu du récit. Avec l'Arioste, il coupe le fil de l'histoire dans le moment le plus dramatique, pour le renouer quand on songe à tout autre chose ; avec Rabelais, il entreprend des énumérations puériles d'objets insignifiants En ce cas, la légèreté, la richesse, la grâce de la forme doivent réjouir incessamment le lecteur ; le luxe des tournures, l'abondance des effets comiques peuvent seuls prévenir l'ennui. Les moyens employés d'habitude se trouvant hors de cause, il ne reste plus qu'à séduire l'intelligence par le charme et la profusion du détail. Mais, dans une œuvre sérieuse, une pareille marche aurait de tristes conséquences. Obermann nous en offre un exemple célèbre. Je ne nie pas le mérite de ce livre ; le style a de l'élégance et de l'originalité, bien des remarques frappent si juste qu'elles arrachent un applaudissement involontaire ; mais ce n'est ni un roman, ni un poème, ni un traité, ce n'est pas un ouvrage.

Ugo Foscolo et Jean-Paul sont tombés dans la même erreur que l'écrivain français. Tantôt Richter prend Sterne pour modèle et suit tous les feux follets de son imagination ; tantôt, lorsqu'il aborde l'art grave et pathétique, il marche à la lueur d'une lanterne sourde qui lui montre des détails, mais ne lui laisse jamais embrasser un tout. Le plus souvent il reste dans une sphère moyenne et passe continuellement du rire aux larmes. Certes, il avait le droit d'agir ainsi ; les littératures modernes possèdent une foule de créations, où ce mélange produit d'excellents effets. Il aurait dû voir néanmoins que ce genre hybride astreint à observer les lois ordinaires de la composition. Le *Ministre de Wakefield*, *Hermann et Dorothée*, la *Louise* de Voss et *Joseph Andrews* le prouveraient assez, quand même le Chevalier de la triste figure ne jetterait pas son glaive dans la balance.

Si, du reste, on voulait savoir quelles facultés spéciales choque le manque de plan et l'indécision de l'ensemble, il n'y a qu'un mot à répondre : ce vice les blesse presque toutes. En effet, au milieu de la nuit dont il voile les objets, nuit importune où brillent seulement quelques flammes errantes, pareilles aux jets lumineux des aurores boréales, l'entendement affamé cherche en vain sa pâture. Il ne discerne que des ombres muettes, il ne respire que l'odeur des tombeaux. L'intelligence veut comprendre, elle cherche à saisir les formes des choses et leur liaison respective ; l'imagination désire des tableaux précis, des événements bien enchaînés ; pour que la sensibilité s'émeuve, il lui faut des héros pleins de vie, des actions pleines de courage ; elle ne s'intéresse guère à des fantômes. La raison, voyant un ordre quelconque, une série de moyens employés, tâche d'apercevoir l'idée-mère qui gît au fond de cet organisme. Sa joie est d'en découvrir les ressorts intimes, le principe et le mobile. Or, dans une œuvre confuse, pas un de ces vœux n'est rempli ; ni l'intelligence, ni la fantaisie, ni le sentiment, ni la raison ne trouvent leur compte. Le dessin flotte dans le vague, les objets échappent au regard, les personnages indécis n'exercent aucune action sur l'âme, et l'on se demande sans fruit où courent toutes ces formes errantes, poussées à l'aventure par des brises capricieuses.

L'exposition de notre auteur, ou la manière dont il révèle ses idées, ne satisfait pas non plus entièrement. La recherche, l'exagération, l'obscurité, les mauvaises plaisanteries y abondent. L'opulence du style annonce une grande force, mais une force mal dirigée. Au lieu de se fondre ensemble, au lieu de concourir à un effet général, les traits particuliers ont l'air de subsister par eux-mêmes, et, comme une foule qui se disperse, ils suivent chacun leur route. La plupart ont une indubitable valeur ; l'esprit, la sensibilité, l'imagination les ont frappés à leur coin. Seulement il faudrait en éliminer un grand nombre, et tourner les autres de manière à les emboîter avec les phrases voisines. Mais ce qu'on ne peut méconnaître dans Jean-Paul, ce qui forme la portion la plus nette de son talent, ce qui l'élève au-dessus du troupeau des scribes ordinaires, c'est son infatigable verve. Les tournures, les saillies, les comparaisons, les métaphores s'échappent de ses mains comme la graine qui tombe devant les pas du semeur. Il attrape aussi fort habilement le ton demi-sérieux, demi-badin, qui constitue l'humour. Voici, par exemple, de quelle manière il décrit les laborieuses recherches de Quintus Fixlein et se moque des érudits sans intelligence :

« En vérité, lorsque Xerxès promit une somme
» d'argent pour la découverte d'un plaisir ignoré
» par les siècles antérieurs, celui qui rédigea ses
» observations sur le programme du concours,
» avait déjà ce plaisir au bout de la langue. Une
» seule chose, à mon avis, est plus douce que
» d'écrire un livre, c'est de le projeter. Fixlein
» composait de petits syllabaires in-douze, qu'il
» livrait au relieur en manuscrit : le relieur les
» coupait, les dorait et les ornait d'un titre im-
» primé. Alors Fixlein les déposait sur les rayons
» où il alignait ses trésors littéraires. On les pre-
» nait pour des publications nouvelles en carac-
» tères de fac-simile. Sans mentionner ses travaux
» secondaires, il s'occupait d'une statistique où il
» passait en revue toutes les fautes d'impression
» commises par les typographes allemands ; il
» comparait entre eux les divers errata, notait les
» bévues les plus fréquentes, avertissait le lecteur
» qu'on en pouvait tirer de graves conclusions, et
» lui abandonnait généreusement ce plaisir.

» Il brillait en outre parmi les massorètes ger-

» maniques. Voici ce qu'il fait observer, non sans
» raison, dans un avant-propos : Les Hébreux
» étaient fiers de leurs massoras, qui leur appre-
» naient combien de fois une lettre se trouve
» employée dans la Bible; par exemple, l'aleph
» (*a*), 42,377; — combien de vers renferment
» toutes les consonnes (26); — combien en ren-
» ferment quatre-vingts (3); — combien sont for-
» més de 42 mots et de 160 consonnes (un seul :
» Jérémie, XXI, 7.)); — quelle lettre occupe le
» milieu de chaque livre (ainsi, dans le Penta-
» teuque, c'est le *v*), ou même le point central de
» la Bible entière. Et nous, chrétiens! pourrions-
» nous citer un homme qui ait examiné l'édition
» de Luther avec un soin égal? A-t-on scrupuleu-
» sement cherché quel est le mot, quelle est la
» lettre du milieu, quelle voyelle y paraît le moins
» souvent, et combien de fois chacune y revient?
» D'innombrables admirateurs des saintes écri-
» tures rendent le dernier soupir sans savoir que
» l'*a* germanique s'y présente 323,015 fois, c'est-
» à-dire 7 fois plus fréquemment que dans le texte
» hébreu.

» Nous prions les journalistes versés dans l'*An-*
» *cien Testament* de déclarer, après une supputa-
» tion rigoureuse, s'ils ont trouvé ce dernier
» chiffre inexact.

» Quintus formait aussi diverses collections; il
» possédait une belle série d'almanachs, de caté-

» chismes et de volumes in-seize. Son recueil d'avis
» était plus satisfaisant que ceux du même genre.
» Il estimait particulièrement son dictionnaire
» alphabétique de tous les souscripteurs aux en-
» treprises de librairie, parmi lesquels on voit
» mon nom à la lettre J.

» Son bonheur suprême consistait à dresser de
» nouveaux plans. Il s'était en conséquence donné
» la satisfaction de coudre un gros ouvrage, où
» il indiquait la manière de traiter, dans les rè-
» gles, l'histoire des savants fameux, histoire
» placée dans son esprit quelques pouces plus
» haut que celle des rois et de l'univers. Ses pro-
» légomènes rappelaient aux citoyens de la répu-
» blique des lettres que Hommel a donné un cata-
» logue de tous les légistes fils de ribaudes, ou
» morts en odeur de sainteté ; — Baillet, une
» énumération de tous les érudits qui ont eu
» l'intention d'écrire ; — Ancillon, de ceux qui
» n'ont jamais rien écrit ; — Gœtze, surintendant
» à Lubeck, de tous les auteurs cordonniers ou
» morts sous les eaux ; — Bernhard, de ceux que
» des aventures étranges ont éprouvés dans le sein
» de leur mère, et ainsi de suite. Ces ouvrages,
» continuait-il, auraient dû nous exciter à des
» entreprises analogues, et nous faire dresser des
» listes minutieuses, où l'on trouverait classés les
» hommes savants, remarquables sous d'autres
» rapports : ceux, par exemple, qui sont restés

» ignorants; — ceux qui n'avaient pas un bon
» caractère : — ceux qui portaient leurs cheveux
» naturels ; — les annalistes, prédicateurs, et
» psalmistes gracieusement ornés d'une queue;—
» les érudits, vêtus d'une culotte de peau noire ou
» armés d'une épée ; — les écrivains morts dans
» leur 11e, 20e, 21e, 150e année (la dernière classe
» ne renferme aucun auteur, à moins qu'on ne
» veuille regarder comme tel le mendiant Thomas
» Parr); — les savants dont l'écriture était en-
» core plus abominable que celle des autres (caté-
» gorie occupée toute entière par Rolfinken, ses
» lettres étant aussi longues que ses mains); —
» ceux enfin qui, dans leurs disputes, ne s'étaient
» arraché que les poils de la barbe; Philelphe et
» Thimothée sont les seuls de cette espèce. »

Les œuvres de Jean-Paul contiennent un grand nombre de passages non moins comiques. Il faut entre autres lire le morceau, où il prouve que l'estomac est le siége de l'inspiration et la faim l'unique muse des littérateurs. Il ne réussit pas cependant toujours également bien ; ses plaisanteries savantes et pénibles fatiguent aussi vite que ses dithyrambes. Quel charme, quelle grâce est-il possible de trouver dans ses éternelles remarques sur lui-même, sur ses embarras d'auteur, sur la ville imaginaire de Flachsenfingen? Comment le suivre, lorsqu'il abandonne tour à tour la fiction pour la réalité, puis les choses réelles pour les songes laborieux de son esprit, lorsqu'il mêle en partie son histoire à l'histoire de ses héros et fait reparaître au milieu d'un drame nouveau les acteurs d'un drame précédent? Heureux encore si l'on n'avait pas à essuyer une pluie d'allusions, de métaphores et de similitudes outrées !

Lorsqu'Albano s'approche de l'Isola bella, Jean Paul nous dit que « son cœur se gonflait de joie » comme le melon sous la cloche, et que ce fruit » grossissant soulevait de plus en plus sa poi- » trine. » Dans une autre circonstance, où il frissonne à l'idée de la mort soudaine qui peut lui ravir Liane, l'auteur dépeint de la sorte les angoisses contre lesquelles lutte son âme ardente : « Jamais il n'avait tremblé comme alors devant » l'image du trépas. Mais il saisit d'une main » ferme ces chardons de la fantaisie pour les » écraser. Puis quand il vit que l'air pur de l'a- » mour et les danses des bergers de son Arcadie » ramenaient les roses sur les joues de Liane, les » chardons cessèrent de croître. » Voici d'autres phrases analogues : « Madame de Froulay cher- » chait à creuser sous les racines du cœur de sa » fille, pour l'arracher le plus délicatement pos- » sible. — Bouverot, dont la langue pointue et » gluante pénétrait dans les fentes des trônes » pour y chercher des secrets, avait donné à son » ami Froulay tous les renseignements convena- » bles. — Cette pensée fut le tabac nécessaire pour

» remplir le calumet de paix qui devait se fumer
» entre le père et le fils. (Dans l'original on ne
» trouve pas le mot *pensée;* mais comme il est
» question d'une agréable erreur que la fille du
» ministre doit causer à la princesse, l'auteur joue
» sur le substantif *rollenblatt,* qui peut vouloir
» dire feuille roulée ou feuille de rôle. L'expres-
» sion en devient plus piquante et plus rigou-
» reuse, le tabac nous arrivant disposé de cette
» façon.) — Dans le miroir ardent et grossissant
» des résultats, le sort nous montre les petits vers
» joueurs de notre âme comme autant de furies
» armées et de serpents adultes. (Ce qui signifie
» qu'une intention presque innocente amène sou-
» vent de fâcheuses conséquences.) — Rien de
» plus doux que le cœur d'une jeune fille et le
» beurre frais; seulement, tous deux s'aigrissent
» en vieillissant et prennent de l'amertume. » —
» Aimer de bonne heure et se marier tard, c'est
» entendre le matin une alouette en l'air et en
» manger le soir une rôtie à son souper. »

Nous ne multiplierons pas ces citations affli-
geantes; elles répandraient sur l'auteur un jour
beaucoup trop sombre. A voir tant de défauts,
on se laisserait induire à penser qu'il manquait
d'intelligence. Ce serait tomber dans une grande
erreur; sa volumineuse esthétique met hors de
doute la puissance de ses facultés rationnelles.
On n'y trouve plus aucun sujet de blâme, si ce

n'est l'exubérance des métaphores qui obscurcissent sa pensée ; on a quelquefois bien de la peine à la distinguer sous ces voiles. Mais ici du moins on ne regrette pas ses efforts : on est sur le terrain de la science, et, pour prix de son courage, on obtient d'excellentes idées. Lorsqu'on n'avait d'autre but que le plaisir, la fatigue de la lecture devait promptement indisposer ; mais l'homme qui cherche le vrai n'a pas le droit d'abandonner sa tâche. Du reste, ces empiétements de la fantaisie annoncent encore l'absence du goût. A chacun sa place, à chacun ses honneurs. Quand la raison prend l'équerre et bâtit un monument philosophique, les autres pouvoirs intellectuels doivent marcher sous ses ordres et lui prêter leur secours ; mais ils doivent bien se garder de parler en maîtres.

Au reste, ce vice de forme ne détruit pas le mérite du fond : les *Principes d'esthétique* composent réellement un beau livre. Si l'on n'y admire point la sévère unité de Schiller et de Kant, en revanche on parcourt de l'œil un plus large tableau. Richter aborde successivement tous les problèmes et cherche à résoudre toutes les difficultés. C'est là l'ouvrage qu'on aurait dû traduire, c'est celui qui aurait le mieux naturalisé chez nous la gloire de Jean-Paul. Traitant d'abord les hautes questions philosophiques, il passe de sujet en sujet aux détails de l'exécution et aux règles du style. La variété de ses aperçus est tellement grande que nous ne saurions les condenser en un petit nombre de mots. Nous engageons seulement les hommes curieux d'analyses psychologiques à lire le remarquable passage, où il attaque les fausses idées conçues par le vulgaire sur la nature du génie. On a si sottement préconisé ces erreurs dans les derniers temps, que les réflexions de Jean-Paul ont tout le charme de l'à-propos. Selon lui, la croyance à une force exclusive et, pour ainsi dire, à un instinct du génie a vraisemblablement pris sa source dans une confusion de l'aptitude poétique et philosophique avec celle des artistes ou des virtuoses. La plupart des musiciens possèdent une organisation qui les entraîne et les conduit fatalement vers leur but; la prédominance d'un organe et d'un pouvoir donne alors aux actions humaines l'aveugle sûreté de l'instinct.

Celui qui regarde le génie, ce don suprême, comme un développement des qualités inférieures, ainsi qu'Adelung dans son ouvrage sur le style, celui qui peut se figurer un génie sans intelligence en manque certainement lui-même. Cette erreur est si fréquente et si pernicieuse qu'il devient nécessaire de la redresser. Shakespeare, Schiller et les grands tragiques ne déploient-ils pas les qualités les plus diverses, selon les héros divers? ne se montrent-ils pas souvent dans une même page subtils, gracieux, profonds, ardents, sagaces et observateurs? C'est le caractère du talent, circonscrit toujours dans d'étroites limites, de rendre sans cesse le même son comme la corde d'un piano*; le génie ressemble aux cordes de la harpe éolienne; il varie ses accents à chaque brise nouvelle. Dans l'homme de génie toutes les facultés s'épanouissent en même temps; son imagination n'est pas une fleur, mais la déesse des fleurs qui leur donne la grâce et la vie.

C'est pour cette raison que le génie se domine lui-même, qu'il possède au plus haut degré la puissance de la réflexion. Le mouvement, le labeur alternatif des facultés lui assurent l'indépendance morale. Aucune d'elles ne prend le dessus, aucune ne s'arroge un pouvoir tyrannique, ne se change, pour ainsi dire, en un second moi. L'homme de génie maîtrise son âme au point de ne jamais se confondre avec son œuvre, de ne jamais s'anéantir dans sa créature.

---

* Cette réflexion de Jean-Paul ne combat point ce que nous avons dit sur l'unité nécessaire au génie. L'uniformité du talent est extérieure; il reproduit les mêmes personnages, raconte des événements dont il a déjà fait l'histoire, et repasse continuellement sur les mêmes traces. L'uniformité du génie est intérieure; il part d'un centre immobile pour accomplir ses excursions toujours diverses. Il est un et varié, au rebours du talent qui tombe dans la monotonie sans conquérir l'unité.

Le poète, aussi bien que le philosophe, est donc un voyant ; il s'élance comme la lumière, et non point comme une citadelle qu'emporte la mine. Voilà pourquoi l'auteur le plus fougueux peut être un homme fort doux, témoin Shakespeare ; voilà pourquoi l'individu fatalement égaré par une véhémente nature peut recouvrer la paix et la liberté dans l'enceinte des arts, témoins les figures angéliques du violent Guido Reni. La jeunesse et l'ignorance prennent seules la flamme du génie pour une ardeur passionnée. L'éternelle agitation d'Alfieri, bien loin d'augmenter sa puissance créatrice, a exercé une mauvaise influence sur ses œuvres. Ce n'est pas une mer en courroux, c'est une onde immobile qui réfléchit le ciel.

Ce calme intelligent du poète, que l'on attribue plus volontiers au philosophe, annonce leur étroite parenté. Jamais elle ne fut si visible que dans Platon ; il réunissait effectivement les deux aptitudes. Ses caractères bien dessinés, ses hymnes, ses systèmes le mettent hors de doute. On conçoit très bien qu'après sa mort on ait trouvé chez lui vingt commencements divers pour son traité *de la République*. Le génie ressemble au balancier d'une pendule ; le mouvement qu'il imprime est d'une régularité merveilleuse.

La prévention et l'erreur tireront seules un argument de ce repos contre l'enthousiasme du poète. Le feu qui l'anime doit pénétrer jusque dans les moindres détails, mais il a besoin d'être contenu, d'être mesuré pour ne point se changer en incendie; au milieu même de son exaltation, il faut que l'écrivain pèse les syllabes, observe les lois de la prosodie, et conduise le flot des sentiments qui l'agitent vers l'étroite embouchure de la rime. L'inspiration ne donne naissance qu'à l'ensemble, les détails sont le produit d'un tranquille labeur. Le poète offenserait-il sa muse en cherchant à créer des œuvres parfaites, en prenant avis de sa raison, de son expérience, en convoitant l'harmonie et la beauté dernières? Si l'artiste pouvait agir avec trop de réflexion, l'homme, réfléchi de sa nature, serait au-dessous des bêtes; leur vie mécanique l'emporterait sur la sienne, et l'Être infini, qui comprend tous les mystères de son existence, serait au-dessous des entendements bornés!

Trois volumes écrits de la sorte rachètent bien des fautes littéraires. Si maintenant on désire savoir quelle est notre opinion définitive sur Jean-Paul, nous reconnaîtrons en lui une grande puissance et des talents nombreux, mais accompagnés d'un vice qui gâta ses belles dispositions. Il lui manquait l'unité, l'harmonie intérieure, et il ne sut point donner à ses œuvres l'accord général dont son âme était dépourvue.

Novalis.

On rencontre dans les montagnes certains paysages, dont la physionomie exprime assez bien le caractère singulier des écrits de Novalis. A mi-côte, sur un plateau légèrement incliné, une ferme présente au soleil couchant ses vitres battues par l'orage. Au-dessous, un vallon ténébreux déploie ses méandres étranges; en face, les hauteurs vont s'abaissant jusqu'à la plaine, et la lumière défaillante rougit leurs innombrables cimes. Près de vous les objets conservent encore des lignes arrêtées; dans le lointain, ils pâlissent, s'effacent, ressemblent à de vagues estompes. Aux incertitudes du crépuscule se joint par degrés l'humide voile du brouillard; il monte en silence des gorges retentissantes où s'entrechoquent les vents et les flots. Cependant les nues descendent des régions supérieures; elles assiégent la métairie, et promènent à l'entour leurs fantômes, comme des rondes vigilantes. Dans cette double nuit, l'univers semble périr. Aucune forme n'arrive à l'œil, et l'intelligence révoque en doute ce que les sens n'atteignent plus. Les sourdes menaces du tonnerre, la voix funèbre des cascades et la plainte des chênes grondeurs attestent seules l'existence de l'invisible nature, la réalité d'un monde qui paraît se nier lui-même. Ainsi, lorsqu'on ouvre l'auteur germanique, on saisit d'abord nettement ses paroles et la configuration des choses qu'il décrit. Mais bientôt l'atmosphère devient sombre; les idées flottent sous le regard et se mêlent par leurs contours. A chaque phrase le poète souffle un nouveau nuage sur la perspective. Enfin, comme l'antique Glaucus, il s'incorpore à son élément bien-aimé; il se dissout lui-même en vapeur. Ses écrits offrent donc le mélange d'une raison active, cherchant des idées nettes, avec l'imagination la plus molle et la plus brumeuse qu'aient enfantée les prairies saxonnes. Un caractère analogue distingue sa vie : des études scientifiques, des occupations et des soins tout positifs y côtoient des événements étranges, y cèdent la place à de mystiques rêveries. Une courte jeunesse remplaça pour lui les trois âges de l'existence; il mourut doucement, l'oreille pleine d'un air qu'il affectionnait, et, comme la voix d'un instrument brisé, son âme parut s'exhaler en d'harmonieux accords.

Frédérick de Hardenberg, dont le pseudonyme est devenu si célèbre, naquit le 2 mai 1772, sur une propriété de sa famille, dans le comté de Mansfeld. Il était l'aîné de onze enfants, et resta longtemps débile, sans souffrir d'aucun mal particulier. Rien n'annonçait alors qu'il dût briller par son intelligence. A neuf ans une dyssenterie, qui le mit en péril, jeta l'effroi dans le cœur de sa mère. Lorsqu'une lente guérison lui eut rendu ses forces, il devint joyeux, actif, et son esprit sembla rompre un charme funeste. Il se livra dès ce moment à l'étude avec courage, si bien qu'à onze ans il savait le latin et quelque peu de grec. Un petit nombre de poésies, qu'il écrivit alors, nous ont été conservées. Il paraît même avoir poussé trop loin le zèle. Il passa successivement d'un gymnase à Iéna, de cette université à Leipzig, et de Leipzig à Wittemberg, où il acheva son éducation. Vers la même époque, il fit la connaissance de Frédérick Schlegel, et devint bientôt son ami intime. Il se lia aussi avec Fichte ; ces deux grands hommes exercèrent sur lui l'influence la plus marquée.

S'étant rendu en Thuringe pour acquérir l'habitude des affaires, il eut l'occasion de voir une jeune personne nommée Sophie. Elle était d'une beauté remarquable. Comme les fruits rongés au cœur mûrissent avant la saison et s'embellissent plus tôt de douces nuances, ou comme les arbres qui vont périr célèbrent leurs funérailles en se couronnant d'une épaisse verdure, il semble que les êtres menacés d'une fin prochaine se hâtent de déployer leur éclat, pour terminer leur vie dans une funèbre majesté. La bien-aimée de Novalis portait le sceau terrible ; sa grâce divine charmait tous les yeux, sa douceur gagnait toutes les âmes. Le poète ne s'entretenait d'elle qu'avec inspiration, et son image évoquait en lui mille formes rayonnantes. Mais à peine se livrait-il aux premiers songes du désir que de lugubres signes annoncèrent les droits de la mort sur cette frêle créature. On ne voulut pas d'abord y voir un appel du tombeau ; l'espoir et l'amour éblouissaient les regards. Mais après deux années de souffrances, l'implacable maladie, continuant ses ravages, ne laissa plus aucun prétexte de doute ; la jeune phthisique rendit le dernier soupir entre les bras de sa sœur et de sa gouvernante. Personne n'osait annoncer au poète cette douloureuse nouvelle. Enfin il l'apprit et sentant le chagrin déborder de son cœur, il se renferma durant trois jours et trois nuits, pour pleurer dignement la compagne qui l'abandonnait. C'est ainsi qu'il entra dans les régions désolées de l'expérience : tel est le fruit amer que la première bise de sa jeunesse fit tomber à ses pieds de l'arbre de la vie.

Depuis ce moment, il sembla qu'un génie rêveur eût pris la direction de ses pensées. Le chagrin l'avait détaché du monde, le regret d'une femme adorée l'emportait loin d'ici-bas et l'égarait avec elle sous les arbres silencieux d'un paradis imaginaire. Témoins de son affliction, de ses extases, ses amis le croyaient voué pour toujours à ce triste et charmant souvenir. Ils furent donc bien surpris, lorsqu'avant la fin de l'année, ils le virent contracter un second lien. Sophie était morte en 1797; en 1798, il célébra ses fiançailles avec Julie. La manière dont il esquiva leur blâme ne laisse pas d'être ingénieuse. Sophie ne perdait point la souveraineté de son esprit et de son affection, seulement il la regardait comme une sainte, et il pouvait bien aimer à la fois une sainte et une femme. Mais il était écrit dans le livre suprême qu'il étendrait encore la main vers le bonheur sans pouvoir le saisir. L'orage avait brisé la première fleur qu'il eût désirée, la seconde ne parfuma que son sépulcre.

Deux ans s'écoulèrent dans l'attente du mariage. Quelques circonstances le retardaient; enfin tous les obstacles cédèrent, et, pendant l'été de 1800, il prépara sa demeure pour la réception de Julie, qu'il voulait épouser au mois d'août. De gracieux tableaux occupaient son imagination : il voyait déjà la tête chérie sur l'oreiller nuptial, il écoutait d'avance les murmures voluptueux qui résonnent dans l'ombre d'une première nuit d'amour. Des plans d'ouvrages entretenaient aussi son activité. L'espérance et la jeunesse allumaient son regard, la poésie chantait sur ses lèvres. Hélas! c'était un chant de mort. Quelques jours s'enfuirent, et sa voix harmonieuse expira sous la terre de l'oubli.

En effet, lorsqu'il voulut se rendre à Freiberg pour célébrer les noces, un flux de sang l'empêcha de partir. Les médecins lui dirent de ne pas s'inquiéter, que c'était un mal accidentel. Il grandit toutefois, et les symptômes se renouvelèrent périodiquement. Il fallut en conséquence ajourner le mariage. Vers le commencement d'octobre, il suivit sa famille à Dresde. Ayant appris, durant son séjour, qu'un de ses frères s'était noyé par imprudence, cette nouvelle l'émut si fortement qu'il eut une perte soudaine. Les médecins déclarèrent alors sa maladie incurable. Ils venaient de prononcer la fatale sentence, lorsque Julie accourut à Dresde auprès de son amant. Singulière entrevue! D'une part, la fiancée, vive, ardente, joyeuse; à côté d'elle un homme épuisé, déjà blême comme le linceul, triste comme les prières de l'agonie, fantôme d'un autre monde oublié dans le nôtre, sentant la vie l'abandonner à chaque mot, à chaque geste, et n'attendant pour disparaître que le premier chant du coq aux premières lueurs du matin.

En janvier 1801, il regagna Weissenfels, où demeuraient ses parents. Comme il ne souffrait point, il continua ses travaux, et lut assidûment les livres saints. Un caractère des maladies de langueur, c'est que le malade ne renonce jamais à l'espérance. L'invisible destruction qui minait ses jours ne l'accablait donc point : il s'édifiait en songe un brillant avenir, et dressait le plan de futurs ouvrages. Le 19 mars, anniversaire du jour que Sophie avait contristé par sa mort, les forces de Novalis décrurent sensiblement. Le 25 du même mois, il s'éveilla de bon matin, feuilleta quelques livres et commanda son déjeuner ; vers les neuf heures, il pria son frère de lui jouer sur le piano certain air qu'il chérissait, et, en l'écoutant, il s'endormit. Frédérick Schlegel, ayant pénétré dans la chambre, le trouva goûtant un doux repos. Son sommeil dura jusqu'à midi. Ce fut alors qu'il décéda, sans faire le moindre mouvement, et ses traits gardèrent au sein de la mort la riante expression de la vie *.

* M. Henri Heine a donc tort de le faire mourir en automne, avec les feuilles des arbres.

Ainsi termina sa carrière, avant la fin de sa vingt-neuvième année, un jeune homme encore inhabile, mais dont les facultés auraient pu prendre un grand essor. Il n'avait point trouvé le creuset magique où ses différentes idées, où ses connaissances multiples devaient entrer en fusion. Les sciences exactes, la poésie, les systèmes philosophiques se disputaient ses jours et son intérêt. Quoiqu'il n'eût pas découvert de sentier commun à leur triple domaine, de route qui mêlât et longeât leurs frontières, on peut admettre qu'il y serait parvenu. Après avoir fini ses études classiques, étudié les belles-lettres et la méthode, il s'occupa d'administration sous le bailli Just. On le voit ensuite juge auditeur d'un département que gouvernait son père. En 1797, il se livre à la physique et à la théorie de l'exploitation des mines. Deux ans plus tard, il devient assesseur et bailli du cercle de Thuringe. Il compose des chants d'église, projette un recueil d'homélies ; bref, il se laisse entraîner à ses caprices, amalgame toutes les affaires, toutes les idées, tous les sentiments. L'âge et la raison pouvaient seuls le tirer de ce chaos. La mort ne l'empêcha pas uniquement d'achever ses ébauches ; elle permit encore de douter qu'il fût capable de mettre au jour une œuvre accomplie.

Novalis était grand, mince et doué d'une noble figure. De longs cheveux châtains inondaient ses épaules ; il avait l'œil brillant et son visage, surtout le front, semblait presque diaphane. La bienveillance animait ses regards, la paix intérieure communiquait à sa physionomie son charme tranquille. On dit que le *Saint-Jean* d'Albert Dürer, magnifique tête dont on conserve deux exemplaires, l'un à Nuremberg, l'autre à Munich, lui ressemble beaucoup.

L'essai le plus important et le plus long de Novalis, est un roman intitulé *Henri d'Ofterdingen*. Le sujet et le héros ouvraient un large chemin à la fantaisie. Si l'on développait bien l'idée génératrice, un monde pouvait en sortir. La destinée du poète, voilà certes une riche matière. Il fallait l'embrasser énergiquement et distiller la vie dans ses profondeurs secrètes. La narration eût soutenu l'habileté de l'écrivain. Henri d'Ofterdingen est un des noms les plus retentissants de la vieille littérature allemande. L'auditoire de la Wartburg admira ses exploits rhythmiques et ses chevaleresques déclamations.

Ce fut en 1206 qu'eut lieu ce mémorable pas-d'armes. Six minnesænger bien connus attendaient sous les voûtes de la forteresse le moment de tirer le glaive poétique. Chacun d'eux ambitionnait la couronne et se promettait de faire vider les arçons à tous ses rivaux. Le landgrave de Thuringe avait été choisi pour décerner la gloire ou la honte. Sa cour l'entourait et formait le public.

Dans un coin de la salle, on apercevait un homme tranquille et doux ; il examinait les combattants avec une attention particulière, avec une sorte de gracieuse bienveillance. C'était maître Stempfel, le bourreau d'Eisenach. Sa hache devait couper la tête au chanteur que les dieux de la poésie trahiraient pendant la lutte : il fallait être éloquent sous peine de mort.

Ofterdingen ne tarda pas à reculer devant l'impétueux assaut d'Eschenbach. C'était un rude antagoniste, celui qui pouvait effrayer ainsi l'auteur des Niebelungen. Henri, se sentant chanceler, invoque le secours du magicien Klinsor. L'allié de l'enfer ranime la bataille et les lances se croisent de nouveau. Mais aucun d'eux ne réussissant par la force à dompter son adversaire, ils emploient tout-à-coup la ruse. Au lieu de chanter belliqueusement, ils proposent et débrouillent des énigmes. On voit bien que le diable s'en mêle, car lui seul peut inventer ou comprendre de semblables arguties. Nous rapporterons l'une des moins obscures ; elle appartient au sorcier : « Un enfant dort sur le rivage d'un lac. Pendant la nuit un orage se déclare et le père tâche d'éveiller son fils. N'y réussissant point, il lui donne un coup de verge ; le coup de verge demeurant sans effet, il joue d'une trompette retentissante ; l'enfant n'ayant pas entendu la trompette, il le saisit par les cheveux et lui applique un soufflet. Cette caresse ne le tirant point de sa léthargie, le père lui lance un fléau; mais il est dit que tous ses moyens échoueront. Il déplore, en conséquence, l'égarement de son fils qui, au lieu d'écouter le vrai messager paternel, l'*agathodémon,* suit les conseils d'un lynx auquel il doit ce fatal sommeil. Alors les eaux rompent la digue, et le lac passe avec fureur sur ses débris. » — « Tu t'imagines avoir gagné la victoire, s'écrie Wolfram d'Eschenbach : mais ta joie ne sera pas de longue durée. Le père qui tâche d'éveiller son fils, c'est Dieu lui-même. Chacun de nous se retrouve dans l'enfant; la trompette désigne les sages et les clercs. Le Seigneur donne le coup de verge à ses amis. L'angoisse du cœur forme le premier châtiment. Si l'on continue ses fautes, il lance la mort sur le coupable : c'est le fléau. La digue représente le sursis qu'il accorde au pécheur : quand on le laisse écouler, elle se brise; les flots sont les années, les vents sont les jours. Agathodémon signifie le bon ange, et le lynx nous offre l'image du diable. J'ai donc trouvé le gué de tes subtiles inventions, que tu comparais au fleuve du Rhin. » Eschenbach n'a pas tort de s'enorgueillir : personne de nous, je crois, ne serait sorti d'affaire.

Klinsor, voyant la querelle tourner contre lui, dépêche Belzébuth vers son antagoniste afin de le troubler. Mais le poète, auquel cette visite semble fort ennuyeuse, reçoit le diable d'une manière extrêmement impolie. « Je voudrais, lui dit-il, que tu sois dans le fond de la mer ; ta présence me choque, et je te conseille de m'en débarrasser au plus vite. » Puis, faisant un signe de croix, il chasse le tentateur. Furieux qu'on l'ait exposé à cette avanie, l'ange tombé querelle le magicien et lui reproche son indélicatesse. Il le laissera désormais trancher du bel esprit tout seul. Le diable éloigné, les champions recommencent la guerre. On ignore quelle en fut l'issue, mais on présume que Henri d'Ofterdingen dut succomber.

Tels sont les matériaux livrés par l'histoire au poète, et qu'il avait le droit de façonner à son gré. Le temps où s'est accomplie cette grande action lui eût fourni de brillantes couleurs. Les magnificences du treizième siècle pouvaient ressusciter à sa voix, les cloches sonner dès le commencement de l'ouvrage, l'église pyramider au centre, les tourelles et les donjons de la noblesse découper une frange dans le lointain, et les pensives harmonies de l'orgue chanter le Créateur avec les soupirs des bois, les virelais des oiseaux et l'immense prière de tous les chrétiens agenouillés sous la lumière des cieux.

Les idées ne prêtent pas moins que les faits. Le rôle du poète sur la terre éclipse tous les autres, sauf la mission des doctrines religieuses. L'imbécillité qui honnit les artistes ne se doute pas qu'elle étale au jour sa propre niaiserie. Les gardiens de pourceaux devraient se borner à juger le cri de leurs compagnons. La poésie est en effet la révélation la plus claire, la plus satisfaisante de notre âme et de notre destinée. Les causes mêmes qui inspirent l'artiste le démontrent suffisamment. Deux passions contraires l'assiégent toujours, la fatigue du réel, la haine du mal et la soif du bien, l'idéal amour de la perfection. Que la nature, que la société l'irritent ou le charment, il en dépasse bientôt les limites, il invente un monde plus éclatant, une civilisation plus puissante et des lois plus justes. L'infini veille dans sa tête, d'incommensurables aspirations le tourmentent. Ne voyant rien au dehors qui puisse calmer ses élans, il se rejette du côté de son âme, et là, déifié par sa propre grandeur, il engendre un second univers.

L'insuffisance du monde comparé à nos désirs, voilà donc la source de l'art. Si l'extérieur s'accordait rigoureusement avec notre âme, les faits quotidiens avec les lois de l'intelligence; si nous voyions dans ce qui nous entoure une représentation objective, une fidèle image de ce qui est en nous, cette harmonie complète nous donnerait le bonheur absolu. Identifiés par leur similitude, les deux termes ne lutteraient plus ensemble. Une jouissance illimitée, une ardente contemplation absorberaient toutes nos forces, et d'immobiles extases succéderaient à l'éternelle mobilité de la vie. Mais cette corrélation intime n'ayant pas lieu, d'autres phénomènes se produisent. L'homme détourne les yeux de la réalité qui le blesse ou ne le satisfait pas. N'espérant plus contenter directement ses souhaits, il leur cherche une pâture illusoire. L'imagination la lui présente, et la créature d'un jour rêve un moment le ciel.

Or, qu'on ne s'y trompe pas, l'élan vers l'infini n'est point vague comme on pourrait le croire. Quand on l'analyse, on trouve dans son sein toutes les facultés humaines. Toutes sont en effet également insatiables. Qui nous apprendra le nombre et la mesure des voluptés qu'ambitionne l'amour? L'orgueil s'est-il jamais saturé de louanges? Le désir de connaître s'arrête-t-il patiemment devant les obstacles? Trouve-t-on un philosophe heureux des mystères qu'il a pénétrés, indifférent sur ceux qu'il ignore? Non, certes, car il n'est pas de misérable attachement qui ne puisse devenir une passion furieuse. Chacune de nos tendances est comme un abîme, qui semble d'autant plus profond qu'on le regarde davantage. Pour contenter l'âme, la poésie doit donc contenter ses nombreuses exigences, et elle n'y réussit qu'en leur présentant des tableaux conformes à leur nature. Le résultat de cette dernière obligation est que ses images leur servent de signes ; quand elle peint les songes de nos inclinations froissées, elle peint ces inclinations elles-mêmes.

L'art est le seul ouvrage de l'homme qui le re-

présente ainsi en entier : les autres créations ne
le montrent que sous un aspect. La philosophie
nous découvre les puissances rationnelles assises
au pied d'un arbre funéraire, et promenant leurs
regards sur notre destinée, comme sur un ténébreux océan. Les autres sciences occupent la mémoire, l'attention, les facultés généralisatrices ;
nulle n'intéresse l'homme d'une manière complète.
Elles redoutent la fantaisie, elles proscrivent la
sensibilité. L'organe qu'elles développent affame
barbarement ses voisins. Dans l'art, au contraire,
pas une tendance n'est oubliée. La poésie s'accorde avec la raison ; car si elle la choquait, les
joies qu'elle-même enfante cesseraient à l'instant :
elle enivre le cœur, elle égaie l'imagination. Le
désir, le courage, la noblesse de l'âme, grandissent sous sa rosée ; elle apporte aux sens des
bruits, des lignes, des odeurs qui les font tres-
saillir ; le corps et l'esprit sont également enchantés, et, quand elle monte à l'horizon intellectuel,
de joyeuses harpes la saluent dans tous les coins
de notre nature.

Non-seulement la poésie révèle l'homme intérieur et extérieur, mais elle accomplit mieux cette
tâche que la vie elle-même. Une lutte perpétuelle
absorbe nos jours; mille forces, mille circonstances entravent l'exercice de notre pouvoir.
Refoulés par la crainte, par la loi, par l'indigence,
nos penchants s'enfouissent dans notre cœur sous

une ombre éternelle; nous prenons la forme de notre position. Il y a d'ailleurs en nous une multitude de principes avides, qui cherchent à satisfaire leur convoitise. Si l'un d'eux l'emporte sur les autres, il se développe monstrueusement et rompt l'accord du système. Dans l'art toutes ces difficultés s'évanouissent; la création poétique est une œuvre de l'intelligence exclusivement régie par des lois intellectuelles. L'univers lui fournit des matériaux, lui prête ses richesses, mais il ne la circonscrit point. Elle a le droit d'en franchir les bornes, de représenter l'inconnu. Elle est donc le vêtement pur, idéal de l'essence humaine, et trahit plutôt qu'elle ne voile ses contours.

Aussi l'art nous offre-t-il un merveilleux spectacle. Jouissant d'une immense liberté, il ouvre un passage à toutes les secrètes émotions du cœur. Désirs brûlants, tristes regrets, espérances, chimères, souvenirs pleins de joie, taciturnes douleurs, résolutions énergiques et plus puissantes que les souffrances, l'âme entière chante, pleure, crie et bégaie et soupire lorsqu'elle traverse la magique forêt des neuf déesses. Le bruit du torrent y gronde à côté des sources mélodieuses, l'oiseau confond son hymne avec les plaintes des bises d'automne, l'arbre agité secoue ses feuilles, répand ses larmes, et ces innombrables murmures deviennent le langage de l'esprit humain dans sa virginale intégrité. Le son qui prédomine est la voix de l'affliction ; créatures malheureuses engendrées pour un but que nous touchons rarement, nous déplorons nous-mêmes nos vices et notre faiblesse. Une inconsolable Rachel gémit dans nos entrailles ; nous, les rois de la terre, les favoris du suprême ordonnateur, qui devrions marcher courageusement vers le bien, nous nous laissons comme des lâches suborner par de viles propensions. Désirant au moins racheter nos fautes en purifiant nos songes et nous applaudir dans des héros imaginaires, nous inventons alors des demi-dieux plus justes, plus forts, plus hommes que nous. Sublime et douloureuse torture ! Enfouis à moitié sous un lac de glace, comme les damnés du cercle infime, nous pensons à nos souillures, nous admirons en idée le bonheur et l'innocence que nous avons perdus. Mais cette tristesse même prouve la grandeur cachée de notre nature. Nous ne sommes pas essentiellement criminels, puisque le forfait nous désole. Si quelque jour, terminant sa longue débauche, l'humanité recouvrait la pudeur, elle n'aurait qu'à lever la tête, et Dieu s'inclinerait pour l'embrasser.

Mais quand l'art jette nos aspirations dans son moule, il ne dévoile pas uniquement les ressorts de notre fugitive existence, il éclaire autant qu'on le peut le secret de notre avenir. Si toute créature marche nécessairement vers sa fin, si la cause finale est la condition première de la vie, elle seule déterminant l'organisation, groupant les phénomènes et leur imprimant l'unité, l'homme, qui ne remplit pas sa destinée sur le globe, doit la remplir au-delà du tombeau. Évidemment la structure des êtres constitue un signe infaillible qui dénote le but pour lequel ils sont nés. Or, puisque la poésie nous révèle les mobiles de nos actes, la disposition architectonique de nos facultés, les principes mécontents qui grondent en nous, elle indique aussi les parages éloignés vers lesquels nous cinglons. Qu'elle n'emploie pas la forme logique, peu nous importe : elle constate un fait, elle sanctionne des espérances, elle déduit l'avenir du présent. Quiconque l'interroge d'une manière digne d'elle, en obtient la solution de tous les grands problèmes. Pour les vrais artistes et les vrais juges, elle suppléerait au besoin la religion, car elle nous enseigne nos devoirs, elle nous apprend à nous connaître, elle nous ouvre dès ce monde une échappée de vue sur le monde futur.

Du reste, ce n'est pas l'individu seulement qu'énoncent les arts. L'histoire prend sous leurs mains un corps radieux. Ils offrent l'image la plus exacte d'une civilisation donnée. Les lois, les mœurs, les croyances religieuses d'un peuple ne sont, en effet, que le type idéal de sa vie. Modèles suprêmes, ils devraient engendrer tous ses actes, gouverner toutes ses pensées. Leur réalisation demeure pourtant à jamais incomplète.

Les obstacles matériels, la versatilité, la faiblesse de l'homme qui cherche à les soumettre, l'empêchent d'exécuter fidèlement la règle. Il y a dans les diverses périodes une multitude de circonstances que renie l'esprit général du temps; l'activité humaine déborde sans cesse les doctrines. Ces anomalies rendent plus scabreuse l'étude du passé. Elles réjouissent les pyrrhoniens; elles leur font croire qu'ils sont en droit de suspecter les vues d'ensemble et les considérations philosophiques.

L'unité de l'art est bien autrement sévère. Ne portant pas le même joug, ne se heurtant point aux mêmes embarras, il accepte, il réalise le dogme et la loi dans leur entier. Ses œuvres sont une pure émanation du système contemporain. Le milieu qui nous environne nous teint de ses couleurs. Nous ne jugeons, nous ne sentons qu'à travers nos idées. Les objets naturels eux-mêmes nous impressionnent différemment, selon les époques. Un Grec errant au sein des bois, l'imagination pleine de faunes et de dryades, n'y voyait pas ce qui charme le chrétien, adorant dans la solitude la présence de l'immortel régulateur. C'est là ce qui transforme l'artiste en véridique géographe du monde qu'il habite. Ses productions révèlent l'état le plus fréquent, les désirs les plus élevés de son âme, et cet état, ces désirs, portent la marque de l'organisation religieuse, civile, politique, sous laquelle il travaille. De pittoresques images lui échappent naturellement ; il fait briller aux yeux les dômes de la ville céleste, exemplaire et symbole des terrestres demeures. Pour tout dire en un mot, la poésie est plus vraie que l'histoire, car elle est plus générale et plus rigoureuse.

Outre cette mission passive qui le distingue, l'art exerce encore une influence active. Au lieu de se borner à peindre l'homme et la société, il les aiguillonne, il les soutient dans leur douloureux voyage. Musique de fête, chant du cœur, il entraîne derrière lui nos pensives cohortes. L'enseignement religieux, les doctrines morales, l'austère leçon des vieillards prennent sur ses lèvres une grâce miraculeuse. On obéit à sa puissance comme aux enchantements de la femme. Il construit des voûtes pour abriter la prière, dessine ou taille d'éloquentes images, suspend dans les airs l'orgue et la cloche, invente des modulations aussi graves que la tombe, aussi douces que l'espoir, et nous fortifiant durant la vie, nous excitant à remplir notre destinée, il sait encore élever sur notre cendre la pyramide du souvenir.

Tels sont, si je ne me trompe, l'essence et le but de l'art. Les poètes qui méritent ce nom ne s'en effraient point, ils s'en réjouissent ; les autres n'existent pas.

Novalis aurait pu sur ces données bâtir un

magnifique ouvrage : il a écrit un roman presque
illisible. Une fidèle analyse va permettre au lecteur
d'en juger. Henri d'Ofterdingen se divise en deux
parties : l'une, qui a reçu la dernière main, nous
fait assister au noviciat du poète; l'autre, demeurée
sans conclusion, nous l'aurait montré dans toute
sa gloire. L'ouvrage commence par un tableau
mystérieux :

« Les parents d'Ofterdingen étaient couchés et
dormaient. La longue pendule battait sa mesure
monotone, et le vent gémissait contre les châssis
tremblants des fenêtres. Tantôt la lune éclairait la
chambre, tantôt elle la laissait dans l'obscurité.
Le jeune homme se retournait en vain sur sa
couche : il ne pouvait goûter le sommeil. Il pensait aux manières, aux récits de l'étranger. « Ce
ne sont pas les trésors qui éveillent en moi cet
inexprimable désir ; l'ambition ne me tourmente
point, disait-il ; mais je souhaite ardemment voir
la fleur bleue. Elle occupe sans cesse mon esprit ;
je ne rêve, je n'imagine pas autre chose. »

Cette fleur brillante, c'est la poésie elle-même.
Le symbole ne manquerait pas de grâce, si l'auteur
ne s'empressait de le défigurer. Le héros ferme
les paupières et voit en songe la corolle magique
« La plante s'inclina vers lui, et les étamines lui
présentèrent une sorte de large fraise d'azur au
milieu de laquelle oscillait un doux visage. » Cette
tête humaine, flottant parmi des anthères, choque

singulièrement l'intelligence ; elle contredit toutes les lois naturelles, et ne heurte pas moins les lois du beau. Une monstruosité difforme n'excite que le dégoût.

Quoi qu'il en soit, tourmenté par ses nouvelles ardeurs, Ofterdingen devient sombre, ennemi des réjouissances et promène à l'écart la blonde troupe de ses jeunes méditations. Enfin, il part pour Augsbourg avec sa mère et quelques trafiquants. Peut-être, sur la route, le hasard le conduira-t-il vers la fleur aux célestes nuances. Voulant charmer les ennuis du voyage, ses compagnons rassemblent leurs souvenirs et lui exposent la biographie de plusieurs poètes ; ils commencent par l'histoire un peu triviale d'Orphée, qu'ils illustrent bientôt des aventures d'Amphion. Le but caché sous ces récits est de nous montrer le sort des artistes chez les nations primitives. Novalis semble croire aux incantations de la lyre grecque ; au pouvoir de tout animer que lui attribuaient les anciens. La nature, dans ces époques lointaines, a dû, selon lui, renfermer une plénitude de sentiment et de vie, dont les siècles l'ont dépouillée. Des moyens qui, de notre temps, agissent à peine sur les animaux et n'atteignent que l'homme, pouvaient en conséquence remuer les corps inorganiques. Ces effets miraculeux pour nous étaient alors naturels. Vient ensuite un conte obscur d'intention, mais plus agréable. Un roi, déjà sur le déclin, tenait une cour brillante; la richesse, l'élégance de ses fêtes attiraient d'innombrables spectateurs, et chacun voulait jouir de sa libéralité. Le monarque partageait son cœur entre deux amours; il adorait également sa fille unique et la poésie. Les interprètes de l'une ne le quittaient pas plus que l'autre. Un seul chagrin le poursuivait au milieu du paradis terrestre qu'il avait su se créer : sa chère enfant ne voulait accepter la main d'aucun prince. Elle avait refusé tant de maris qu'on n'osait plus briguer ce titre, et son père, se sentant vieillir, craignait de la laisser seule ; mais il avait beau la conjurer, ses prières ne la fléchissaient point.

A quelque distance de la capitale, un vieillard, uniquement jaloux d'instruire son fils, habitait un vallon écarté. Durant une promenade, la belle et sauvage héritière aperçoit ce jeune élève, aussi beau, mais aussi sauvage qu'elle. Ils s'apprivoisent insensiblement l'un l'autre; puis, forcés, comme le couple virgilien, de se retirer dans une caverne, ils y prennent les mêmes libertés. On en devine les suites. Honteuse de sa faute et n'osant laisser croître sous le regard paternel les signes qui la dénoncent, l'intéressante pécheresse se soustrait une année entière aux bavardages de la cour. Cependant le monarque est inconsolable; il cherche sa fille en tous lieux, il la demande à toutes les provinces de ses États. Mais un soir que la noblesse errait dans les jardins de sa royale demeure et qu'il aspirait la fraîcheur des premières brises nocturnes, une voix mélodieuse troubla tout à coup le silence. Un jeune homme apparut et chanta, sous une forme allégorique, le bonheur, les souffrances, puis la maternité de la princesse. Il achevait à peine, lorsqu'une jeune femme, qui s'était glissée près de lui, rejeta son voile en arrière; il lui saisit la main, et tous deux, humbles, confus, pleins d'émotion, tombèrent aux genoux du prince. Il reconnut sa fille chérie, qui portait sur ses bras un nouveau-né. L'inconnu était son époux et le roi daigna sanctionner leur mariage.

Après plusieurs aventures fantasmagoriques, dans lesquelles des symboles incarnés jouent le principal rôle, Ofterdingen lie connaissance avec un hôte non moins étonnant. Ayant pénétré au fond d'une caverne, il y rencontre le génie de l'histoire. C'est un vieillard extrêmement ennuyeux, qui passe ses jours sous la terre, afin, sans doute, de mieux savoir ce que les hommes accomplissent dessus. Une lyre et quelques bouquins l'aident seuls à tuer le temps. Il montre ses livres au jeune voyageur et lui en explique les miniatures; quelle est la surprise de Henri, lorsque les feuilletant lui-même, il découvre son portrait sur un grand nombre de pages ! Sa famille, ses amis, ses connaissances habilement dessinés, environnent son propre simulacre. Il voit bientôt défiler devant lui toutes ses actions passées, auxquelles succèdent des événements futurs et des personnages qu'il n'a jamais vus. Quand il atteint les derniers feuillets, il ne distingue plus rien et trouve la conclusion absente. Le solitaire lui dit avoir apporté ce manuscrit de Jérusalem. C'est un livre provençal qui raconte la vie d'un célèbre poète. Ofterdingen quitte avec une touchante émotion cette espèce d'allégorie ambulante.

Cependant la caravane poursuit son chemin et fait son entrée dans Augsbourg ; ils arrivent au moment où l'aïeul de Henri donne une grande fête. Il les contraint d'y assister en habit de voyage. Là Ofterdingen s'insinue dans les bonnes grâces du fameux Klinsor ; Klinsor n'est plus magicien, mais critique et poète. Il a courageusement analysé les lois de l'art, étudié les œuvres des ménestrels, et le jeune Saxon doit recueillir de sa bouche tous les préceptes qui guident le talent inexpérimenté. Il est bon de savoir néanmoins que cet aristarque des anciens jours possède une gracieuse héritière. On la trouverait charmante, si l'on pouvait croire à son existence. Mais elle représente une idée ; ce n'est qu'un fantôme emblématique.

Les mythes doivent être peu chastes de leur nature, car la jouvencelle fictive agace au premier abord l'élève de son père ; ils dansent ensemble, prennent leur repas l'un à côté de l'autre et babil lent vigoureusement. L'aube n'éclaire pas encore la salle, qu'ils se sont déjà serré la main et caressés d'une façon très vive. Le jour suivant ils s'épousent et tout est dit, ou plutôt, ne nous réjouissons pas encore, presque tout reste à dire. En effet, avant la célébration des noces, Klinsor demande à la famille réunie quelques moments d'attention ; il veut leur raconter une histoire et l'assemblée condamne unanimement le lecteur à prêter l'oreille. Le récit que débite l'ex-magicien est dans son espèce une des sept merveilles de la littérature. C'est le chef-d'œuvre du genre incompréhensible, le type des allégories sans solution. Après de longs efforts, nous avons été contraints d'abandonner l'énigme. La fin nous a paru digne du commencement, et le milieu n'est point inférieur aux extrémités. Pour qu'on ne s'enorgueillisse pas à nos dépens, nous allons citer les premières lignes.

« La nuit venait de remplacer le jour. Le vieux héros frappa son bouclier de telle sorte, que les rues désertes de la ville en retentirent. Trois fois il donna le même signal. Les vitraux du palais commencèrent à s'illuminer, et leurs figures à se mouvoir. Elles remuaient d'autant plus rapidement que la lumière intérieure devenait plus éclatante. Bientôt on vit resplendir les colonnes et les murs eux-mêmes. On put alors distinguer la campagne ; on apercevait aussi nettement le reflet des images coloriées, le tumulte des épieux, des glaives, des boucliers et des heaumes qui s'inclinaient de toutes parts vers des diadèmes. Ceux-ci firent place à une verte couronne, et les armes formèrent un cercle alentour. Ce tableau se réfléchissait dans la mer glacée, qui environnait la montagne sur laquelle était bâti le palais. Une chaîne éloignée de hauteurs brillait jusqu'à moitié dans la réverbération. Il était impossible de rien discerner sur leurs versants ; mais on entendait au-delà une rumeur étrange, pareille au bruit d'un immense atelier. La ville étincelante formait un contraste avec ce lointain obscur. Ses murailles polies et diaphanes rayonnaient de la plus douce clarté. La proportion, le noble style et l'harmonie de ses édifices charmaient les regards. D'élégants vases d'argile étaient posés devant toutes les fenêtres, et dans les vases des fleurs de glace et de neige resplendissaient de la manière la plus agréable..... » Et ainsi de suite pendant trente pages. Les phrases galopent au hasard. Comme les citoyens d'une ville en temps de peste, les idées ont l'air de se fuir. Encore si les images se liaient l'une à l'autre ! Mais le chaos était le séjour de l'ordre, en comparaison du monstrueux Érèbe dans lequel nous plonge le narrateur.

Malheureusement le second volume ne rachète pas la conclusion du premier. Novalis semble désormais avoir dit adieu au monde que nous habitons ; il parcourt les royaumes du cauchemar, et nous ne voulons point nous aventurer sur ses traces. Une circonstance non moins bizarre, c'est que Ludwig Tieck met cet ouvrage en parallèle avec ceux du Corrége et du fameux peintre des Loges. L'auteur ne l'ayant point terminé, comme on le sait déjà, son ami résolut d'esquisser légèrement les derniers traits du tableau. Aidé par les notes du défunt et par le souvenir de leurs causeries familières, il a indiqué l'issue du labyrinthe. On croira sans peine que c'est une véritable porte secrète. Une fois la charade expliquée, Tieck, dans son ardeur affectueuse, dépose quelques louanges sur le tombeau de son compagnon. Il ne manque, selon lui, au roman de Novalis qu'une fin digne du reste, pour mériter une place parmi les chefs-d'œuvre de l'esprit humain. Ce serait alors une composition exquise, un de ces météores éblouissants, qui annoncent la chute d'une vieille littérature et le sacre d'une poésie nouvelle. C'est sans doute une louable, une rare passion que l'amitié, surtout de poète à poète ; mais nous, qui ne regardons pas avec sa loupe, nous ne pouvons admettre ses flatteuses exagérations.

Le petit nombre de pages intitulées : le *Christianisme ou l'Europe,* montrent le talent de Novalis sous un jour beaucoup plus favorable : on y trouve des idées excellentes. Ofterdingen en renferme bien aussi quelques-unes ; mais, ainsi que le bon grain de l'Évangile, elles disparaissent sous les ronces. Ici, au contraire, elles se déroulent harmonieusement et flottent dans un style limpide, comme des rayons lumineux dans des eaux courantes. Le catholicisme, la réformation, les jésuites et la philosophie du XVIIIe siècle sont appréciés avec une grande justesse. Novalis appartient à la secte des optimistes ; il rêve le bonheur de l'humanité, il le croit possible et n'en recule pas indéfiniment la venue. C'est une doctrine consolante, mais plus vaine que les spéculations du délire. Sans doute, on voit bien le temps perfectionner quelques branches de l'industrie, quelques lois et quelques sciences. Malheureusement la solution du problème ne gît point dans ces améliorations extérieures. Les habits deviennent plus somptueux sans rendre l'âme plus joyeuse. Les grandes officines du progrès, les capitales des royaumes, sont en même temps les égoûts de l'infamie. Il semble que nous devions toujours acheter l'éclat matériel et la connaissance de l'univers au prix de notre dignité. Comme le phosphore nocturne, les lumières intellectuelles brillent sur des marais livides et sur des corps en putréfaction. Ce n'est point du goût des aliments, de la richesse de nos demeures qu'il faudrait s'occuper. Durant bien des années encore, il ne s'agira que de chasser les miasmes pestilentiels, qui dorment dans les ténèbres de nos esprits. Vous voulez rendre les hommes heureux, et vous augmentez leurs convoitises pour augmenter leurs jouissances; mais, alors, empêchez-les donc de s'égorger sous leurs voûtes splendides, ces misérables qui préfèrent leurs vices et leurs tortures à la satisfaction, à la paix d'un noble cœur!

Les écrits de Novalis renferment en outre divers morceaux poétiques, les uns rimés, les autres affranchis de la gêne du vers. Un assez grand nombre de réflexions détachées complètent son œuvre. Les *Hymnes à la Nuit* ne se distinguent par aucun mérite spécial. L'auteur nous promène dans l'ombre et le silence des heures funèbres; il gémit, il pleure, il chante. La brise du soir emporte son imagination à travers les nues, et l'on en suit avec peine la course errante. Il regrette la chute de l'Olympe, célèbre l'apparition du dogme chrétien, puis invoque la mort et l'éternel repos sous les gazons fleuris. Somme toute, ce n'est pas amusant.

Les *Chants religieux* intéressent davantage. Le caractère mystique de Novalis était une prédisposition à ce genre de littérature. L'infini comporte bien les images un peu vagues. L'obscurité du discours ne saurait choquer, lorsqu'on aborde les obscures régions de la mort, et que, ballotté sur le flot sombre, on cherche des yeux, parmi la brume et les écueils, le rivage lointain, sinistre, implacable, où les générations décrépites viennent tour à tour se briser avec leurs dernières espérances. Il se renferme d'ailleurs assez rigoureusement dans le cercle des idées chrétiennes ; elles lui prêtent leur lumière et, comme des vierges sages, traversent ses cantiques une lampe à la main. Il exprime un ardent amour pour le Sauveur et le remercie d'avoir tranquillisé son âme, qui se débattait sous une effrayante incertitude. Maintenant il a retrouvé la joie ; les cruelles pensées qui le tourmentaient se sont enfuies à la vue du Dieu-martyr ; il pourrait consoler ses frères ainsi qu'il a lui-même été consolé. A ces poésies dévotes il faut ajouter cinq ou six morceaux variés. L'un d'entre eux, qui salue la beauté du printemps, se recommande par une grâce naïve.

Il y a une dernière production de Novalis que je n'ose juger ; il m'a été impossible de la lire entièrement, quoique j'eusse pris la ferme résolution d'en venir à bout. Néanmoins les *Disciples de Saïs* me semblent appartenir à la classe des singularités littéraires, dans laquelle nous avons rangé le discours du père adoptif de Henri. C'est une nouvelle Égypte, frappée comme l'autre de la plaie des ténèbres.

Quant aux idées éparses qu'on a jetées à la fin du volume, elles ont les qualités et les défauts habituels du poète : les unes, dirigées par une main sûre, vont toucher le but ; les autres, saisies dans leur vol par quelque génie capricieux, flottent d'abord à l'aventure, puis s'égarent derrière l'horizon. Je traduis ici les deux premières, afin qu'on ne m'accuse pas de mal choisir.

« Tout ce qu'on pense pense soi-même : c'est un problème de la pensée.

» Les mots abstraits sont les fluides gazeux du discours; ils ont la propriété d'être invisibles. »

Si l'on ne cherchait qu'à s'égayer en feuilletant ces pages, on rencontrerait maintes phrases comme celles-ci :

« Tout ce que l'homme fait est un homme, ou, pour m'exprimer autrement, une partie constitutive de l'homme, une essence humaine.

» Nous sommes bien près de nous éveiller quand nous rêvons que nous rêvons.

» Celui qui pourrait peindre, jouer de la musique... bref, enchanter avec un ciseau, n'aurait pas besoin du ciseau; le ciseau serait superflu.

» Les mathématiciens sont seuls heureux. Le mathématicien sait tout. Il pourrait tout s'il ne le savait pas.

» Une formule est une recette mathématique. Les nombres sont les drogues et l'arithmétique la pharmacie.

» La force de reproduction est une élasticité organique.

» La destruction de l'air est le rétablissement du royaume de Dieu.

» Nos éléments tendent par leur nature à la désoxydation. La vie est une oxydation forcée.

» L'eau est une flamme humide.

» Le génie est pour ainsi dire l'âme de l'âme, un rapport entre l'âme et l'esprit. On nommerait bien le substratum ou le schème du génie en l'appelant idole; l'idole est l'analogue de l'homme.

» L'homme est un soleil, ses sens sont les planètes.

» Toute maladie est un problème de musique, tout rétablissement une solution musicale. Plus cette solution est rapide et complète, et plus le médecin doit être regardé comme un grand virtuose. »

Je m'arrête d'épouvante. Bien des hommes ont rendu le dernier soupir dans les établissements consacrés à la folie, sans avoir poussé l'aberration aussi loin. Il faut avoir le livre sous les yeux, pour ne pas douter que de semblables choses aient reçu les honneurs de l'impression. Toutes les remarques ne portent pas, il est vrai, ce caractère profondément insensé. Il en stygmatise néanmoins un si grand nombre qu'on finit par perdre le sérieux. Ces étranges produits de l'activité humaine forment quatre classes bien distinctes. Les uns n'ont aucune espèce de sens; les seconds rentrent dans la catégorie des simplicités niaises; les troisièmes n'offrent à l'esprit que des métaphores absurdes; le dernier genre contient les aperçus rationnels et intelligibles. Parmi ceux-ci, quelques-uns ont peut-être une valeur réelle. Mais une pensée juste, ensevelie dans un abîme de déraison, ne console guère l'intelligence réduite à l'aller chercher à travers un pareil milieu. Le plus mauvais ouvrage, disait Titus, renferme quelques lignes instructives. Reste à savoir si elles méritent la peine qu'on les glane le long du désert. La plupart du temps on regrette ses fatigues; l'esprit mal organisé, qui broche un livre détestable, ne saurait pénétrer de vive force dans le mystérieux séjour qu'habitent les hautes vérités. Il ignore le chemin de l'enceinte et les apercevrait elles-mêmes sans les reconnaître. Les propositions indubitables qu'il trouve quelquefois, sont banales ou superficielles comme son propre talent. Les hommes de génie, au contraire, s'élancent dès leur début jusqu'aux cimes de la pensée; ils y fondent leur demeure, et, sans cesse entourés d'une limpide atmosphère, promènent des regards triomphants sur le monde.

Novalis est un exemple de l'injustice des réputations. On a édité plusieurs fois ses ouvrages en Allemagne et il semble y avoir été bien reçu. La *librairie française* vient d'étendre sur lui sa main paternelle. M. Henri Heine l'a glorifié dans un chapitre admirablement écrit. Bref, pour quiconque ne l'a pas lu, c'est une gloire consolidée, un héros littéraire. Et cependant chaque année voit mourir des centaines de volumes supérieurs aux siens. Les romans qui peuplent nos cabinets de lecture éveillent au moins l'attention ; à défaut de style et de nobles qualités, ils révèlent une certaine adresse dans l'agencement des scènes. Les personnages des mélodrames ont encore une lointaine ressemblance avec l'homme. Ofterdingen ne le rappelle jamais; c'est l'ombre d'un fantôme. Il cause un tel ennui, verse au fond de l'âme un tel besoin de sommeil, qu'une nouvelle lecture nous a fait repentir d'avoir accordé le moindre intérêt à l'auteur.

Pour bien sentir la nullité de sa principale ébauche, il faut lui comparer les ouvrages qui traitent le même sujet. Il n'est pas le seul dont la destinée de l'artiste ait séduit l'imagination. Plusieurs écrivains, entre autres Wordsworth, ont essayé de peindre l'enthousiasme qui saisit une âme ardente, lorsqu'elle découvre pour la première fois les brillants lointains de la poésie. Cette virginale émotion reste ineffaçablement gravée dans la mémoire. Puis au crépuscule rêveur succède l'éclat du midi; les élans sont devenus des œuvres. Quelques-uns censurent, le plus grand nombre frappe des mains, et la gloire vient, comme l'ange du martyre, vous apporter la couronne si longtemps désirée. Plus souvent encore la foudre incendie vos espérances et l'édifice embrasé s'écroule sur votre tête. Sans passer ici en revue toutes les compositions où sont retracées les angoisses et les joies de l'artiste, depuis la Métromanie jusqu'à Sternbald, et jusqu'à Chatterton, cette excellente pièce, nous nous contenterons de citer un charmant ouvrage de Beattie et une esquisse dramatique de Gœthe, peu connue en France.

Le *Ménestrel* nous raconte l'histoire d'un pâtre écossais, errant sur les bruyères de son île orageuse. Tourmenté par son rude génie, l'enfant allait s'asseoir au bord des précipices et regardait le vent agiter dans l'abîme les cônes harmonieux des pins. Quelquefois il gravissait les montagnes ; du haut de leurs cimes infécondes, il aimait à voir le soleil mourant ensanglanter les nues. Bientôt il chante cette nature éblouissante qu'il se contentait d'adorer. La muse guide tous ses actes, préserve son cœur des ambitions qui tourmentent la foule et le couche paisiblement dans le cercueil. Beattie a revêtu ces faits déjà si poétiques en eux-mêmes d'un langage plein de charmes. Ses vers ont une grâce facile, une marche entraînante ignorée de ses contemporains. Il semble, dès le dix-huitième siècle, annoncer les richesses de l'école moderne.

Gœthe envisage différemment le sort de l'artiste. Il nous montre d'abord un peintre luttant contre le chagrin et la misère, obligé de reproduire des traits ignobles pour nourrir sa famille. A peine a-t-il rendu le dernier soupir que ses tableaux acquièrent une valeur énorme. On les place dans un beau musée où ils ravissent les spectateurs. Pour consoler l'âme de son favori, la déesse qui l'inspirait le rend témoin de ce triomphe. Mais lui ne s'en émeut guère; il aurait mieux aimé, dit-il, un peu de pain durant sa vie que tant de gloire après sa mort. Quoique très courte, la pièce de Gœthe l'emporte sur le roman de Novalis. Le style en est clair et les idées ne mettent pas le lecteur à la torture. Quant au poème de Beattie, l'on ne peut révoquer en doute sa supériorité.

Si maintenant l'on désire savoir comment un homme aussi vulgaire a escamoté une aussi grande renommée, voici les causes de son succès, l'origine de sa gloire. Il avait une belle position dans le monde; Fichte, Frédérick Schlegel et Tieck étaient ses amis; sa conversation valait sans doute mieux que ses livres. Un poète déjà célèbre édita ses œuvres et fut cru sans examen. Parmi ceux qui se sont ensuite occupés de lui, les uns ne l'avaient pas lu, les autres, ne le comprenant point, s'imaginèrent qu'il était profond; les derniers le trouvaient absurde et ennuyeux, mais n'ont point osé le dire. C'est là le secret de bien des réputations.

Adelbert de Chamisso.

L'Allemagne, aussi bien que la France, est maintenant assourdie par une légion de poètes lyriques, dont la voix ne laisse pas toujours échapper les notes les plus mélodieuses. Ici, quelque jeune amant des vieilles gloires nationales fait retentir dans ses vers la cloche de l'ermitage, ou le beffroi des tours délaissées ; un autre cherche à reproduire les secrètes harmonies de la nature, à dérober au vent ses airs plaintifs, au geai son cri retentissant, au bord des sources limpides leurs fleurs et leurs parfums; les derniers, moins nombreux, moins applaudis, sondent le gouffre moral, et traversent d'une aile inquiète les limbes de la pensée. Malheureusement leurs forces n'égalent pas toujours leur ambition ; la plupart n'atteignent point le rivage, et comme des oiseaux de mer imprudemment lancés vers une île lointaine, expirent de lassitude dans les eaux qu'ils voulaient franchir.

Cette surabondance de chants intimes n'a pas seulement pour cause l'état général des âmes, les douleurs sans bornes qu'enfante le développement excessif des convoitises ; il est en outre un signe de prostration littéraire. Les dégoûts multipliés dont on abreuve la jeunesse et l'indifférence croissante du public pour les nobles travaux ont amené peu à peu un relâchement universel. On n'ose entreprendre de longs ouvrages, car pour prix de ses fatigues on ne recueillerait guère que le dédain. On se livre, en conséquence, à toutes ses fantaisies ; l'entendement secoue autour de lui ses idées naissantes, comme un arbre mourant laisse tomber ses fruits verts. De là cette multitude d'embryons poétiques sans couleur et sans vie. On rime tour à tour chacune de ses pensées, au lieu d'attendre que l'esprit les réclame du souvenir et les incruste aux flancs d'un vaste édifice.

Mais si l'inspiration tarit au-delà du Rhin comme chez nous, si la verve, cessant d'épancher son onde en larges nappes, la resserre en d'étroits canaux et s'amuse à nourrir des fontaines jaillissantes, les résultats diffèrent essentiellement dans les deux pays. Nos lyriques ne sortent presque jamais du cercle de la poésie subjective. Depuis les *Orientales,* Victor Hugo a quitté le récit pour la méditation élégiaque; M. Sainte-Beuve ne s'est aventuré que depuis peu de temps sur un autre domaine; Lamartine finira par changer en éclat de rire l'admiration de ses lecteurs, s'il s'obstine à leur jeter nonchalamment ses tristes épopées; Musset tourne de plus en plus à l'ode et à l'épître; Barthélemy ne sort que rarement du genre discursif et M. de Vigny garde le silence, après quelques essais de poésie narrative habilement conduits. Chez nos voisins, l'art prend une direction opposée. Ce ne sont point les guerres intérieures de l'âme qu'il chante sur la lyre, mais la pompe du monde physique et les légendes des aïeux. Sans bannir des écrits l'élément spirituel, on restreint ses droits, on limite son expansion. Traité d'une manière hostile, dépouillé des insignes royaux, il doit céder le pas au drame des événements; il n'est libre de se montrer que sous le voile de la nature et sous les formes mobiles de l'action.

Les avantages de cette manière sont trop évidents pour qu'on cherche à les nier. Elle rend la déclamation et le vague impossibles, enchaîne l'esprit dans un cercle d'images plastiques, où la fantaisie trouve son compte et donne l'aspect de la vie aux songes, qui, sans elle, se seraient dissous en molles réflexions. Elle guide le littérateur vers un des buts les plus élevés que puissent poursuivre les arts : la reproduction idéale et synthétique des phénomènes de l'existence. Entre les mains du poète narratif les idées deviennent des tableaux, les souhaits enfantent de douces créatures, les abstractions pâlissent devant de brillantes perspectives; au lieu de l'effet produit par la réalité sur l'homme, nous avons les objets eux-mêmes dans toute leur splendeur. Sous ce rapport, notre Béranger peut fournir plus d'un modèle. C'est avec une habileté surprenante qu'il change ses émotions en petites scènes pleines de grâce, en petits drames pleins d'intérêt. Aussi les Allemands ne cachent-ils pas leur prédilection pour ses ouvrages, et Chamisso l'a-t-il traduit d'une manière fort heureuse. Un grand nombre de ses chansons revendiquent le titre de ballades, et sa muse, que l'on regarde comme une fille d'Horace, a plus souvent les traits d'une noble châtelaine, qui présente sa main au baiser du vainqueur, dans la poussière du tournoi.

Une conséquence non moins précieuse de cette méthode, c'est l'infaillible popularité dont elle couronne les chanteurs doués de verve. Leurs écrits participent à cette large puissance des choses réelles, qui leur permet de faire naître des émotions variées. Une pièce lyrique est triste ou joyeuse; elle contient d'avance les effets qu'elle détermine dans notre âme. La poésie objective ne procède pas avec cette roideur; quoique ses tableaux aient nécessairement un caractère, leurs résultats ne sont pas toujours les mêmes et ne se produisent pas sous l'empire de lois fatales. L'ode exprime nos agitations cachées, nos ivresses, nos douleurs et nos haines; elle offre une peinture immobile de sentiments passagers. Nous nous désolions, elle verse des larmes intarissables; nous nous félicitions de notre sort, elle chante un *hosanna* sans fin. Elle a toujours le même son, la même vertu. C'est un effet détaché de son principe, et comme une gerbe dès longtemps moissonnée, elle n'éprouve plus de transformations. Un récit, au contraire, ne nous mettant pas sous les yeux l'expression directe d'un sentiment, peut en faire naître une multitude. Supposons qu'un rapsode chante devant son auditoire quelque lamentable péripétie : l'homme phlegmatique n'y verra qu'un sujet de distraction; les cœurs tendres seront émus; les infortunés, se rappelant leurs maux, tomberont dans le désespoir, en voyant combien d'afflictions nous poursuivent, ou, si la nature les a doués d'un caractère énergique, l'impossibilité de fuir les chagrins leur donnera la force de les braver; les esprits irritables maudiront le sort; les âmes patientes trouveront dans la multitude même de nos souffrances un nouvel encouragement à la résignation. Une secrète harmonie s'établira donc entre la nature de chaque personne et la nature du sujet, et ces rapports seront aussi nombreux que les individus présents. L'ode n'a jamais cette souplesse ; quelquefois elle tinte un glas sépulcral aux oreilles enchantées par les bruits du monde, et la puissance de sa voix est méconnue ; d'autres fois elle soupire un lai joyeux dans une maison pleine de larmes et n'obtient pas même une légère attention. Il faudrait que sa vigueur lui permît de changer rapidement notre état moral, lorsqu'il ne lui est point propice, de créer entre elle et nous une subite analogie. Elle y parvient rarement ; la liberté spirituelle que le récit laisse au lecteur impose à l'artiste des conditions moins onéreuses.

Parmi les avantages de la poésie narrative, nous croyons superflu d'énumérer les diverses passions qu'elle agite; à elle seule, la curiosité lui fournit bien des ressources. Mais elle trouve son plus puissant moyen d'action populaire dans sa similitude avec la réalité. De quelques brillants atours qu'elle se pare, l'ode a le plus souvent une physionomie abstraite. Elle chante un sentiment pris en lui-même, elle sonde les mystères de notre destinée, elle réfléchit aux vicissitudes de l'existence sur notre obscure planète. Ses méditations touchent de près à la philosophie, et pour l'admirer convenablement, il faut avoir une intelligence rêveuse, un sincère amour de la pensée nourri par l'éducation et l'habitude. Une foule d'hommes ne comprennent point les morceaux lyriques de Byron, de Wordsworth, de Klopstock ou de Lamartine. La poésie objective ne réclame pas des auditeurs une nature aussi élevée. Comme elle raconte des faits, peint des héros ou des lâches et décrit le monde extérieur, elle captive en général l'attention à la manière des choses et des circonstances réelles. L'histoire de ses personnages excite le même intérêt que la biographie d'un voisin. Elle séduit plus fortement sans doute; l'artiste épure les matériaux dont il use, mais c'est par des causes analogues qu'il impressionne notre âme. Voilà pourquoi la forme narrative sert de moule à toutes les littératures naissantes. Le conte, l'épopée, la légende, le duan, la saga, la ballade sont les premiers bégaiements de la poésie dans les rêves du berceau.

Mais l'excellence des instruments qu'emploie un genre de littérature n'invalide pas les droits d'un autre genre. Pour grandes que soient les préventions de l'Allemagne contre l'ode, elle n'étouffera pas la douce harmonie de la lyre. Les événements et les choses n'existent pas seuls; le gouffre intérieur de l'âme renferme une seconde création, des espèces de champs cimmériens, qu'habitent les larves du monde physique et les dieux de l'univers spirituel. Chaque circonstance, chaque objet enfante une série d'émotions et de pensées, réveille dans les ténèbres une foule de problèmes, sur lesquels l'enchaînement d'une narration ne laisse point arrêter les yeux. L'importance de ces idées est si grande, que, vues de près, elles font pâlir toutes les gerbes lumineuses, tous les brillants artifices dont le conteur éblouit nos regards. Donnez à vos tableaux, donnez à vos récits le nom qu'il vous plaira, jamais vous n'en ferez des épanchements intimes; et si vous commandez à l'âme d'étouffer sa voix, de retenir ses cris, son chant victorieux s'élancera malgré vous aux pieds du Créateur.

Il est facile de voir les raisons, qui motivent cette guerre entreprise au-delà du Rhin contre la poésie lyrique. Les Allemands redoutent les excès où leur penchant à la rêverie et leurs habitudes de spéculations transcendentales les ont déjà maintes fois poussés. En ne quittant point le cercle de la littérature objective, ils sont sûrs d'éviter ce défaut. Mais la crainte d'un mal ne doit point les jeter dans un autre, et l'on peut redresser une plante sans briser sa tige.

Adelbert de Chamisso comptait depuis longtemps parmi les gloires de l'école narrative. C'est un chemin qu'on ne s'attendait pas à lui voir prendre, car il est Français d'origine et les Français n'ont guère cultivé le récit. Né d'une antique

famille champenoise, au mois de janvier 1781, il
passa les premières années de son enfance dans le
château de Boncourt. En 1790, l'émigration le
transplanta loin de ses créneaux héréditaires. La
mémoire du foyer paternel l'escorta sous des cieux
étrangers, et devint pour son âme affectueuse une
source de mélancoliques regrets. Ainsi que l'Indien emporte avec lui les os de ses aïeux, il emportait au fond de son cœur l'amour du pays natal.
Bien des années après, en 1827, il lui inspirait
encore une élégie touchante. Las d'errer à travers
la Hollande et l'Allemagne, ses parents choisirent
enfin la Prusse pour lieu de séjour. A quinze ans,
Chamisso devint page de la reine; à dix-sept, il
entra au service, dans un régiment d'infanterie de
la garnison qui veillait sur Berlin. Lorsque le premier consul fit succéder l'ordre au tumulte populaire, sa famille regagna la France, et le jeune
homme resta seul en Allemagne. On avait entièrement négligé son éducation; il nous a lui-même
appris que ses visites à l'école s'étaient toujours
succédé d'une façon très irrégulière. Néanmoins,
ses dons naturels se firent jour malgré l'ignorance;
il composa des vers français, puis des vers allemands. Un morceau poétique où Faust joue le
principal rôle, écrit en 1803, fut bientôt suivi d'un
Almanach des Muses qu'il publia l'année d'après,
conjointement avec Varnhagen von Ense. Quoique
ces essais ne dévoilassent pas un mérite supérieur,

ils excitèrent une assez grande attention, valurent aux jeunes bardes l'amitié de plusieurs aspirants comme eux, et furent distingués par des hommes célèbres, notamment par Fichte. Deux almanachs semblables augmentèrent à deux reprises l'estime de leurs juges, et les bouleversements politiques interrompirent seuls le cours de ces débuts sur la scène littéraire. Chamisso étudiait alors le grec avec une ardeur sans bornes; il apprit ensuite le latin et les langues modernes. Sa ferme résolution était de quitter le service pour s'adonner entièrement à la science. Les luttes de 1806 contrarièrent sa volonté; ce fut l'époque la plus douloureuse de sa vie. La guerre avait dispersé les membres de l'université de Halle, où il comptait aller retrouver ses amis intimes; poussés par les dieux qui châtiaient la nation, eux-mêmes erraient de ville en ville. Ses parents étaient morts; inquiet, sans guide, sans état, il voyait chaque brise du ciel emporter une de ses espérances, comme la graine légère du chardon. Un homme célèbre qu'il ne nomme point, mais qu'il admirait et chérissait, au lieu de fortifier son courage, semblait se faire une joie de l'anéantir. On pouvait donc le regarder comme perdu, si quelque circonstance ne venait le tirer de ce funeste abattement. La plupart des artistes ont connu ces horribles dégoûts, qui suivent les premiers succès. On chante d'abord dans l'élan de son cœur; une ou deux voix affectueuses vous répondent d'une manière si douce que l'on se trouve tout ému; l'espoir sort des ombres qui l'enveloppaient au fond de notre âme, et la poésie, comme une joueuse de flûte, nous entraîne pleins de désirs sur ses pas. On marche, on vole, on se précipite; mais on n'a point compté sur l'indifférence, sur l'envie, sur la sottise, sur d'innombrables dépravations. Tout-à-coup, par un jour morne et blafard, on se trouve au milieu de l'arène; les portes sont fermées, une meute de gladiateurs vous environne; il faut combattre et vaincre, ou mourir dans la honte et les angoisses.

Nommé, en 1809, professeur au collége de Bourbons-Vendée, alors Napoléonville, cet événement tira Chamisso de l'abîme. Il prit la route de la France, mais au lieu d'aller occuper sa chaire, le hasard voulut qu'il se liât presque aussitôt avec Mme de Staël : il la suivit à Coppet et l'aida plus tard dans sa fuite, lorsqu'elle s'exila pour déjouer le courroux de Bonaparte. Il quitta le château la même année, se rendit à Berlin, et consacra désormais tout son temps aux sciences naturelles. Il trouva cependant le moyen d'écrire l'histoire de Pierre Schlemihl, ce conte merveilleux, si bien traduit dans la *Revue germanique,* par M. de Golbéry.

L'orage de 1815 mit notre auteur à l'épreuve ; deux nations qu'il devait chérir luttaient sous ses yeux, et il ne pouvait désirer le triomphe de l'une sans craindre l'anéantissement de l'autre. Une occasion de fuir le théâtre de la guerre s'étant alors offerte, il la saisit avec empressement. Otto de Kotzebuë, fils du dramaturge qui a illustré le même nom, partait sur un bâtiment russe pour un voyage autour du monde. Le poète fut admis comme naturaliste parmi les hommes de l'équipage, et sillonna trois années de suite les flots des divers océans. Ses ouvrages contiennent un récit détaillé de l'expédition. Voilà ce qu'il nous apprend lui-même sur les joies et les chagrins dont son existence fut semée. De retour à Berlin, il mena la vie tranquille de l'érudit et du poète, admirant la grâce des plantes et les merveilles des arts, les constellations du monde physique, et ces groupes de pensées éternelles qui rayonnent dans la nuit de nos cœurs. Il a vu sans cesse grandir sa renommée, jusqu'au jour où la mort est venue le saisir à l'âge de cinquante-sept ans. Le 28 août 1838, ses amis en pleurs l'ont enseveli près de sa femme, aussi modestement qu'il l'avait désiré.

Son visage était remarquable : un front pur, de grands yeux, des sourcils bien tracés, une bouche un peu fière et d'exactes proportions lui donnaient une beauté majestueuse. L'ondoyante chevelure, qui flottait en longs anneaux sur ses épaules, augmentait encore le charme de ses traits; il avait néanmoins un certain air de rudesse, que nos voisins signalent d'ailleurs parmi les caractères de son talent.

C'est en vain qu'on chercherait dans ses productions les traces de son origine française. Il est bien Allemand sous tous les rapports, Allemand par la façon d'écrire, Allemand par les idées, Allemand par le choix des sujets et par le tour d'esprit. Cette métamorphose a permis à ses nouveaux compatriotes de l'adopter comme un des leurs; ils retrouvent en lui le pur sentiment littéraire qui les distingue et les magiques effets de la véritable inspiration.

Il semble avoir eu peu d'estime pour les ouvrages de sa jeunesse, et ne les a trouvés qu'en partie dignes d'être imprimés une seconde fois. Mais ces écrits, moins beaux de forme, moins brillants de style et d'invention, méritent à d'autres égards la sympathie du lecteur. Ils nous révèlent les luttes qui troublèrent son âme, les doutes, les regrets, les tristesses dont il fut assiégé dès ses premiers pas dans le monde. Comme tous les hommes d'élite, comme tous les grands poètes, il chercha d'abord le mot de cette triste énigme : Pour quelle fin sommes-nous jetés sur la terre? Ballotté de solutions en solutions, prenant une route nouvelle chaque fois qu'une nouvelle étoile rayonnait à ses yeux, il a peint ses douleurs dans une scène dramatique, où il se représente lui-même sous les traits de Faust. Le vieillard médite à la lueur de sa lampe sur notre faiblesse intellectuelle et sur les erreurs de la science, ténébreuse poussière que la vérité soulève derrière elle, en fuyant notre approche. Voulant terminer son irrésolution, il évoque les deux anges qui l'influencent tour à tour. Le céleste guide lui conseille de bannir le doute orgueilleux, d'accepter la vie telle que Dieu l'a faite; mieux vaut goûter les saintes joies dont elle est pleine, mieux vaut abandonner son cœur à l'espérance, que de se plonger avec larmes dans les tourments de l'inquiétude. « Mais, lui répond le savant, je ne suis pas libre; ces douloureuses questions me poursuivent en dépit de moi-même; la nature de mon esprit enchaîne ma volonté. » Puis, comme le noble gardien lui refuse les solutions qu'il demande, il se tourne vers le messager de l'enfer. Celui-ci promet de dévoiler à ses yeux les plus secrets abîmes, et Faust, égaré par ses désirs, renonce au bonheur éternel. Mais aussitôt qu'il a vendu son âme, l'ange banni le raille de sa puérile confiance. « L'aveugle-né, dit-il, ne saurait voir la lumière. Ton infériorité ne te laissera jamais atteindre le but vers lequel tu t'élances. Moins ambitieux, tu pouvais te créer de pures délices; je te méprise comme un fou. » Désolé d'avoir inutilement appelé sur sa tête d'horribles tortures, Faust se poignarde, et court chercher au-delà du tombeau cette vérité qui le fuit toujours.

La fable d'*Adelbert* écrite trois ans plus tard décèle les mêmes préoccupations. L'auteur y peint sous un voile emblématique les luttes de la volonté contre la nature, du libre arbitre contre la puissance des événements et des choses. Bientôt il cherche dans son esprit quelle marche l'homme doit suivre entre ces forces opposées; la soumission à l'ordre général lui paraît la seule voie conciliatrice. La guerre éternelle des deux principes n'en resta pas moins le sujet favori de ses méditations. L'histoire de Pierre Schlemihl renferme des passages qui le démontrent nettement. Voyez, par exemple, le premier alinéa du septième chapitre.

Mais si la résignation calme l'intelligence, elle ne donne pas la félicité. En vain l'âme cherche-t-elle à comprimer ses désirs sans nombre, à jeter sur l'univers des regards satisfaits, à s'endormir aux bras de l'espérance, son courage et ses efforts ne la délivrent point des maux de la vie. Adelbert ne put se cacher longtemps cette morne vérité. Il exprima son affliction dans le *Trésor* et dans la pièce intitulée l'*Oiseau du bonheur*. C'est un charmant oiseau qui voltige de branche en branche, de royaume en royaume, et qu'il faut saisir au passage. Lorsqu'on le tient, il vous préserve de toutes les douleurs; mais il fuit si vite, il fuit si loin, que les plus agiles courent inutilement sur ses traces.

Après avoir franchi ce laborieux détroit de la jeunesse, Chamisso prit une direction nouvelle. Laissant dormir les noirs problèmes, il s'enferma dans le cercle des événements et des objets physiques. Au lieu de le porter à la méditation, les crises de l'existence lui fournirent des tableaux. Le peintre, le conteur supplantèrent le philosophe, et sa renommée s'en trouva bien. L'histoire de Pierre Schlemihl avait déjà fait connaître son talent narratif; ses poésies achevèrent de le mettre au jour, et pour continuer l'image dont nous nous servions tout à l'heure, pareilles à des navires sur une mer phosphorescente, elles laissèrent derrière elles un lumineux sillage.

Schlemihl est un pauvre diable qui n'a ni sou ni maille, et qui, nouvellement débarqué dans un port, se glisse avec une lettre de recommandation chez un richard nommé John. Il le trouve au milieu de ses jardins, environné d'une nombreuse compagnie, et donnant le bras à sa maîtresse. La charmante espiègle, voulant cueillir une touffe de roses, se pique les doigts. Aussitôt grand tumulte; on cherche avec désespoir du taffetas d'Angleterre. Un vieux, maigre et silencieux témoin de cette tragique aventure, fouille dans sa poche et en tire l'objet demandé. Quelques secondes après, le sieur John désire un télescope; le vieil homme fouille dans sa poche, et en tire une lunette presque aussi longue que lui-même. Il y trouve ensuite un riche tapis de vingt pas sur dix, une tente assez grande pour le couvrir et pour mettre à l'ombre toutes les personnes présentes, puis trois chevaux ornés de leurs caparaçons. Schlemihl ne peut se défendre d'une certaine horreur, et quitte furtivement la société. Mais il touche à peine un large boulingrin, que le diable, car c'est le diable en personne, accourt sur ses pas, le salue humblement, et lui propose d'échanger son ombre contre une bourse qui renferme toujours dix pièces d'or. Schlemihl accepte avec une joie égale à sa surprise. L'histoire nous raconte ensuite les malheurs dans lesquels l'entraîne cette faiblesse. Il a vendu ce qui, dans la société, a plus de valeur que l'homme même, c'est-à-dire, son apparence, son ombre; il ne doit plus espérer le bonheur. On ne trouve guère de nouvelles fantastiques aussi bien racontées, et le célèbre Hoffmann lut Pierre Schlemihl avec tant de joie, qu'il l'imita bientôt en écrivant *la Nuit de Saint-Sylvestre*.

Les œuvres poétiques de Chamisso contiennent une foule de scènes terribles ou gracieuses. Parmi les narrations du premier genre, nous avons distingué *le Mendiant et son chien*, *le Soleil le révèlera*, *le Talion*, *la Vallée du meurtre*, *la Réconciliation*, et surtout la pièce intitulée : *Salas y Gomes*. *La Ruine* est une vision qui ne manque pas d'analogie avec certains morceaux des *Paroles d'un Croyant*; mais elle ne relève point de ces dernières, car elle fut écrite en 1832. L'auteur suppose qu'égaré dans des montagnes neigeuses où le chamois seul imprime sa trace, il voit la nuit déployer au milieu des airs ses hallucinations et ses terreurs. Les soupirs du vent augmentent la tristesse de l'ombre : un feu rougeâtre, allumé par ses soins, colore à peine la blancheur des glaces éternelles. Insensiblement l'orage le contraint à chercher asile dans une vieille forteresse en ruines; il se glisse par un long corridor jusqu'à l'entrée d'une vaste salle, où les lueurs du brandon qu'il porte lui laissent apercevoir un amas de décombres. Des statues mutilées, d'anciennes armures couvertes de rouille et de poussière jonchent le sol en maint endroit. Il repose son corps fatigué sur ces débris et voit peu à peu mourir l'éclat de sa torche. Alors les figures lui paraissent jeter une vague lumière; elles se dressent, elles ouvrent la bouche, elles font retentir la salle. « Debout! debout! » s'écrie un monarque, en cherchant de la main son épée. Mais le glaive était de bois, et depuis longtemps rompu. Les sujets obéissent. Un vieillard faible et irritable, portant des habits ecclésiastiques, se range à côté du chef. « On dit, reprend le souverain, que notre temps est fini, que le jour brille; voyez cependant! Quelle nuit épaisse! Nommez-la comme vous voudrez, ce sera toujours l'ombre. Ah! ah! la lumière, il y a de quoi rire! Mais riez donc! » Et au moment où il essaie lui-même de rire pour exciter la foule, la lumière le frappe d'une subite horreur. Le tonnerre, comme un dragon de feu,

perce la voûte ; son roulement ébranle la salle, et
de prodigieuses clartés environnent les hommes
de ténèbres.

Nous ne nous sentons pas la force d'abréger,
de ternir le reste de cette magnifique composition.
L'auteur déploie une rare habileté dans le choix
des circonstances ; il groupe les traits avec un art
qui décèle le grand peintre. Son style concis et
vigoureux, son expression ferme et toujours bien
soutenue, mettent en relief les plus légers détails.
Il a cette précision de contours, cette sûreté de
manière qui distinguent, en général, les écrivains
d'élite. S'il affectionne le tercet dantesque, s'il
croise ses rimes comme le chantre des enfers, il le
rappelle quelquefois par l'énergie de ses tableaux.
Qu'on lise La mort des Leganes, on y trouvera, sans
nul doute, mainte figure qui pourrait tourner
dans les cercles vengeurs, au reflet des brasiers
éternels.

Mêlées à ces tragiques histoires, les scènes de
famille, les calmes tableaux rendent aux lèvres
leur sourire, au cœur sa sérénité. On croirait pénétrer dans des jardins fleuris, en sortant d'une
gorge ténebreuse. De douces plantes s'inclinent
devant vous, fières de leur parure et de leur teint,
sous les joyaux de la rosée. Ici la meunière pleure
son amant et le voisin cherche à tarir ses larmes ;
une jeune fille se mire dans la source où elle puise
une eau limpide, et là-bas, le chasseur des mon-

tagnes quitte furtivement la hutte isolée qu'une douce main referme derrière lui. De poétiques légendes effacent bientôt ces riantes aquarelles et cèdent elles-mêmes la place à de joyeuses esquisses. Il existe peu d'ouvrages qui contiennent un aussi grand nombre de morceaux intéressants. La parole magique de l'écrivain nous transforme, pour ainsi dire, et nous donne à chaque nouvelle pièce de nouvelles sensations. Elle nous fait vivre quelques moments d'une autre vie par une sorte de métempsycose littéraire. Nous devenons tour à tour hommes d'armes, faneurs, aubergistes et chevaliers. La poésie spéciale que renferment ces divers états s'en échappe comme une suave exhalaison, et, comme un agent magnétique, nous fait participer à des souhaits, à des chagrins, à des plaisirs, qui, sans l'auteur, nous seraient toujours demeurés inconnus. Il y a là certainement une espèce de lyrisme fort beau, plus varié, plus pittoresque, moins exclusif et moins raisonneur que le lyrisme habituel. Une multitude d'effets produits par sa baguette demeurent pour l'ode une terre inaccessible.

Une dernière espèce d'ouvrages dont nous n'avons encore rien dit, ce sont les compositions railleuses. Chamisso ne déploie pas moins de talent dans ce genre que dans les autres. Nous nous bornerons à citer la longue histoire d'Anselmo, où il flétrit l'ingratitude ; — *le Servant d'amour;* — *les Conseils de la Tante,* — et *la Fille sentimentale.* La diète de Szekl a pour but de tourner en dérision les grands corps politiques. Au moment où les blés sont mûrs, des pluies si longues inondent le pays que les principaux habitants se rassemblent, afin de chercher à sauver la moisson. Ils commencent par se donner un banquet, puis l'on tient conseil; le résultat de la première séance est de renvoyer la délibération à huitaine: les avis en seront mieux pesés. De nouveaux festins occupent l'intervalle, et au bout de la semaine, le Nestor du lieu propose d'attendre encore quinze jours. « Si, durant ce temps, la pluie n'a point cessé, leur dit-il, eh bien! messieurs, nous la laisserons choir à son aise. » Un cri d'enthousiasme accueille ce merveilleux projet; il est sanctionné d'une voix unanime. Les pères conscrits, fiers de leur décision, rentrent chez eux bien las et bien repus. Ils sont à peine arrivés, que le soleil se dégage et sèche la moisson. L'auteur ne nous apprend point s'ils firent célébrer un *Te Deum* en leur honneur, mais on ne peut guère s'abstenir de le supposer.

Ces productions ironiques sont le plus souvent un fruit de la vieillesse. On dirait une nuée de moucherons sifflant au déclin du jour. L'homme dégoûté de la terre par l'expérience ne voit plus dans le monde que des sujets de raillerie. Il assiste à un pauvre spectacle, et, quand il rit, c'est d'un rire bien amer. La gaîté qui pare la jeunesse vient du sentiment et de la fantaisie. Elle naît pour elle du choc des événements, de la lutte des phénomènes, des bévues de la nature et des méprises individuelles. Le comique n'est, à ses yeux, qu'un agréable tumulte, un joyeux désordre. Le vieillard y discerne autre chose. La transgression perpétuelle des lois du bien et du juste, la sottise générale, les désenchantements de la réalité lui inspirent cette verve moqueuse, ces aigres plaisanteries qui semblent de la joie. A le bien prendre cependant, il n'y a rien d'aussi triste. On ne se joue de la sorte qu'après avoir sacrifié tous ses désirs, toutes ses espérances, tous ses attachements. Lorsque le vice aura tué les nations, le dernier homme périra dans les angoisses de ces froids sarcasmes. C'est ce désabusement sinistre, qui donne aux vieillards leur tolérance proverbiale. Trop de faits ont passé devant leurs yeux pour qu'ils s'étonnent, pour qu'ils s'irritent à la vue d'une action punissable, et tandis que le jeune homme frémit comme un lion enchaîné, l'homme des anciens jours voit dans le mal la forme la plus ordinaire de la vie. Et néanmoins, chose surprenante! il aime mieux l'existence, il frissonne davantage à l'aspect de la mort. Le jeune homme n'a point fait de pacte avec les circonstances, il rejette toute capitulation avec les misères d'ici-bas; ivre de force et d'orgueil, il impose des conditions au monde réel, et si ce monde entêté ne les observe pas rigoureusement, il le menace de le quitter sur l'heure.

Le vieillard est un ennemi terrassé; vaincu par la puissance fatale des choses et par la nécessité des événements, il a courbé la tête, il a fléchi le genou. Son âme s'est habituée à la contrainte; il porte le harnais sans gémir. Peu à peu même il devient amoureux du joug qu'il fuyait; son cœur se rétrécit dans sa prison, ses souhaits mutilés n'en franchissent plus les bornes. Ayant perdu son immense regard, tout ce qu'il voyait a cessé d'exister pour lui. Maintenant il veut jouir de l'univers qu'il a fait son maître, et goûter au moins les plaisirs de l'esclavage. Ces humbles joies, il les possède, il les tient, il en est sûr; sait-il ce qu'il trouverait ailleurs? Abîmé dans le présent, il ne hâte donc point de ses vœux l'aube d'un jour inconnu. L'avenir ne le remplit que d'épouvante; il s'agite, il frissonne, il tremble à son approche comme aux pas d'un geôlier qui doit le livrer à l'échafaud. Et s'il rêve par moments, s'il se permet quelque désir, c'est pour regretter la force avec laquelle il embrassait jadis la vie. Triste condition de l'homme sur ce globe! il rêve l'éternité quand il devrait jouir de l'existence, il prosterne son âme devant cette frêle existence, lorsque l'éternité l'appelle à ses fêtes.

Frédérick Rückert.

A une lieue environ de Munich, dans une plaine sablonneuse, on trouve le château de Nymphenburg ou villa des Nymphes. Ce palais des rois de Bavière n'offre aucune des beautés surprenantes qui saisissent l'âme du voyageur. Ce n'est point un manoir féodal, retiré parmi les vieux chênes, au sein d'un calme éternel ; ce n'est point une de ces demeures qu'élevait la renaissance, demeures aussi joyeuses que l'hirondelle blottie sous leurs moulures, aussi brillantes, aussi hardies de formes que l'iris penché sur leurs étangs. A la première vue, on reconnaît une imitation de Versailles. Tout annonce une origine exotique, tout fait penser au monument du grand roi. Les casernes cintrées, où hennissaient les chevaux d'ordonnance, sont même reproduites en petit. Versailles est en effet le type idéal de la haute noblesse germanique ; chaque suzerain allemand, ne gouvernât-il que douze perches de terre, veut paraître un Louis XIV. Ainsi le prince de Waldeck, chef d'une nation de six mille hommes, trônant au centre d'une capitale dont il vante l'unique rue, a pensé qu'un monarque comme lui ne devait point rester au-dessous du vainqueur de la Hollande. Il s'est en conséquence bâti un palais du même genre, que cinq soldats gardent tour à tour.

Mais derrière ces constructions blafardes se déploient des jardins enchantés. Nos inventions uniformes s'y mêlent aux caprices du labyrinthe anglais. Le charme sévère qui distingue nos promenades corrige ainsi le goût parfois mesquin de nos rivaux. Des fleurs artistement plantées embaument tous les vents du ciel, et de longues, de hautes, d'obscures avenues entraînent le regard dans leurs profondeurs, jusqu'à l'endroit où l'extrémité des voûtes découpe sur l'azur un lumineux fantôme. Çà et là quelque pâle statue, silencieuse habitante de ce muet élysée, vous contemple du sein de l'ombre avec une fixité mélancolique. Ici le jet d'eau secoue son panache; vingt animaux de pierre semblent folâtrer au milieu des ondes perpétuellement battues, perpétuellement inquiètes. Plus loin brillent les ifs, les pelouses, les terrasses; de vastes escaliers, de lourdes balustrades. le faisan immobile sur son rameau, l'urne où, comme une plante des morts, végète la blême anémone, achèvent cette royale églogue, à la fois pleine de tristesse, de calme et de grandeur.

Mais quittez un moment le sable des allées pour les tortueux chemins qui viennent y aboutir. Comme le spectacle change! Comme tout est devenu gracieux et doux! Comme la lumière flotte mollement sous les dômes de verdure, et laisse choir par leurs intervalles de longues, de magiques traînées! Un bouvreuil solitaire chante à la cime des frênes. Ne dirait-on point l'oiseau parleur des jardins d'Armide, qui vous exhorte à l'amour, aux furtives caresses, aux charmantes hostilités? Une Ariane, moins triste que voluptueuse, semble, au détour de la route, implorer vos consolations. Ah! oui, dans ces bois pleins de mystère, on adorerait des formes comme les tiennes, ô belle délaissée! On voudrait errer avec la femme de son cœur, près de ces eaux limpides, sur les margelles irrégulières de ces viviers où soupire le glaïeul, où la foulque apprivoisée jette son cri retentissant. Là, plus de majestueux perron, plus de cygne grave et taciturne: les palombes roucoulent dans le feuillage, la pintade glisse dans les broussailles, le canard se joue dans les roseaux ; tout vous parle de famille, de bien-être et de vie commune, tout excite à l'abandon, à la joie, aux agaceries des folles tendresses.

Tel est l'aspect habituel de ce jardin ; mais lorsque l'automne y répand sa brumeuse haleine, la solennité chagrine de la partie française envahit le bocage entier. Le merle voltige alors d'un air soucieux le long des clairières ; les musiciens du printemps vont chercher d'autres fleurs, et l'envieux corbeau célèbre par ses cris la fuite de ces hôtes inspirés. La balsamine rappelle seule encore les magnificences de la belle saison.

J'eus le loisir d'admirer cet effet pendant le mois d'octobre. Par un temps sombre et lourd, je visitai le poétique domaine. Les nuages voilaient tout le dôme des cieux, hors quelques pâles trouées où le soleil montrait à peine d'heure en heure sa face moribonde. Le parc avait, du reste, un charme qu'on trouve rarement dans nos promenades : il était complètement solitaire. Nul visage humain n'affaiblissait la rêveuse expression du tableau, nul œil n'enchaînait au fond du cœur le sentiment près de naître. Les bois étalaient mille nuances différentes, depuis le vert tendre et le vert sombre jusqu'à l'or mat et au pourpre éclatant. Les feuilles tombaient, tombaient le long des sentiers, et la bise les roulait en pleurant devant elle. Les œillets, les soucis, les dalhias inclinaient leurs têtes maladives; le froid du sépulcre avait saisi la nature, et ses plus doux enfants expiraient les premiers. Ah! qu'ils étaient beaux dans leur désolation ces parterres aux lignes monotones, ces chemins où poussait la joubarbe, ces flots sans éclat et sans murmure! Non, l'été sous sa couronne d'épis et de bluets n'excite point au fond de l'âme des attendrissements aussi intimes; le craquement de la branche aride a plus de pouvoir que tous ses sourires.

Après avoir longtemps parcouru les méandres des bosquets, je m'assis enfin sur un banc de gazon, près d'un ruisseau à demi desséché. J'avais dans les mains un tome de Rückert; les émotions que m'avait fait éprouver cette retraite me disposaient à sentir la magie des vers et, par un singulier hasard, je lus le morceau suivant :

La fleur mourante.

« Espère! Tu verras encore le retour du printemps. Quoique les bises de l'automne aient dépouillé la forêt, les arbres n'en conservent pas moins l'espérance; ils espéreront tout l'hiver dans la force tranquille de leurs boutons, jusqu'au moment où la sève reprendra sa course, où le nouveau feuillage se déploiera. » — « Je ne suis pas un arbre puissant qui vit mille étés, qui, après avoir songé les rêves de la froide saison, tisse au printemps la poésie de sa verdure. Hélas! je ne suis qu'une fleur éveillée par les caresses de mai, une fleur dont il ne reste nulle trace, quand le sépulcre la dévore. » — « Eh! bien, si tu es une fleur, âme modeste, tu peux te consoler; tout ce qui s'épanouit a le don de se reproduire. Laisse l'orage de la mort disperser au loin ta poussière vitale, tu renaîtras mille fois de cette poussière. » — « Oui, des plantes pareilles à moi-même grandiront sur ma tombe; la végétation est impérissable, le végétal seul connaît l'agonie. Mais lorsqu'elles seront ce que j'étais, moi je ne serai plus; je n'existe qu'à l'heure actuelle, ni plus tôt, ni plus tard. Quand les regards du soleil, qui me pénètrent de flamme, les échaufferont à leur tour, mon sort n'en sera point adouci, je n'en deviendrai pas moins la proie du néant. O roi du ciel, tu les épies déjà dans le lointain! Pourquoi me sourire encore du milieu des nuages avec une froideur railleuse? Maudite soit la confiance que je sentis naître en mon sein, lorsque les baisers de tes rayons m'éveillèrent. Malheureuse! j'ai si bien admiré ton éclat, que je meurs de cet éclat et de mon admiration.

« Pour dérober à ta pitié la fin de ma triste existence, je vais, pauvre malade, me renfermer en moi-même et t'échapper ainsi. Mais tu dissous en pleurs ma froide rancune. Prends ma vie passagère, astre éternel ; enlève-la dans ton orbe immense ! Une dernière fois tu dissipes mon chagrin ; à l'heure du trépas, je te remercie de tous les dons que tu m'as faits. Je bénis le souffle de l'aurore auquel je tremblais durant l'été, le vol des papillons qui dansaient autour de moi, les yeux que mes nuances ont réjouis, les âmes que mes parfums ont égayées. Toi qui m'as formée de lumière et de suaves odeurs, je t'en remercie aujourd'hui. Ornement peu considérable, il est vrai, mais toutefois ornement de l'univers, tu m'as fait briller dans la campagne ainsi que les étoiles dans la plaine céleste. Je n'ai plus qu'un souffle à exhaler, ce ne sera pas un soupir. Un dernier regard au firmament, un dernier regard aux splendeurs de la terre. Cœur flamboyant du monde, ô soleil impérissable, laisse-moi me dissoudre dans tes rayons ! Ciel, déploie ton pavillon azuré ; ma tente de verdure ne m'abrite plus. O printemps, je salue ta lumière ! Brise du matin, je vous fais mes adieux ! Je m'endors sans chagrin et sans espoir de renaître. »

A peine avais-je fini que mes yeux se détachèrent du livre, et se portèrent involontairement sur une marguerite qui frissonnait devant moi, comme si c'était elle que je venais d'entendre balbutier son chant d'agonie. « Ah! pauvre plante, dis-je en moi-même, ces questions ne te désolent point seule ! Elles nous tourmentent davantage encore, nous, les bien-aimés de Dieu, qui vivons plus que toi. Nous aussi nous redoutons la mort présente et la mort infinie. Le genre humain se perpétue, voilà qui est sûr ; il remplit même ici-bas une éclatante destinée. Des lois providentielles guident tous ses souhaits, tous ses efforts, tous ses actes ; les délits particuliers, les malheurs des nations profitent à la race. Les champs de bataille nourrissent de lourdes gerbes pour les fils des tueurs et des victimes. Mais nous, portions de ce tout radieux, qui veille sur notre existence, qui s'inquiète de notre bonheur? Les larmes versées dans nos jours d'angoisse rendent-elles notre avenir plus beau ? Quand nos amis nous abandonnent, un ami céleste nous envoie-t-il des consolations? Et ces doutes affreux, qui par moments nous saisissent, quelqu'un vient-il les dissiper ? Trouvons-nous au bord des fontaines des anges révélateurs, initiés aux suprêmes mystères ? Non, non ; les forêts sont muettes, les buissons ardents ne produisent que cendre et fumée ; nous cherchons sans succès une voix qui réponde à la voix de nos cœurs. Et pourtant, que nous ferait la gloire de l'humanité, si nous devions la payer de nos joies, de nos espérances, si du vent de son aile la mort éteignait à jamais en nous la flamme vitale ?

Je ne lus pas davantage cette fois. Aussi, depuis ce temps, Rückert me paraissait-il un écrivain sensible et profond. Je le mêlais à la blanche cohorte des poëtes élégiaques, suaves troubadours, nés pour languir au pied des tourelles moussues, pour accorder leur viole en face des étoiles, pour chanter dans la nuit l'hymne des cœurs blessés. Mais, lorsque plus tard la grâce de cette première pièce me donna l'envie de connaître les autres, je demeurai surpris ; je m'étais entièrement trompé.

Rückert appartient en effet à cette variété de chanteurs lymphatiques pour lesquels l'art est un jeu hardi, un clairon sonore, mais peu expressif. Le langage leur sert plutôt de but que d'instrument ; ils adorent la forme en elle-même, et négligent sans scrupule l'âme qui devrait lui donner la vie. Ces hommes sont toujours des esprits secondaires ou des imitateurs. Les copistes n'ayant point le génie du maître ne s'assimilent que sa technique spéciale, ne dérobent que le vêtement le plus extérieur de sa pensée ; les hommes secondaires, ne ressentant pas les violentes émotions qui portent le regard sur les problèmes fondamentaux, sur l'essence et les traits caractéristiques des choses, effleurent les objets, glissent de l'un à l'autre avec une surabondance apparente d'énergie, mais au fond avec la mobilité de la faiblesse. Comme ils ne voient dans le monde qu'un riche étalage de nuances et de profils, leurs inventions ne présentent aux yeux que surfaces brillantes. Ils se divertissent à l'aide des mots, et chantent pour le plaisir d'écouter leur musique.

Certains avantages compensent, il est vrai, les défauts de ce genre. Un long travail d'élocution rend le style souple et varié. On se proposait cette fin, et, comme presque toujours, on réussit à l'atteindre. Il n'est donc pas étonnant que Rückert se distingue entre les poètes germaniques par l'opulence de sa phraséologie. Les ressources ordinaires de sa langue maternelle ne l'ont pas contenté ; il a voulu en élargir le domaine. Ses études orientales lui ont d'abord fourni l'occasion de transporter dans l'idiome allemand des tournures arabes, persanes ou hindoues. Mais il a de plus exercé la force de son imagination à créer lui-même des richesses ; il essaie continuellement de nouvelles associations de mots. Parmi ces tentatives, quelques-unes ont mérité les éloges des censeurs compétents ; d'autres sont regardées comme téméraires. Les prouesses grammaticales plaisent du reste si fort à notre chanteur, qu'il prend maintes fois la plume dans la seule intention de parader. Il a entrevu quelque effet de syntaxe, quelque tournure périlleuse, et il monte à l'assaut visière basse. C'est un paladin en matière de diction. Comme les chevaliers du moyen-âge, il entreprend aussi des exploits peu nécessaires. Une rime bizarre, une cadence étrange dont il veut se servir sont des motifs suffisants pour lui mettre la lance au poing. Lui seul pouvait traduire comme il l'a fait les *Macames de Hariri,* ou les transformations d'Abu-Saïd. Hariri est un auteur persan; il a narré dans un mètre laborieux les déguisements successifs qu'emploie un vieux et pauvre poète de sa nation, pour obtenir des mêmes personnages plusieurs aumônes. Chaque scène forme un tableau qui porte le nom de Macame. Le texte original a été publié en France par M. Sylvestre de Sacy. Rückert ne s'est point borné à extraire le sens des mots, il a voulu reproduire la multiplicité des rimes, les assonances, les allitérations, enfin toutes les jongleries du vers oriental. Il s'engageait ainsi dans une lutte effrayante, dont il a su néanmoins se tirer avec honneur. Rien en France ne donne l'idée d'un pareil travail.

À cette souplesse de langage se joint chez Rückert une extrême facilité de production. Jamais il ne se trouve à court; la plus humble circonstance l'inspire, le moindre sujet allume sur son autel les flambeaux poétiques. Ses volumes ne sont point comme les nôtres des rames de papier blanc semées de quelques vers; il lance au public des tomes de cinq cents pages en caractères serrés. Deux ou trois mois de loisir dans les champs font naître sous sa plume une série de morceaux, égale aux œuvres complètes de tel ou tel homme illustre. *Les Roses orientales*, une de ses publications, ne chantent guère que les douceurs du vin et les prestiges de l'amour. Ce fonds, un peu rebattu, s'orne avec lui d'une fraîcheur nouvelle ; on dirait une prairie languissante, où jaillissent tout-à-coup des milliers de sources qui lui rendent la fécondité. Mais sa plus héroïque entreprise de ce genre est le long recueil intitulé : *le Printemps de l'Amour*, en cinq bouquets. L'affection chantée par l'auteur ne produit pas de ces orages soudains que termine habituellement une pluie de larmes. Il éprouve une joie tranquille, douce, invariable ; il goûte un bonheur sans nuages. Et, cependant, quelle que soit la monotonie d'une pareille félicité, les expressions abondent sur ses lèvres, quand il cherche à la peindre. D'innombrables strophes s'échappent de ses mains, comme autant de feuilles de roses qu'emporte la brise.

Malheureusement la facilité même de Rückert lui nuit plus qu'un vice littéraire. La promptitude avec laquelle il exprime ses conceptions ne les laisse point mûrir ; dès qu'une vague idée le sollicite, la harpe résonne sous ses doigts, et l'émotion encore légère s'échappe de son âme, sans en avoir atteint les profondeurs. Les cris sublimes de la souffrance ou de la joie longtemps réprimées lui sont également inconnus. C'est une nouvelle preuve que rien de très beau ne croît très vite. La soudaineté de l'enfantement littéraire a d'ailleurs une autre conséquence non moins fâcheuse : des plantes si hâtives n'exhalent presque jamais un rare parfum. Les images de Rückert sont donc souvent d'une nature commune. Il fait trop chanter de rossignols, trop éclore de roses, trop souffler d'haleines printanières, et abuse du droit qu'ont les pauvres poètes de semer dans leurs vers l'or et les diamants.

Toutefois, lorsqu'une noble cause a demandé son aide, il a su trouver d'énergiques mélodies et des formes nouvelles. En 1814, au moment où, lasse de porter l'écu de l'Empereur, de suivre humblement ses pas, l'Allemagne tirait enfin l'épée contre son maître, il entonna des chansons guerrières pour l'exciter à la bataille. Quelques-unes sont pleines de mouvement et ne le cèdent pas aux strophes martiales de Kœrner. Un exemple permettra d'en juger.

« Que forges-tu, forgeron?—Nous forgeons des fers, des fers.—Ah! vous en traînez vous-mêmes. — Pourquoi laboures-tu, paysan? — Il faut que ma terre rapporte. — Oui, des moissons pour l'ennemi, pour toi des ronces. — Que vises-tu, chasseur? — Je veux tuer ce cerf gras. — C'est vous qu'on chassera comme des cerfs et des chevreuils. — Que tresses-tu, pêcheur? — Je tresse un filet pour les poissons timides. — Mais vous,

quel homme peut vous dégager des rets mortels?
— Qui donc berces-tu, mère inquiète?— Je berce mon enfant. — C'est bien ; élevez-les vos enfants ; lorsqu'ils seront assez forts, ils se mettront au service des étrangers, et couvriront leur patrie de blessures. — Et toi, poète, quel ouvrage écris-tu?
— J'écris ma honte et celle de la nation, afin qu'elle s'y habitue et ne songe même pas à recouvrer l'indépendance. »

La gravité de l'occasion a fait, comme on le voit, disparaître ici le rhéteur. L'éloquence lui est venue d'où elle vient toujours : des purs instincts de l'âme et des grandes agitations morales. Sa douleur patriotique l'a si bien guidé, qu'il a pu réunir et peindre en quelques lignes tous les maux de l'oppression étrangère. Ces belliqueux sirventes, publiés sous la forme du sonnet, prouvent que Rückert ne s'est pas toujours tenu loin des affaires publiques, dans la solitude et la rêverie chères aux poètes. En effet, après l'expulsion de nos armées, il prit quelque temps encore sa part des soucis politiques de l'Allemagne. L'établissement de la constitution wurtembergeoise troubla plus d'une fois le repos de ses nuits. Peu à peu néanmoins son ardeur, son intérêt diminuèrent ; il quitta la lice avec dégoût et avec un sourire de pitié moqueuse. L'étude lui rendit les pures satisfactions de l'intelligence ; il entraîna sa muse sur des plages silencieuses, où n'arrivait pas même un lointain écho de la tribune. C'est un exemple salutaire que devraient suivre nos poètes. Les vociférations des hommes d'État ne laissent guère prêter l'oreille au murmure secret des divinités poétiques. On rejette leurs bonnes grâces, sans devenir par ce sacrifice un habile diplomate.

La légèreté du fonds sur lequel travaille Rückert, la paix habituelle de son âme, devaient faire craindre de le voir mettre souvent l'intelligence à la place de l'imagination et de la sensibilité. Lorsque l'esprit n'est ému ni par les plaisirs ni par les chagrins de la vie, l'attrait scientifique le captive bientôt seul. Le désir de connaître lui reste en l'absence des autres ; la poésie didactique évince sa glorieuse sœur. C'est là ce qui est arrivé pour Rückert : ses productions tournent chaque jour davantage à la philosophie. Un grand nombre de ses premiers morceaux effleuraient déjà le symbole ; mais lasse de porter le voile, sa pensée se montra bientôt à visage découvert. Une de ses dernières publications, *la Sagesse des Brahmanes*, rentre tout à fait dans le cercle de la littérature gnomique. L'ouvrage se compose d'une longue suite de sentences et d'épigrammes. On y trouve des aphorismes sur l'esprit et la matière, sur Dieu et sur le monde, des règles de conduite et jusqu'à des propositions purement abstraites. Ces maximes ont eu des admirateurs au-delà du Rhin; nous les considérons pourtant comme un symptôme de vieillesse littéraire. Le barde n'est ni un pédagogue ni un logicien.

Quant aux idées elles-mêmes, elles forment dans leur ensemble une sorte de panthéisme poétique.

L'exécution présente d'ailleurs un caractère analogue. Les arbustes parlent, les oiseaux jasent, les diamants s'enorgueillissent, et les étoiles de la nuit pérorent comme des voisines babillardes. Le monde entier chante et s'agite, aussitôt qu'il élève la voix. Tantôt il anime les choses d'une manière directe et absolue, comme l'a essayé chez nous M. Edgar Quinet; tantôt il prête indirectement aux objets physiques certains pouvoirs spirituels. Cette dernière façon nous paraît la meilleure. Lorsqu'on change entièrement les caractères distinctifs des êtres, lorsqu'on transporte à un genre toutes les qualités du genre supérieur, l'esprit offensé détruit l'illusion, en protestant contre les moyens choisis pour le séduire. On trouve, par exemple, dans les ouvrages de Rückert l'histoire d'un jeune prince, grand ami des fleurs, et les environnant de soins si tendres, que les douces pupilles se sentent bientôt liées par la gratitude. Elles ne peuvent plus être heureuses sans lui, et comme il entreprend un long voyage, elles se déterminent à le suivre. Elles l'égaient, elles le consolent, elles jonchent de leurs calices odorants la terre où il repose. Enfin, elles l'aident à pénétrer dans le château qui emprisonne sa bien-aimée. Pour y parvenir, elles l'entourent de leurs feuilles avec une telle sollicitude qu'on ne remarque pas sa présence. C'est pousser un peu loin la personnification. Le lecteur le mieux disposé ne saurait admettre des plantes qui marchent et agissent comme des hommes. Cette prosopopée inhabile choque l'intelligence, et ne fait naître aucun plaisir.

Si Rückert siége actuellement parmi les poètes les plus célèbres de l'Allemagne, si son mérite lui a valu cet honneur, il ne brille pas néanmoins sur la même ligne que les auteurs du premier ordre. Ses défauts sont aussi nombreux que ses qualités. Voilà, je n'en doute pas, ce qui l'a fait languir si longtemps dans l'ombre. Il chanta durant treize années, sans que le public s'arrêtât sous ses fenêtres pour admirer sa voix, et il désespérait de la gloire, quand la mutine vint un jour frapper à sa porte. Je ne vous dirai point s'il se hâta de lui ouvrir.

Mais le plus grand malheur de Rückert, un malheur dont souffrent également tous les lyriques de notre époque, c'est la nécessité de recourir à des signes muets pour communiquer avec les intelligences. Les périodes critiques ont cela de triste, qu'elles ne désorganisent pas seulement la vie sociale, qu'elles ne se bornent point à mettre en doute les pouvoirs, les croyances, les maximes établies, à percer de leurs flèches les divins messagers qui portaient au ciel les hommages des cœurs et descendaient du firmament le pardon sur la bouche; leur force résolutive pénètre plus loin ; elle se glisse en toute chose, afin de tout désunir.

Ainsi les arts qui, pendant les siècles religieux, se prêtaient une aide mutuelle, s'isolent alors dans leurs domaines particuliers. La statuaire, la peinture ne décorent plus les édifices où prient les nations; elles se retirent, chacune à part, au fond d'un atelier vide. Au lieu de chanter sous le toit des saintes demeures, en présence de la foule qui regarde les ornements du temple, la musique cherche la solitude ou règne loin de ses compagnes, à la lueur du gaz, au milieu de toiles barbouillées qui simulent des arches de verdure. Enfin la poésie cesse d'interpréter les autres créations humaines ; ses strophes ne donnent plus le sens des notes harmonieuses, des vitraux, des bas-reliefs, des scènes peintes ou sculptées; elle n'est plus la voix de l'Église entière, la voix de Dieu qui parle aux âmes, la voix des anciens jours qui chante les époques défuntes, des saisons qui ornent la terre et des saisons qui la dépouillent, des bois et des rochers, des oiseaux et des fleurs, des océans, des nues et des tempêtes. Réduite au morne langage de l'écriture, de l'imprimerie, elle touche à peine les cœurs; il lui manque la puissance vitale, l'orageuse électricité produite par son contact avec les hommes et les choses.

Mais la poésie lyrique perd plus que toutes les autres durant ces froids intervalles. Qui nous rendra les jours de naïve émotion où les rapsodes cheminaient le luth sur l'épaule, où le trouvère en quête d'un gîte bénissait la lampe des châtelaines, et flattant, exhortant sa haquenée, prenait pour un sanglot des esprits nocturnes la plainte du vent dans sa guitare? Comme toute la maison, pages, écuyers, varlets et bachelettes, se réunissait joyeusement autour de lui! Quel grave silence accueillait sa voix sous les arches féodales! Ce n'était point là que régnait l'indifférente satiété. Par moments un bruit s'élevait au dehors; le grand-duc criait du sein des roches, ou la pluie, comme un refrain monotone, battait à coups pressés les vitraux.

Une seule fois j'ai pu sentir moi-même quelle action pénétrante devait exercer un art, qui se plaçait toujours au milieu de la nature et des hommes, tantôt sous le feuillage des sycomores, près d'une chapelle miraculeuse, tantôt dans l'ombre des salles d'armes et sur les terrasses des manoirs. Nous venions de laisser derrière nous le pittoresque amphithéâtre de Schwytz et les herbages escarpés du Rütli. Le bateau à vapeur sillonnait majestueusement le lac des quatre cantons. Nul souffle ne ridait ses eaux profondes; nous n'entendions que leur murmure contre les flancs du monstre, le bruit de ses puissantes nageoires.

et sa respiration sonore. Vers cet endroit, les montagnes descendent à pic dans les flots ; point de salut possible en cas de naufrage. Les ondes prisonnières sont gardées par des hauteurs géantes, qui combleraient leur lit, si quelque tremblement de terre les y couchait. Leur front pâle, leurs lignes anguleuses, l'ombre immense qu'elles projettent sur les vagues accroissent l'effet solennel du tableau. Tout à coup nous aperçûmes le roc célèbre où vint tomber Guillaume Tell, quand il se précipita hors de la barque autrichienne ; un petit édifice consacre au milieu des tempêtes ce souvenir d'une lutte orageuse. A peine l'avions-nous entrevu qu'un jeune homme, suivi de plusieurs étudiants comme lui, s'élança vers la proue. Bientôt l'œil animé, la tête nue, il chanta d'un air grave une ode patriotique en l'honneur du héros suisse ; la blonde troupe lui répondait avec enthousiasme. C'était une mélodie singulière et bien faite pour prolonger ses échos le long des marais, des sapins et des granits. Pendant que les notes roulaient devant nous sur le limpide élément, je contemplais en silence la chaîne des Alpes, toute baignée de lumière. Les glaces, les neiges éternelles, ces royaumes du froid et de la mort, brillaient dans leur luxe perfide, dans leur candeur sinistre et morose. Leurs larges nappes forment de véritables déserts suspendus au milieu du firmament, des solitudes plus effrayantes que les steppes et les savanes, car des abîmes les séparent de l'univers. Mais quelle que fût la grandeur de cette nature menaçante, elle disparaissait à mes yeux devant la grandeur de l'homme qui l'avait jadis bravée, comme il bravait les tyrans, de l'homme intrépide dont la louange sonore, glorieuse et douce à l'âme retentissait maintenant en face de ce ciel qui l'avait applaudi, de ces montagnes délivrées par son courage, de ces citoyens fiers de respirer les mêmes brises et d'être nés sur le même sol.

Henri Heine.

    Henri Heine est beaucoup plus célèbre en France que les deux poètes dont nous venons de parler. D'habiles traductions faites sous ses yeux l'ont, pour ainsi dire, naturalisé chez nous. Un seul de ses ouvrages : *le Livre des Chants,* n'a pas encore obtenu toute la renommée à laquelle son mérite lui assure des droits inaliénables. Comme il renferme uniquement des poésies, on ne saurait guère en transporter le charme dans une autre langue. Nous essaierons toutefois de reproduire quelques morceaux pleins de verve et de grâce. La popularité de ce volume sur *la Terre des Chênes* demeurerait peut-être sans égale, si Uhland n'avait pas écrit. Vingt compositeurs ont mis les principales strophes en musique, et plus d'une fois, avant les jours de l'exil, le poète errant dans les chemins ou traversant les bourgades, a dû les entendre sortir de la profondeur des bois, de l'ombre des vallons et du sein des chaumières, comme autant d'esprits familiers qui lui rappelaient doucement les heures enchanteresses de son jeune âge.

Henri Heine a vu le jour à Dusseldorf, en 1800. Il est l'aîné de quatre enfants; un de ses frères occupe l'emploi de médecin dans l'armée russe, l'autre sert dans l'armée autrichienne. Il fit ses premières études chez les Franciscains de sa ville natale, puis au lycée du même lieu, où il les acheva en 1817. Son père essaya vainement de lui faire embrasser le commerce; le jeune homme se sentait d'autres dispositions. Il quitta Hambourg, théâtre de ses essais infructueux, et se rendit à Bonn afin d'y étudier la jurisprudence; de Bonn il passa bientôt à Gœttingue, où il suivit les leçons du fameux Hugo. Entraîné dans le courant du siècle, il se laissa de bonne heure émouvoir par les affaires politiques. Ses nombreuses querelles avec les membres de l'association dite *de la Burschenschaft* le firent bannir pour trois ans par le sénat universitaire. Il alla se consoler à Berlin, entreprit différents voyages dans les îles du nord, en Angleterre, en Hollande, en Italie, dans le Tyrol, et n'oublia point de visiter Munich. La révolution de juillet l'attira parmi nous; il voulait se placer convenablement pour examiner ce feu d'artifice qui allumait tant d'espérances; il eut la douleur de le voir mourir sans laisser aucune trace. Mais sa décision était prise; il n'abandonna point le sol de la France, et maintenant il y semble enchaîné par des liens indissolubles.

Le caractère spécial qui distingue les poésies d'Henri Heine, c'est l'association d'une raillerie parfois amère avec des traits de sentiment, et avec de brillantes descriptions. Lui seul a fait un aussi grand usage de l'esprit dans des œuvres lyriques. Ses morceaux les plus sérieux n'en sont point exempts. Même lorsqu'il semble pris d'une éloquente ivresse, lorsqu'il semble entraîné par les fougueuses cavales de l'inspiration, il tient les guides d'une main ferme, et il lui suffit d'un geste pour rendre tout-à-coup son char immobile. Une dérision perpétuelle se cache derrière ses paroles, comme les faunes moqueurs dans les bois mythologiques. On éprouve en lisant ses vers une sorte d'inquiétude; on sait que chaque élan s'y termine par un sarcasme, et l'on redoute toujours de voir l'abeille montrer son aiguillon, lorsqu'elle paraît naïvement empressée à choisir son miel. Du reste, cet effet ne manque pas de charme ; il vous ménage de continuelles surprises.

Sans doute, il est des poètes d'une autre nature. Pareils à des bois printaniers, ils n'exhalent que suaves mélodies, que souffles odorants, qu'harmonieux accords d'une voix intérieure. Leurs blessures même laissent échapper un baume salutaire, un nard divin que les anges pourraient recueillir dans un vase d'or, comme cette larme du Rédempteur dont naquit Éloa. Fils bien-aimés du Très Haut, ils s'enveloppent de leurs songes ainsi que du manteau des prophètes. Négligeant le monde qui les néglige, dédaignant la foule qui les dédaigne, anéantissant pour eux le mal par la puissance de leur pensée, par l'incommensurable mépris dont ils s'environnent à son aspect, ils vont pleins d'une grandeur surhumaine, ils vont pleins d'un enthousiasme sans bornes chercher le Dieu qui les réjouit et les inspire, tantôt sous les vertes branches des mélèzes, tantôt à la cime des montagnes et près des lacs inconnus, où la vague éplorée bat tristement ses rivages. Que se passe-t-il donc en eux qui les agite ainsi? D'où vient le charme austère de leur figure? D'où vient la majesté de ces regards, qui semblent profonds comme l'Érèbe et sereins comme la lumière éternelle? D'où naissent ces pâleurs sublimes, qui tout-à-coup, sans raison perceptible, inondent leur visage de célestes reflets? Ah! c'est qu'ils s'entretiennent en ce moment avec le Dieu-martyr, avec l'esprit de justice, de vérité, d'indépendance, qui dévoile aux nobles cœurs les principes inébranlables des choses. Ils sentent que rien n'est beau, rien n'est doux, rien n'est grand dans l'univers, s'il ne correspond aux instincts héroïques, aux désirs élevés d'une âme pure ; ils oublient leurs souffrances dans ces muettes extases, et si parfois quelque bruit, quelque image réveille en eux leurs douleurs habituelles, le génie tutélaire commence un chant plaintif, une suave mélopée dont les accents emportent leur âme loin de toutes les afflictions, loin de tous les lâches dont ils sont ordinairement le jouet et la proie.

Mais ce n'est point de ces hommes résignés qu'il faut dans les époques de bouleversements. D'autres poètes, mieux formés pour la lutte, naissent alors au milieu des éclairs. Ceux-là, moins intimes et moins rêveurs, ne songent même pas à défendre, à protéger leur idéal contre les attaques du dehors ; ils rendent coup pour coup, injure pour injure. Le monde avec ses difformités et ses chagrins trouble-t-il la paix de leur retraite ? ils se vengent en le défigurant sur leur toile, en barbouillant son image de grotesques nuances. L'objet importun avait une physionomie odieuse ; ils le rendent parfaitement absurde et ridicule. Exposez-vous ensuite aux flèches de semblables ennemis ! Tel est Henri Heine, et il n'a point, je vous assure, encore vidé son carquois.

Mais, comme il arrive toujours, ce n'est pas pour lui-même qu'il a reçu ce don terrible du sarcasme ; il a une mission à remplir et il le sait mieux que personne. Le succès même de ses ouvrages prouvé leur utilité nationale. On a souvent chez nous comparé Gœthe à l'ami de Frédérick ; on a dit de lui qu'il était le Voltaire de l'Allemagne. Je regarde cette opinion comme tout à fait erronée. Quelle similitude peut-il y avoir entre l'auteur de *Faust* et l'auteur de la *Henriade?* Est-ce la multiplicité des genres abordés par eux qui leur donne un air fraternel ? Mais ce n'est là qu'une ressemblance extérieure, d'où l'on ne saurait conclure à la moindre analogie interne. La direction générale de leurs pensées les éloigne l'un de l'autre. Gœthe, retiré dans son sanctuaire, communiquait le moins possible avec les hommes qu'il méprisait ; Voltaire, non moins dédaigneux que lui, se jetait continuellement sur leur passage afin d'attirer leurs regards. L'esprit tranquille de Gœthe s'identifiait avec les choses ; l'âme irascible de Voltaire en faisait autant de glaces, qui réflétaient son image. Préoccupé malgré lui du sort des nations, il se mêlait avec persévérance aux affaires de son temps ; il y avait en lui du journaliste, et il ne laissa point échapper une seule occasion d'agir sur ses contemporains. Il voulait à tout prix les lancer dans la route qu'il croyait la meilleure. Homme de plaisir et homme d'étude, poète, critique et pamphlétaire, il ressemblait à ce valeureux Saxon, qui, durant la prise de la forteresse d'York, se tenant la hache levée près d'une poterne, abattait successivement les ennemis qui essayaient de s'enfuir.

Si quelque auteur germanique a des rapports avec Voltaire, c'est assurément l'écrivain dont nous nous occupons. Lui aussi livre une bataille opiniâtre aux anciennes idées, lui aussi les attend au passage afin de leur asséner le coup mortel. La tradition ne lui semble pas une aïeule respectable, mais une vieille en démence dont il faut creuser le tombeau. Quelque opinion que l'on ait de ses ouvrages, on ne saurait méconnaître son influence providentielle. L'Allemagne ne peut rester dans sa situation présente. Depuis longtemps affranchie du joug catholique, elle doit s'affranchir du joug des princes. Mais son adoration servile de la force matérielle lui aurait imposé bien longtemps encore cette lourde croix, si les besoins même de notre période n'avaient suscité un homme dont la fronde n'épargne aucune tête. Lorsqu'on rit des puissances de ce monde, leur grandeur touche à sa fin.

Quoique les poésies de Heine soient, en général, écrites sans préoccupations étrangères à l'art, on y voit çà et là percer l'humeur belliqueuse de l'auteur. Une charmante idylle renferme ce passage caractéristique :

« Maintenant que je suis devenu grand, que j'ai beaucoup lu, beaucoup voyagé, mon cœur se gonfle et je crois de toute mon âme au Saint-Esprit.

» Il a fait les plus grands miracles et il en fait encore tous les jours ; il a brisé les forteresses des oppresseurs, il a brisé la chaîne de l'esclave.

» C'est lui qui ferme les anciennes blessures, c'est lui qui ravive les anciens droits ; tous les hommes, nés égaux, forment une noble race.

» Il dissipe les brouillards malfaisants, il déchire les sombres trames ; honte à ceux qui ont voulu nous ôter l'amour et la joie, qui se sont obstinément raillés de nous !

» Pour exécuter ses ordonnances, l'Esprit-Saint a choisi mille chevaliers couverts de bonnes armures, et les a remplis de fortitude.

» Leurs chères épées reluisent, leurs beaux étendards flottent au soleil. Dis-moi, mon enfant, souhaiterais-tu voir de pareils chevaliers ?

» Oui, dis-tu ; regarde-moi donc, mon enfant ; baise ma joue et regarde-moi sans peur, car je suis moi-même un de ces chevaliers du Saint-Esprit. »

Toutefois le caractère martial est loin de prédominer dans les vers de Henri Heine. On y trouve les beautés les plus différentes. Il passe tour-à-tour de la plainte élégiaque au dithyrambe amoureux, d'une scène agreste aux visions du monde surnaturel. Son style limpide se déroule comme un long fleuve, dont les eaux tranquilles réfléchissent successivement le roc anguleux et le pampre ondoyant, le moulin babillard et la forêt silencieuse où croît sous les halliers la violette pastorale. Voici le prologue d'un de ses plus jolis morceaux. Il exprime très bien ce dégoût des fausses vertus sociales, ce dégoût de la politesse sans âme, qui dispose si merveilleusement à sentir les franches beautés de la nature.

» Des habits noirs, des bas de soie, de blanches, de courtoises manchettes, de douces paroles, des embrassades—ah! s'ils avaient seulement un cœur!

» S'ils avaient un cœur dans la poitrine et dans ce cœur un peu d'amour, un peu d'amour brûlant! — Ah! c'est la mort pour moi que de les entendre chanter les prétendues souffrances de menteuses passions!

» Je veux aller sur la montagne où se dresse la hutte amie, où la poitrine aspire librement un air aussi libre qu'elle. Je veux aller sur la montagne où se balancent les pins, où gémissent les torrents, où chantent les oiseaux, où voyagent les nues altières.

» Adieu donc, salles brillantes, étourneaux coquets, femmelettes polies; je veux aller sur la montagne et de sa crête vous regarder avec un sourire. »

Du reste, quelque sujet qu'il aborde, quelque

ton qu'il prenne, Henri Heine déploie toujours une grande habileté d'écrivain. Il est expert dans les mille ruses du langage ; le fonds lui manquerait plutôt que la forme. Ses vers et sa prose ont une allure aisée, une marche originale, qui annoncent une longue étude de la phrase aussi bien qu'un don natif. La variété de ses couleurs prouve l'abondance de ses ressources littéraires.

Si maintenant, après ces éloges mérités, nous osions lui donner un conseil, nous l'exhorterions à fuir Paris. L'air des grandes villes altère peu à peu la santé de sa muse. Comme toutes les véritables déesses, elle aime l'aspect du firmament et le calme des bois. Ne se souvient-il plus de ces entretiens où il nous manifestait un brûlant désir de repos, où il témoignait l'envie de chercher quelque riante solitude, pour y mettre au jour des productions depuis longtemps rêvées. Qu'il laisse donc à jamais notre cité dolente ; qu'il aille sur la montagne où grandissent les pins ! Il y retrouvera les émotions, les plaisirs de sa jeunesse ; il y puisera de nouveaux élans à la source éternelle. Ah ! combien le poète devrait préférer la hutte de l'ermite aux salles brillantes des châteaux ! Combien il devrait se sentir plus heureux loin de nous, sur la borne moussue d'un héritage, avec un ciel pur, un horizon immense devant les yeux, avec une indicible extase au fond de l'âme et son pauvre luth, bien honni, bien battu par les orages, pour chanter ce beau ciel, pour saluer cet horizon immense, pour exprimer la sainte ivresse de son cœur !

Nous terminons cette notice par les morceaux promis au commencement.

Donna Clara.

Aux lueurs du crépuscule la fille de l'Alcade se promène dans le jardin ; un bruit de trompettes et de cymbales y arrive du château.

« Je suis lasse de la danse ; je suis lasse des flatteries et des chevaliers qui me comparent élégamment au soleil.

» Tout m'incommode, tout me fatigue, depuis qu'aux rayons de la lune j'ai vu ce chevalier, dont la mandore m'attira la nuit à ma fenêtre.

« Avec sa taille svelte et son hardi maintien, avec ses yeux brillants et la noble pâleur de son visage, il ressemble vraiment à Saint-Georges. »

Ainsi pensait donna Clara et ses yeux regardaient la terre ; mais lorsqu'elle leva le front, elle aperçut devant elle le beau chevalier inconnu.

Alors, la main dans la main, ils se promènent tous les deux à la clarté de la lune, en échangeant des paroles d'amour. La brise les flatte amicalement, les roses les saluent d'un air fantastique.

Les roses les saluent d'un air fantastique et

s'empourprent comme des messagères d'amour.
— « Dis-moi donc, ma chère, pourquoi deviens-tu si subitement rouge ? »

— « Des mouches m'ont piquée, mon tendre ami, et, durant la chaude saison, j'abhorre autant les mouches que si leurs essaims étaient des bandes de juifs au long nez. »

— « Laisse-là les mouches et les juifs, reprend l'inconnu d'une voix douce. » Des milliers de fleurs blanches tombent en flocons des amandiers.

Des milliers de fleurs blanches répandent leurs parfums dans les bocages. « Mais dis-moi, chère enfant, ton cœur est-il bien épris ? »

— « Oui, je t'aime, beau cavalier ; je te le jure par le Sauveur, que les maudits Juifs ont tué d'une manière sournoise et cruelle. »

— « Laisse-là le Sauveur et les Juifs, reprend l'inconnu d'une voix douce. » Des lys candides, environnés de lumière, se balancent au loin comme dans un rêve.

Des lys candides environnés de lumière, regardent au loin les étoiles du ciel. — « Mais dis-moi, ma chérie, n'as-tu pas fait un faux serment ? »

— « Il n'y a rien de faux en moi, mon bien-aimé, pas plus qu'il n'y a dans mes veines une seule goutte du sang des Maures, ni du sang de l'immonde peuple Juif. »

— « Laisse-là les Maures et les Juifs, reprend

l'inconnu d'une voix douce. » Et vers un bosquet de myrthes, il entraîne la fille de l'alcade.

Et insensiblement il l'entoure comme d'un voluptueux réseau. De brèves paroles, de longs baisers ; leur âme nage dans l'ivresse.

Et un oiseau magique chante dans la ramée une douce, une molle épithalame. Les vers-luisants qui s'agitent forment sur l'herbe une espèce de danse aux flambeaux.

Puis le feuillage devient muet ; les deux amants cachés gardent le silence. Les myrthes discrets et prudents murmurent seuls comme à la dérobée.

Mais tout-à-coup les trompettes et les cymbales résonnent dans le château. Clara s'éveille et s'échappe des bras qui l'entourent.

— « Écoute, mon bien-aimé, l'on m'appelle ; avant de nous séparer, dis-moi le nom chéri que tu me caches depuis si longtemps. »

Et le jeune homme, avec un sourire de satisfaction, baise les doigts effilés de sa maîtresse, baise ses lèvres et ses joues, puis laisse tomber lentement cette réponse :

« Moi, sennora, votre bien-aimé, suis le fils du noble, du savant, du fameux rabin Israël de Sarragosse. »

LES DEUX GRENADIERS.

Deux grenadiers français revenaient de Russie,
Oubliant leur défaite et leur captivité,
Ils songeaient au bonheur de revoir leur patrie,
De revoir ses coteaux et son ciel enchanté.

Mais soudain retentit une affreuse nouvelle :
« La France de ce coup ne guérira jamais ;
» Les Prussiens ont battu son armée immortelle ;
» L'Empereur, l'Empereur est aux mains des Anglais ! »

Et tous les deux, le front penché sur leur poitrine,
Ainsi que des enfants se mirent à pleurer.
« France ! murmura l'un, ta chute est ma ruine ;
» Ma cicatrice saigne et je vais expirer. »

— « Ami, répondit l'autre, il me faut du courage :
» Je ne puis, comme toi, me soustraire au malheur ;
» J'ai ma femme à nourrir, j'ai deux fils en bas-âge ;
» Ils mourront de besoin, si je meurs de douleur. »

— « Eh ! que m'importe à moi tes enfants et ta femme ?
» Laisse-les mendier, s'ils ont faim, laisse-les.
» Un chagrin plus amer empoisonne mon âme :
» L'Empereur, l'Empereur est aux mains des Anglais ! »

« Frère, ne trahis pas ma dernière espérance ;
» Lorsque dans un instant tu m'auras vu mourir,
» Fais transporter mon corps sous le ciel de la France,
» Qu'au sein de mon pays je puisse au moins dormir.

» Promets-moi d'attacher ma croix sur ma poitrine
» Et de m'ensevelir ainsi dans ma fierté.
» Entre mes froides mains place ma carabine,
» Et que mon sabre aussi repose à mon côté.

» Comme une sentinelle au faite des murailles,
» Du sein de mon tombeau j'écouterai toujours,
» Et si j'entends gronder le canon des batailles,
» Et les chevaux hennir ainsi qu'aux anciens jours ;

» Si notre général, qui maintenant succombe,
» Passe au-dessus de moi, le front triste et rêveur,
» On me verra sortir tout armé de ma tombe
» Pour saluer, défendre et sauver l'Empereur ! »

LES PROTECTEURS.

Ils étaient toujours prêts à m'offrir des conseils.
« Je devais, disaient-ils, m'armer de patience ;
» J'étais un homme fort, un homme sans pareils
» Et bientôt ils sauraient me mettre dans l'aisance.

Mais si j'avais compté sur leur protection,
Je serais déjà mort de faim et de misère.
Heureusement qu'ému par mon affliction,
Un digne ami pour moi s'employa comme un frère.

Brave homme ! il me donna de quoi boire et manger !
Je n'oublierai jamais sa bienfaisance extrême.
Que je voudrais pouvoir seulement l'embrasser !
Mais cet homme, messieurs, n'est autre que moi-même.

Louis Uhland.

On pourrait nommer Louis Uhland le dernier des trouvères. Il continue glorieusement ces *chantres d'amour* qui, nés jadis sur la terre souabe, allaient, en pélerins de la poésie, éveiller aux accords de leur guitare les songes endormis dans les cœurs. Fils des temps modernes, il s'est identifié avec une autre époque; il a reconstruit par l'effet d'un pouvoir magique les sombres châteaux de la vieille noblesse allemande. Les lois, les arts, les croyances, les habitudes du moyen-âge se sont ranimés à son ordre ; il a bâti comme une ville fantastique, où se meut en tout sens une population étonnée de revoir le jour. Ici, l'artisan frappe son enclume ; là, le vassal rentre dans sa demeure après une longue guerre ; plus loin, la jeune fille soupire en admirant un chevalier qui passe, le heaume sur la tête. Les vêpres sonnent à la cathédrale, la foule inonde l'immense église, et le poète, après avoir récité comme elle ses prières, s'introduit dans la salle du festin pour y célébrer la vertu des dames, la mignardise des jouvencelles, l'audace et la gloire des puissants barons.

Uhland n'a pas toutefois oublié la vie moderne ; il a su joindre à l'étude des anciennes mœurs un courageux attachement aux droits populaires. Lorsque la nation a eu besoin de son éloquence, il a défendu ses priviléges ; il l'a touchée elle-même par la force et la noblesse de ses discours. Après avoir quitté la tribune, il resta fidèle à son pays ; il chanta, dans le silence religieux des bois, sa grandeur, ses inquiétudes et ses justes désirs. Lui, qui rendait une âme aux générations couchées sous l'herbe des cimetières, doublait encore la voix de la génération présente, en la soutenant du murmure de sa mandoline.

Au reste, nous ne voulons pas caractériser ici le talent spécial qui distingue ses œuvres ; elles ont déjà servi de texte à de nombreux commentaires, et nous avons pensé que le seul moyen de nous rendre utile en pareille circonstance était de mettre le lecteur face à face avec le poète lui-même. Voilà ce que nous avons essayé de faire dans les traductions suivantes :

LA MALÉDICTION DU CHANTEUR.

I.

Autrefois un château couronnait ces hauteurs :
Il dominait la terre, il dominait les vagues ;
Des jardins embaumés l'environnaient de fleurs
Et le chant des oiseaux s'y mêlait aux bruits vagues
Du feuillage inquiet et des sources en pleurs.

Victorieux et fier de ses vastes domaines,
Un monarque habitait ces murailles hautaines.
L'épouvante siégeait sur son front ténébreux ;
Ses regards étaient pleins de sentences prochaines,
Le meurtre ensanglantait ses discours et ses jeux.

Deux ménestrels, voulant fléchir ce cœur sauvage,
Se mirent en chemin. L'un d'eux, blanchi par l'âge,
Mais vigoureux encor, pressait un noir coursier.
L'autre, jeune homme blond, paraissait doux et sage,
Et, quoique sans monture, il suivait le premier.

« Mon fils, dit le vieillard, il y va de la gloire.
» Implore ton patron, cherche dans ta mémoire
» Les plus beaux de nos chants; mon fils, prépare-toi.
» Nos noms des ans lointains braveraient l'ombre noire,
» Si jamais nous pouvions toucher l'âme du roi. »

II.

La foule se pressait dans la salle éclatante ;
Au milieu des vapeurs que répand le sandal,
Sombre comme les feux du pôle boréal,
Le monarque trônait. Près de lui, bienveillante,
La reine avait l'éclat de la lune naissante.

Le vieillard préluda. Sous ses doigts assurés
Les notes s'épanchaient en rhythmes inspirés.
A ces graves accords, à ces flots d'harmonie,
Comme l'ange du soir aux cantiques sacrés,
Le disciple mêlait sa voix jeune et hardie.

Pâle d'émotion, il chantait tour-à-tour
L'âge d'or, le printemps, les grâces de la femme ;
Il chantait la vertu, la dignité de l'âme,
Tout ce qui fait du cœur brûler la sainte flamme,
Tout ce qui dans l'esprit allume un noble amour.

Le courtisan cessa de railler, de sourire ;
Le guerrier insolent courba son front hautain

Devant le Dieu du ciel. Pour la reine, un délire
De joie et de douleur l'oppressait, et sa main
Aux deux chanteurs jeta la rose de son sein.

» Vous séduisez ma femme et ce peuple imbécile, »
Dit le roi furieux, tremblant de tout son corps.
Et son glaive soudain fendit l'air trop docile.
Le jeune homme tomba ; de sa poitrine habile
Le sang jaillit au lieu de célestes accords.

Et le morne auditoire, en voyant apparaître
L'orage inattendu, s'enfuit comme un troupeau.
Le jeune homme expira dans les bras de son maître.
Le vieillard l'entoura des plis de son manteau,
Le mit sur son cheval et quitta le château.

Mais, quand il fut devant la porte extérieure,
Il s'arrêta, saisit son divin instrument,
Sa harpe sans égale, et la brisa sur l'heure
Aux angles d'un pilier ; puis, d'un air menaçant
Il étendit le bras vers l'antre du tyran :

« Malheur à toi ! dit-il, caverne impitoyable !
Qu'une douce chanson ne te charme jamais ;
Que tout bruit dans tes murs devienne lamentable ;
Sois le séjour des pleurs et des cris, ô palais !
Jusqu'au jour où le temps couchera dans le sable

» Tes infâmes créneaux, sur lesquels planera
L'esprit de la vengeance. Et vous, brillants parterres,
L'aspect de ce cadavre, aux livides paupières,
Desséchera vos fleurs et vos eaux salutaires
Et le désert sur vous peu à peu s'étendra.

» Malheur à toi, surtout, meurtrier du poète !
Que la gloire jamais ne couronne ta tête !
Que la haine se lève et s'attache à tes pas !
Sois maudit ! que ton nom ne te survive pas !
Qu'il ressemble aux vains bruits qu'emporte la tempête ! »

Il se tut, et le ciel châtia l'assassin.
Le palais maintenant n'a plus pierre sur pierre ;
Comme pour attester sa richesse première,
Une colonne encor se dresse tout entière ;
Mais elle croulera peut-être avant demain.

Les jardins ont fait place à des landes arides ;
Nul arbre n'y répand son ombre; les ruisseaux
Ont suspendu le cours de leurs ondes limpides
Et, banni des vieux lais qui chantent les héros,
Le nom du roi maudit n'a pas trouvé d'échos.

L'HEUREUSE MORT.

De volupté j'étais MORT dans ses bras
Et je restais ENTERRÉ sous ses draps,
Quand ses baisers me rendirent LA VIE.
RESSUSCITÉ, je vis tout radieux,
LE CIEL s'ouvrir au fond de ses yeux bleus.
O doux trépas ! quel homme ne m'envie ?

LE BOIS PÉRILLEUX.

« Ne descends pas ce soir à travers le bois sombre ;
Tu risquerais ta vie, ô jeune homme imprudent !
— « Dieu nous suit du regard, il nous conduit dans l'ombre ;
Il ne laissera pas égorger son enfant. »

Il disparut bientôt sous la ramée obscure.
Les torrents débordés hurlaient dans les vallons.
Les forêts sur sa tête augmentaient leur murmure
Et la nuit resserrait les pâles horizons.

Et voilà qu'il arrive à la maison du Crime.
Brune, avec des yeux bleus, une captive en sort :
« Quelle fatalité, malheureuse victime,
Te pousse, encor si jeune, au vallon de la Mort ? »

Tout-à-coup les brigands sortent de leur repaire.
La captive les voit et se couvre les yeux.
Ils le frappent au cœur ; son sang rougit la terre
Et son âme en pleurant s'élance vers les cieux :

« Comme le temps est noir ! pas un rayon de lune !
» Secourez-moi, Seigneur ! Seigneur, m'entendez-vous ?
» Viens à moi, jeune fille, ange de l'infortune,
» Viens, reçois mon esprit. Ton regard est si doux ! »

MAUVAIS VOISINAGE.

Je reste dans ma chambre et pourtant mon ouvrage
Ne marche pas du tout, pas même de travers.
Mes livres sont toujours sous mes regards ouverts,
Mais vainement ; jamais je ne tourne la page.

La flûte du voisin m'empêche d'y penser,
J'écoute, malgré moi, sa douce mélodie.
Et puis à la voisine il me faut bien lancer
Quelques regards furtifs : elle est jeune et jolie.

LE CHEVALIER NOCTURNE.

Par une nuit silencieuse et sombre,
Sous mon balcon il vint chanter dans l'ombre.

Là, j'entendis sa harpe soupirer
De ces doux airs qui font presque pleurer.

Voyant venir ses rivaux, de son glaive
Il les frappa sans leur laisser de trêve.

Tous les échos à ce bruit s'éveillaient
Et mille éclairs autour de lui brillaient.

Or, c'est ainsi que l'on doit à sa belle
Prouver le feu dont on brûle pour elle.

Aussi mon cœur, par sa vaillance ému,
Chérit bientôt cet amant inconnu.

A peine l'aube était-elle apparue
Que j'allai voir du balcon dans la rue.

Mais je revins toute pâle d'effroi :
O Vierge sainte ! il était mort pour moi !

LA FILLE DU BIJOUTIER.

I.

Le bijoutier parlait à sa fille chérie.
Ils étaient seuls, près d'eux rayonnaient cent joyaux :
« Hélène, lui dit-il, ces diamants sont beaux,
» Mais aucun ne t'égale, ô perle qu'on m'envie ! »

Un chevalier entra : « Bonjour, cher bijoutier ;
» Bonjour, charmante enfant, que la grâce environne.
» Je voudrais qu'on me fît une riche couronne,
» Une couronne d'or. Je vais me marier. »

Lorsque, digne d'un roi, la commande fut prête,
Hélène, toute pâle et des pleurs dans les yeux,
Suspendant à son bras l'ornement précieux,
Disait en inclinant sa gracieuse tête :

« Heureuse mille fois celle qui doit porter
» Ce diadème au front le jour de l'hyménée !
» Si de fleurs seulement tu m'avais couronnée,
» Quelle serait ma joie, ô mon beau chevalier ! »

Le chevalier revint, admira la couronne :
« Je voudrais maintenant que mon cher bijoutier
» Me fît un riche anneau : je vais me marier.
» Adieu, charmante enfant ; le bonheur t'environne ! »

Digne d'un roi puissant, quand la bague fut prête,
Hélène toute pâle et des pleurs dans les yeux,
Y passant à moitié son doigt capricieux,
Disait, en inclinant sa gracieuse tête :

« Heureuse mille fois celle qui doit porter
» Ce présent de l'amour durant son hyménée !
» Un seul de tes cheveux, moi, pauvre abandonnée,
» M'eût fait mourir de joie, ô mon beau chevalier ! »

Le chevalier revint : « La main-d'œuvre est parfaite
» Et la topaze aussi, dit-il au bijoutier.
» Grâce à toi, maintenant, je puis me marier ;
» Si tu me veux du bien, tu seras de la fête.

» Mais pour mieux voir l'effet que ce don produira,
» Permets que je l'essaie à ta fille. Elle est belle
» Comme ma fiancée ; elle est blonde comme elle,
» Et la même parure à toutes deux ira. »

II.

C'était par un beau jour, le matin d'un dimanche,
Hélène avait pris soin de se bien habiller ;
Des pieds jusqu'à la tête, elle était toute blanche
Et, rêveuse, elle allait à l'église prier.

Soudain elle aperçut, vermeille, embarrassée,
Le chevalier près d'elle. Il lui mit doucement
Sur le front la couronne, au doigt l'anneau brillant,
Et la prit par la main, l'heureuse fiancée.

« Femme selon mon cœur, je cesse un jeu cruel.
» Pardon, je me repens : c'est toi seul que j'aime,
» Ton père, pour toi seule ornait ce diadème
» Et cette bague d'or. Viens, marchons à l'autel.

» Métaux et diamants, tout ce que l'œil admire,
» Dès ta première enfance autour de toi brillait.
» Ce présage était sûr, Hélène : il annonçait
» Qu'un jour vers les honneurs je devais te conduire. »

LA RÉSOLUTION.

Son chemin la conduit vers ce lieu solitaire ;
Je l'attends : aujourd'hui je veux montrer du cœur.
Elle est bonne, elle est simple, et moi seul en ai peur.
Tremblerai-je toujours ? Faut-il toujours me taire ?

Quand chacun la salue avec un air joyeux,
Je n'ose m'avancer, je les regarde faire ;
De ces yeux ravissants que cherchent tous les yeux,
Je désire et ne puis contempler la lumière.

L'oiseau, qui, dans nos bois, chante en l'apercevant,
La fleur, qui, dans nos prés, s'incline devant elle.
Lui disent leur amour, lui disent qu'elle est belle.
Pourquoi resté-je seul indécis et brûlant?

Durant de longues nuits, déplorant ma faiblesse,
J'ai supplié le ciel d'avoir pitié de moi.
Que ne me donnait-il assez de hardiesse
Pour lui dire : Je t'aime et je n'aime que toi !

Je vais me reposer à l'ombre de ce chêne ;
Elle doit près de là passer dans un instant :
Alors je parlerai comme on parle en rêvant,
Et je l'appellerai ma chère et douce reine.

Ensuite... mais, hélas ! quel trouble ! quel frisson !
Je l'entends, elle vient, et me verra sans doute.
O dieux ! laissez-moi fuir derrière ce buisson ;
Je la regarderai continuer sa route.

L'ÉTUDIANT.

PLAINTES D'AMOUR.

A Salamanque un jour, le livre en main,
Je parcourais un jardin solitaire ;
Le rossignol chantait dans le lointain,
  Moi, je lisais Homère.

C'était l'instant où, devant les vieillards
Hélène passe éclatante et sereine.
Ses traits charmants, sa démarche de reine
    Enchantent leurs regards.

Leur barbe en vain argente leur poitrine,
Car chacun d'eux se prend à l'admirer :
« On voit qu'elle est d'une race divine ;
    » Il la faut adorer. »

Et tout entier, plongé dans ma lecture,
J'oubliais l'heure et le bruit des ruisseaux,
Lorsque soudain j'entendis un murmure
    Au milieu des rameaux.

Sur le balcon d'une maison prochaine,
Je vis paraître avec étonnement,
Près d'un vieillard, une image d'Hélène ;
    Un ange assurément !

Mon cœur battit d'espérance et de joie.
Quant au barbon qui la mangeait des yeux,
J'aurais juré qu'il revenait de Troie.
    Il était curieux !

Depuis ce temps, mon âme prise au piége,
Me ramenait toujours vers la maison.
Comme les Grecs, je mis bientôt le siége
    Devant mon Ilion.

Aussi, je puis l'assurer sans figure :
Sous son balcon, durant un long été,
Quand la rosée humectait la verdure,
  J'ai mille fois chanté.

J'ai mille fois chanté sur la mandore
Le doux chagrin dans mon cœur répandu ;
J'aurais ainsi chanté jusqu'à l'aurore,
  Si l'on n'eût répondu.

Pendant six mois, notre âme vive et tendre
Ne fut qu'extase et murmures d'amour.
Le vieux tuteur ne pouvait nous entendre :
  Il était presque sourd.

Quand le soupçon, la morne jalousie
Le réveillaient, son oreille à nos vœux
Restait fermée, ainsi qu'à l'harmonie
  Des sphères dans les cieux.

Mais une nuit, que l'ombre était affreuse,
Nuit où le vent sifflait dans les bouleaux,
Je répétai ma complainte amoureuse,
  Les yeux sur ses vitraux.

Hélas ! hélas ! une vieille édentée,
La nymphe Echo, blottie au fond des bois,
Répondit seule, et sa voix effrontée
  Contrefaisait ma voix.

Elle avait fui, mon amante inconnue !
Elle avait fui ses livres et ses fleurs,
Laissant l'oiseau gémir dans l'avenue
    Que j'inondai de pleurs.

Et j'ignorais, effroyable mystère !
De quel doux nom je devais la nommer ;
Car elle avait fait serment de le taire,
    Bien avant de m'aimer.

Moderne Ulysse, errant à l'aventure,
Je résolus de chercher en tous lieux,
Et de laisser dormir, sous la reliure,
    Homère avec les dieux.

Ainsi je vais, emportant ma mandore,
Et quand je vois, la nuit, sur un balcon,
Luire un vitrail qui s'anime et se dore,
    Je reprends ma chanson.

Mais c'est en vain ; ma plaintive romance
Ne produit plus les effets d'autrefois :
La vieille Écho raille mon espérance
    Et contrefait ma voix.

LA MÈRE ET L'ENFANT.

LA MÈRE.

Si les anges au ciel ont enlevé ton frère,
C'est qu'il n'a jamais fait de peine à sa mère.

L'ENFANT.

De crainte que l'un d'eux ne vienne m'emporter,
Mère, apprends-moi comment je puis te tourmenter.

HISTOIRE

DE

LA PEINTURE EN ALLEMAGNE.

Histoire de la Peinture en Allemagne.

L'histoire de la peinture en Allemagne, que nous soumettons au jugement du public, est la seule qui existe dans notre langue. Quels que soient donc ses défauts, elle a pour elle l'avantage de ne pas craindre la supériorité d'une rivale. Les livres publiés chez nous ne donnent que très peu de renseignements sur l'art germanique. Sauf un petit nombre de lignes écrites par Félibien et d'Argenville, plusieurs biographies rédigées par Descamps et des articles de revues, nous ne possédons rien à cet égard ; quand nous avons mentionné Dürer, nous sommes au bout de notre science. Les vieux peintres de Cologne, de la Saxe, de la Bavière dormiraient dans un profond oubli, si nous étions leurs seuls admirateurs. Que dire des figures qui ornent les manuscrits du moyen-âge? Savons-nous quel mérite spécial les distingue? savons-nous à quel point on y retrouve les caractères du génie allemand? savons-nous quels buts se proposaient les dessinateurs, quand ils en traçaient les lignes naïves, gracieuses ou fantastiques? Bien loin de là, nous ne soupçonnons pas même leur existence : c'est le désir de la révéler qui m'a fait prendre la plume. Les élèves des Dürer, des Cranach, des Holbein ne jouissent, parmi nous, d'aucun renom; plusieurs cependant ont la verve et l'habileté des grands-maîtres. La nuit qui les entoure ne sera pas dorénavant aussi complète. Nous donnerons aussi des détails sur les écoles modernes.

Au reste, cette histoire ne nous a pas coûté grand'peine. C'est des écrivains allemands que nous avons tiré presque tous les faits, et, dans la plupart des cas, nous avons traduit mot pour mot. A ce fond recommandable, nous avons joint des observations personnelles, des circonstances ignorées de nos guides ; nous avons, en outre, pris le soin de coordonner le tout. Il est inutile de dire que Kugler, Fiorillo, Raczinsky et Johanna

Schopenhauer sont les auteurs dont nous avons mis le plus souvent les pages à contribution.

Premières tentatives.

L'histoire de la peinture en Allemagne présente au narrateur de très grandes difficultés. Dans tous les pays, les œuvres sur toile ou sur bois opposent moins de résistance que les édifices et les statues à l'action destructive du temps ; elles sont plus vite anéanties et font plus souvent place à de nouvelles productions. Mais, outre cet inconvénient général, il faut avoir égard, relativement au sort de l'art germanique, à une circonstance qui a exercé sur ses ouvrages une influence pernicieuse ; je veux parler de la Réforme, qui, tout en conduisant la nation vers les progrès des temps modernes, traita l'art plastique d'une manière hostile, et le punit d'avoir illustré les anciennes doctrines. Une violence ouverte et une rage aveugle d'un côté ; de l'autre, une dédaigneuse indifférence, se réunirent pendant trois cents ans pour anéantir ce que l'âge antérieur avait laissé de remarquable et de beau. Ce fut seulement au dix-neuvième siècle que quelques-uns, discernant les motifs de cette guerre iconoclaste, osèrent se porter les champions du génie, et, guidés par une étude impartiale, ressusciter les anciens jours, en recueillant les débris du passé. L'investigation rencontre sans doute aujourd'hui de nombreuses et d'importantes lacunes dans les œuvres de ces temps, et les descriptions qui nous restent d'ouvrages maintenant détruits ne servent qu'à faire sentir la grandeur de leur perte. Il manque sur ceux mêmes qui subsistent encore beaucoup de travaux préparatoires et menés à fin par une sage critique. On ne saurait donc, pour l'heure, offrir un tableau satisfaisant des premières époques de l'art en Allemagne. Les considérations suivantes ne sont qu'une imparfaite esquisse, tracée tant d'après certains écrits préliminaires que d'après des recherches et des études personnelles. — Vu le manque d'ouvrages spéciaux et plus importants, nous aurons surtout égard, pour les premières périodes, aux figures des manuscrits. Elles existent en plus grand nombre que les autres, et on peut déterminer leur âge d'une manière générale, à l'aide de circonstances extérieures et accessoires, bien qu'aucune date n'indique l'époque de leur composition.

Si l'on veut obtenir un résultat valable, il ne faut pas remonter plus haut que les Carolingiens, pour chercher les commencements de l'art plastique en Allemagne. Les restes du paganisme primitif, qu'on trouve dans les tombeaux des anciens habitants, et qui révèlent assez souvent une heureuse entente de la forme et un certain goût (les vases d'argile aussi bien que les travaux de bronze), prouvent, à la vérité, l'existence d'une disposition artistique; cependant on ne découvre encore dans ces restes, qui appartiennent tous aux premiers moments de la civilisation, aucune trace de ce sentiment élevé de l'art, qu'accompagne toujours l'imitation de la nature. Il semble que les colonies romaines, fixées sur le Rhin et sur le Danube, durent imprimer aux tribus voisines de leurs séjours une forte impulsion; mais ces colonies établirent ici, comme dans les autres provinces, des camps hostiles et séparés, au centre même des communications proprement nationales, et la légère influence, qu'elles exercèrent peut-être autour d'elles, fut neutralisée par les tumultueuses migrations des barbares. Nous pourrons donc tout au plus reconnaître dans les habitants des vallées du Rhin et du Danube une disposition naturelle pour l'étude de l'art, et une certaine facilité à se pénétrer de la civilisation antique.

Charlemagne avait réuni et transporté au-delà des Alpes les derniers éléments de l'art romain, tels qu'ils s'étaient métamorphosés par suite des temps et au milieu des idées nouvelles. Ils entretinrent encore, sous ses successeurs, une école particulière : les miniatures de quelques beaux manuscrits du neuvième siècle en offrent un témoignage irrécusable. Il ne nous a été conservé aucune des œuvres les plus importantes de cette manière, telles que les peintures murales historiques dont Charlemagne avait fait décorer son palais d'Aix-la-Chapelle. Nous pouvons assurer, sans crainte d'erreur, que le même goût, qui dominait au centre de l'empire, se propagea dans tous les lieux où se manifestait le désir d'ornements pittoresques, et s'introduisit avec le christianisme en Allemagne. Un manuscrit, peu intéressant du reste, mais auquel le manque d'autres exemples donne une grande valeur, prouve cette importation. Il fut exécuté sur parchemin en 814 ou 815; tiré du couvent de Wessobrunn, il se trouve maintenant à la bibliothèque de la cour, à Munich; ainsi que plusieurs autres, il contient la fameuse prière de Wessobrunn, l'un des plus anciens monuments de la poésie allemande. Dans la première partie, une suite d'images servant à expliquer le texte, représente les diverses circonstances dont furent entourées la découverte et la conservation de la vraie croix : ce sont des dessins à la plume, très rudes, exécutés d'une main peu sûre, et enluminés çà et là, sans art, d'un petit nombre de couleurs, qui se sont en outre altérées. Toutefois, on y observe encore un certain sentiment de la forme, ainsi qu'une apparence de dignité dans l'agencement des plis : ces derniers ont même un air antique, à peu près comme les figures de l'histoire de Josué, dans le fameux rouleau du Vatican.

La bibliothèque de la cour, à Munich, offre un autre exemple remarquable de l'influence carolingienne en Allemagne. Ce sont les miniatures d'un missel, à la date de 1014, donné par l'empereur Henri II, et venant de la cathédrale de Bamberg. Quoique dès cette époque le style paraisse déjà subir une plus sévère influence, elles ont presque le même caractère que les figures du célèbre évangile de saint Emmeran, à la date de 870, qui, vers la fin du neuvième siècle, fut transporté de France au-delà du Rhin. On y voit bien les premières traces de l'art plus austère qui naissait alors; mais la ressemblance est tellement forte que la seconde peinture de l'ouvrage offre une copie littérale du grand portrait de l'empereur, contenu dans le manuscrit de saint Emmeran, de sorte que le peintre devait nécessairement avoir le dernier sous les yeux et s'en servir comme d'un modèle.

Outre le manuscrit de Wessobrunn, l'Allemagne en possède quelques autres du neuvième siècle, ornés de miniatures, qui, par l'empâtement des couleurs, ainsi que par plusieurs caractères du dessin, ont un très grand rapport avec les magnifiques travaux exécutés à la cour des Carolingiens, et comme ces derniers rappellent encore faiblement la technique ancienne. Tels sont : un manuscrit des Évangiles, tiré du couvent de Scheftlarnn, et qui se trouve dans la bibliothèque de la cour, à Munich; un autre manuscrit des Évangiles, qu'on voit dans l'église collégiale de Quedlinbourg, etc., etc. Suivant quelques-uns, ce dernier appartiendrait au commencement du dixième siècle, et serait un présent du roi Henri Ier à la nouvelle église. Quelle que soit la rareté des œuvres de l'art à cette époque, celles que nous possédons offrent un assez grand nombre de motifs analogues à ceux de la période carolingienne. On peut encore citer, pour spécimens, les figures d'un autre évangéliaire conservé à Munich, et celles de deux manuscrits de la bibliothèque publique de Bamberg. Cependant on reconnaît en même temps dans ces ouvrages, dans les deux premiers surtout, des traits qui annoncent déjà le caractère maniéré du onzième siècle. Ce caractère paraît devoir son origine à l'art byzantin. Nous supposons qu'un style pareil dominait dans les œuvres plus considérables de l'époque, telles que le triomphe du roi Henri Ier sur les Hongrois, exécuté par ordre de ce monarque en son palais de Mersebourg : il semblait si prodigieux aux contemporains, qu'ils y voyaient plutôt une scène réelle qu'une représentation fictive. Les restes de peintures murales, qui ornent les piliers de l'ancienne église de Memleben, sur l'Unstrut, ont été pendant long-temps, mais à tort, jugés du onzième siècle : le style de ces peintures prouve évidemment qu'elles n'ont pu être faites, en aucune manière, avant le commencement du treizième.

Les manuscrits cités plus haut, et qu'on doit regarder comme des modèles de l'habileté germanique au neuvième et au dixième siècles, nous semblent, d'après ce que nous en avons vu, peu susceptibles de former le goût et l'œil d'un peuple, ou de rendre l'âme sensible aux effets poétiques. Quoi qu'il en soit, si nous nous représentons la société de cette époque, se dégageant avec peine des dernières entraves de la barbarie, l'absence complète d'images, et le manque absolu d'idées sur la signification profonde de l'art, trait commun à tous les peuples enfants, nous reconnaîtrons que ces travaux avaient les qualités nécessaires pour atteindre leur but direct. Car, si leur exécution est lourde et grossière au plus haut degré, ils n'en étaient pas moins propres cependant à rendre manifeste la possibilité d'une imitation plastique, et à impressionner le barbare plus fortement que la lettre morte. Ils conservaient d'ailleurs les traces de l'art antique; ils pouvaient accoutumer l'œil au moins à la naïveté et à la simplicité de la composition, et devaient nécessairement, par quelques intentions idéales, disposer l'âme du spectateur à considérer le monde de l'art comme une sphère plus élevée que celle de l'existence quotidienne.

Le mariage de l'empereur Othon II avec la princesse grecque Théophanie, en alliant la cour impériale et celle de Byzance, paraît avoir eu sur les progrès de l'art allemand une action plus importante, et avoir éveillé un désir plus général de posséder des œuvres plastiques. Byzance seule conservait, à cette époque, malgré sa lamentable décrépitude, une technique satisfaisante. L'art y servait en cent manières aux besoins les plus délicats de la vie ; et avec l'étiquette et le luxe des Grecs, leur goût pour les beaux-arts dut s'introduire en Allemagne. On peut se faire une idée du zèle qu'on mettait à les apprendre et à les cultiver, individuellement au moins et parmi les classes supérieures, par l'exemple de saint Bernard, évêque d'Hildesheim, vers la fin du dixième siècle. Cet homme actif dirigea l'exécution d'un grand nombre de travaux, et, dans ses voyages, il était toujours accompagné d'artistes, auxquels il faisait copier tous les ouvrages distingués qui s'offraient en chemin.

Une série de manuscrits du onzième siècle, fort beaux pour la plupart, et dont les images dénotent visiblement l'influence byzantine, est parvenue jusqu'à nous. Les plus importants de ces manuscrits, qui se trouvent maintenant à la bibliothèque de la cour, à Munich, viennent du trésor de la cathédrale de Bamberg, pour laquelle de grands seigneurs les firent sans doute exécuter, et peut-être sont-ils, en grande partie, des dons de l'empereur Henri II. Il en existe aussi quelques-uns à la bibliothèque publique de Bamberg et en divers autres lieux. Le style particulier et la manière spéciale de ces travaux les distinguent, de la façon la plus nette, des ouvrages produits pendant la période carolingienne : ils semblent, d'un côté, beaucoup plus gracieux ; de l'autre, beaucoup moins importants. Si, malgré l'hésitation du dessin et la grossièreté des détails, on trouve encore, dans les premiers, un certain sentiment du beau ; s'ils suivent encore les lois générales de l'organisation humaine, et conservent aux draperies un air grandiose, ici ces avantages disparaissent totalement. Les personnages sont contournés et rabougris ; il règne dans la marche des lignes un arbitraire, dans les formes une bouffissure, qui surprennent au dernier point, et que peut seule expliquer l'influence de modèles étrangers. Ceux-ci supposent à leur tour une dégradation intérieure et morale de l'homme au milieu d'une vie stagnante, comme l'était celle de l'empire byzantin. Malgré ces défauts, les lignes, tracées d'une main sûre, sont bien arrêtées. La manière d'appliquer les teintes est aussi différente : des couches sèches remplacent l'abondance pâteuse, et continuent, par la suite, à se montrer dans la miniature proprement dite ; mais on voit en même temps le soin le plus délicat et le plus minutieux, le fini le plus achevé, distinguer le coloris : ce qui contraste, de la façon la plus énergique, avec l'hésitation du pinceau carolingien. Cette fois, la différence est à l'avantage de leurs successeurs. Mais ce qui surprend encore plus que cette élégante exécution, c'est le jeu particulier, et pour ainsi dire fantasmagorique, des couleurs : on le remarque surtout dans les fonds. Là, on voit alterner, derrière les figures, des lignes de nuances tendres et amorties l'une par l'autre ; elles s'harmonisent bien ensemble et produisent sur l'œil une impression tout à fait agréable. Ces défauts et ces qualités techniques reconnus, il faut ajouter que les compositions particulières révèlent des pensées ingénieuses, personnifiées sous des traits symboliques, conformément à l'état peu avancé de l'art. Malgré la rudesse du dessin, la pose et les gestes trahissent des intentions dignes d'éloges.

Pour faire mieux comprendre ce qui vient d'être dit, nous allons décrire les images d'un évangéliaire. Après le calendrier qui se trouve généralement en tête des manuscrits de ce genre, et dont les mois sont divisés comme d'habitude par des colonnes surmontées d'arceaux, une peinture allégorique d'un caractère particulier annonce la teneur générale du livre. Au centre d'un arc-en-ciel de forme elliptique, le Christ est représenté devant un arbre, dont il saisit une branche de la main gauche, pendant que de la droite il tient un globe, symbole de la puissance. Les

rameaux portent de petits fruits rouges et des
feuilles semblables à des champignons. L'artiste,
sans aucun doute, a voulu figurer l'arbre de la
science, dont le bois servit, selon la vieille légende,
à faire la croix de Jésus. Dans l'intérieur de l'arc-
en-ciel, à la droite du Christ, resplendit le soleil,
tête rouge avec des rayons ; à gauche, le croissant
de la lune se dessine en bleu : Uranus, tête de
vieillard légèrement azurée, grimace vers le haut.
Sous les pieds du Christ, une femme brune, à demi
nue, embrasse la tige de l'arbre. A l'extérieur,
aux quatre points correspondants, les quatre
évangélistes, ou plutôt les emblèmes qui les
représentent, sont portés par des figures verdâtres
en forme de syrènes. Ces dernières, ainsi que nous
l'apprend le texte placé en regard de l'image,
indiquent les quatre fleuves du paradis ; les fleuves
de la terre leur doivent leurs eaux, et, d'après la
vieille symbolique, ils désignent les quatre évangélistes. Des lignes d'or entourent l'arc-en-ciel ; à
l'intérieur, le fond est d'un vert-lilas, qui devient
bleuâtre sur le bord ; à l'extérieur, il est lilas ; il
passe au rose dans le haut, et au vert dans la
partie opposée. Ainsi que tous les évangéliaires de
la même époque, celui-ci offre, devant chaque
évangile spécial, l'image de l'évangéliste. On le
représente assis à son pupitre ; chaque figure est
accompagnée de deux colonnes, qui portent sur
une frise horizontale une inscription explicative ;

plus haut règne un cintre surbaissé, qui renferme toujours l'emblème de l'évangéliste, et à côté un dessin rappelant le sacrifice de Jésus. Là se font remarquer des intentions pleines de sens. Ainsi, tandis que près du lion de Saint-Marc on voit le Christ sortant du tombeau, l'évangéliste lui-même, dans le bas de la miniature, regarde en haut et lève les mains avec un geste d'étonnement, que l'inscription explique par ces deux vers :

Ecce leo fortis, transit discrimina mortis :
Fortia facta stupet Marcus qui nuntia defert.

Luc, au-dessus duquel est peint un agneau mourant, baisse, au contraire, les yeux et laisse pendre le phylactère sur lequel il se préparait à écrire. Quelques manuscrits renferment une grande quantité de scènes historiques, dont les sujets sont tirés de la Bible; mais les fautes de dessin choquent plus vivement dans ces compositions que dans les précédentes, parceque l'importance et la valeur des images dépendent ici exclusivement de la forme.

Nous pouvons considérer l'ensemble de ces produits comme formant une seconde période de l'art germanique. Le soin de l'exécution, le jeu brillant de la lumière et des couleurs se montrent ici pour la première fois. La recherche excessive du dessin (qu'il faut attribuer à l'influence étrangère d'un art corrompu, et qui diffère entièrement de la contrainte typique d'un style primitif) pouvait, à la vérité, constituer un élément funeste, si les résultats en avaient été profonds et étendus. Nous ne croyons cependant point qu'elle ait exercé par la suite une action considérable. Le sentiment de noblesse que trahissaient les productions carolingiennes, et qu'elles répandirent généralement, suffisait, avec la rectitude du goût particulier des artistes, pour protéger l'art contre cette cause pernicieuse. Les ouvrages que nous avons décrits plus haut, quelques-uns du moins, montrent suffisamment de quelle manière la pensée originale et créatrice, s'emparant de ces moyens, sut bientôt les faire tourner au profit de l'art.

Dès l'époque où furent exécutées les œuvres que nous venons de mentionner, c'est-à-dire dès la première moitié du onzième siècle, on remarque l'apparition d'un autre style dans la peinture allemande : c'est celui qui domina pendant tout ce siècle et le suivant jusqu'aux premières années du treizième. On voit alors généralement cesser la recherche, les signes d'abâtardissement maladif, l'arbitraire dans le dessin des figures ; ou, s'ils se montrent encore, ce n'est plus que secondairement et par des traits de détail. La forme suit désormais une sévère règle typique ; partout se manifeste le désir d'arrêter les contours avec précision, et de les disposer dans un ordre habile. Les lois de l'harmonie organique du corps humain ne sont pas encore observées ; on n'y parvint que plus tard. Mais une rigoureuse symétrie règne dans les plis des vêtements et dans le dessin des objets secondaires, tels que les animaux et les végétaux. Ces derniers sont même tout à fait traités en manière d'arabesques. Celles-ci, c'est-à-dire l'association fantastique d'objets divers par leur nature, s'y montrent également, et, pour la première fois, avec quelque importance. L'art de cette époque est, avant tout, fondé sur un principe architectonique ; que ses ouvrages ornent les murailles ou embellissent les livres, ils ont toujours un caractère de décoration. C'est son premier éveil original ; et ici, comme ailleurs, lorsqu'il fait ses premiers pas, il adopte une sévère méthode, qui ne concerne à la vérité que la forme extérieure, et n'embrasse point encore les lois profondes de la nature organique, mais qui, dès lors, limite utilement la fantaisie près de s'égarer dans le monstrueux. Cependant les nobles types des anciens, conservés par des modèles secondaires, types dont les œuvres carolingiennes offrent surtout les traces, et qui forment également la base de l'art byzantin, figurent encore ici, et, grâce à eux, cette symétrie extérieure est accompagnée d'élévation et de sentiment. La netteté, la délicatesse d'exécution, l'éclat de couleur que nous avons remarqués dans les manuscrits de Bamberg cités plus haut, dominent au même degré dans les travaux de cette école, au moins dans les miniatures ; il faut, sans aucun doute, attribuer cette circonstance à l'imitation des Néogrecs. On a coutume de nommer la manière de cette époque style byzantin, et il est vrai que par sa roideur il s'en rapproche davantage que du style plus libre des Carolingiens ; il a de nombreuses similitudes avec les ouvrages de la période qu'on désigne de la même manière en Italie. Cependant il n'est pas probable que l'Allemagne ait imité volontairement et en connaissance de cause l'art de Constantinople. Cette analogie fut plutôt une nécessité du développement de l'art germanique, et l'on trouve dans les ouvrages de ce temps de nombreux exemples d'une conception originale et profonde.

Il existe peu de manuscrits du onzième siècle ornés de miniatures byzantines ; quelques-uns, toutefois, remontent à l'époque la plus ancienne. La bibliothèque de la cour, à Munich, en possède un, exécuté par Ellinger, abbé de Tegernsee. C'est un livre d'évangiles qui contient les images des quatre auteurs. Les figures sont durement dessinées, les draperies tombent à grands plis droits et simples ; la couleur ne manque pas de délicatesse. Ellinger gouverna son cloître de 1017 à 1048.

et éternisa sa mémoire par les travaux qu'il y fit exécuter; on peignit les voûtes et on agrandit la crypte d'après ses ordres. Dans un manuscrit de Pline, c'est lui qui doit avoir esquissé sur la marge les animaux dont parle le texte. Ces dessins, où il s'agissait surtout de saisir l'esprit de la nature, seraient intéressants pour l'histoire de l'art. Il faudrait seulement s'assurer que le livre existe encore.

Les ouvrages ainsi ornés se multiplient considérablement au douzième siècle. Dans quelques-uns l'exécution est plus négligée, la conception plus pénible et sans caractère propre; dans d'autres, au contraire, les formes portent, malgré la roideur du dessin, un cachet de dignité calme et sérieuse. On en voit dont les embellissements sont presque tous tracés à la plume et chargés de couleurs seulement en un petit nombre d'endroits. Le coloris, dans quelques autres, est appliqué avec un grand soin, et l'on y observe un désir manifeste d'arrondir les formes au moyen de l'ombre et de la lumière. Les objets ont donc une certaine saillie. La plupart des images, nommément celles des évangéliaires, ne représentent que des saints. Beaucoup cependant retracent des sujets variés et d'un genre spécial. L'activité intellectuelle de l'artiste se révèle ici de nouveau par des allégories significatives et des traits emblématiques. Un évangéliaire très brillant, que pos-

sède la bibliothèque de la cour, à Munich, et qui
vient du couvent de Niedermunster, à Ratisbonne,
offre des exemples curieux de cette symbolique
pittoresque. On voit, au commencement du manuscrit, différentes représentations mystiques et
allégoriques, enrichies de superbes décorations
marginales et d'un grand nombre d'inscriptions.
Parmi ces images, nous allons en décrire une
qui peint Jésus triomphant. Le Rédempteur est
au milieu, sur la croix ; ses pieds sont cloués à
une planche ; une étole sacerdotale rouge enveloppe son corps, et son front porte une couronne
royale. Un peu plus bas, aux deux côtés de
l'instrument déicide, on remarque, à gauche,
une femme richement vêtue et ceinte d'un diadème orné de petites croix : c'est la Vie ; à droite,
la Mort, toute pâle, les cheveux hérissés ; un voile
cache à demi sa figure, une plaie profonde saigne
à son cou. Elle est nue jusqu'au milieu du corps
et semble près de défaillir. D'une main elle
tient une lance, de l'autre une faux brisée ; un
dragon, qui s'élance du pied de la croix, paraît la
mordre au bras. La feuille porte des deux côtés de
moindres images ; on voit en haut, sur la droite,
le soleil et la lune qui s'obscurcissent, le Nouveau
Testament, sous les traits d'une femme couronnée, avec le calice de la cène sur sa couronne et
tenant l'étendard victorieux ; à gauche, l'Ancien
Testament cache son visage dans la bordure. Il

tient à la main le livre de la loi et le couteau du sacrifice. En bas on remarque, du côté droit, les morts ressuscités; le côté gauche montre le voile du temple qui se déchire. On trouve dans le reste du manuscrit l'image de l'évangéliste en tête de chaque évangile; leurs emblèmes spéciaux, conformes à la symbolique déjà mentionnée, brillent au-dessus d'eux. Ce sont les quatre fleuves du paradis, représentés individuellement sous les traits d'un homme nu, le front chargé de deux cornes, et s'appuyant sur une urne. Toutes les figures de ce manuscrit sont peintes avec beaucoup de délicatesse, et une certaine connaissance de l'anatomie se fait déjà voir dans le dessin.

Vers les dernières années du douzième siècle, et au commencement du treizième, l'art allemand déploie, pour la première fois, une grande originalité. L'artiste observe la multitude des phénomènes extérieurs, et quoiqu'il s'astreigne souvent à une exactitude beaucoup trop minutieuse, il se distingue par le soin qu'il met à reproduire les individus et leurs rapports. Il s'efforce de peindre les hommes tels qu'ils lui apparaissent, divers de rang et de conditions; les guerriers sous leurs ornements militaires, les femmes avec leurs pompeuses parures; les relations sociales, les dispositions de l'âme et les changements qu'elles opèrent dans le corps; la puissance des passions; enfin le calme de la mélancolie. Malgré l'imper-

fection extrême de ses moyens, malgré l'absence
de vie intime et bien caractérisée, il parvient, en
général, à exprimer clairement ses conceptions.
La forme humaine perd en même temps de sa
roideur architecturale, bien qu'elle décèle encore
l'influence du style byzantin ; on aperçoit l'intention de reproduire l'harmonie organique dans ses
rapports généraux. La draperie commence à s'appliquer aux membres et à suivre leurs mouvements. En un mot, de nombreux essais manifestent une aspiration à la beauté, à la grâce, à une
dignité idéale. Pour cette dernière, ce furent
encore les types légués par les anciens, qui imprimèrent au sentiment des artistes cette noble
direction.

Les peintures de divers manuscrits nous font
connaître cette nouvelle période de développement. Nous citerons en première ligne le magnifique ouvrage intitulé *Hortus deliciarum,* recueil
de passages tirés des Pères de l'Église, des écrivains ecclésiastiques et d'autres livres. Il fut exécuté vers la fin du douzième siècle dans le couvent
d'Hohenburg, en Alsace, et se trouve maintenant
à la bibliothèque de Strasbourg. Il est orné d'un
grand nombre de miniatures, qui expliquent le
texte, et retracent des sujets, des emblèmes
sacrés ou des scènes de la vie réelle. Ces dernières
ont fourni l'occasion de montrer les costumes
et les mœurs de l'époque dans leur multiplicité

pittoresque. L'exposition est trop concise en général, mais surtout dans les allégories compliquées, et a besoin d'un grand nombre d'inscriptions pour devenir intelligible. Cependant les figures des saints y sont traitées à la vieille manière chrétienne, et possèdent généralement un caractère grandiose de calme et de dignité. On remarque, en outre, dans ces images des inventions pleines de sens et d'une hardiesse étonnante. Nous citerons entre autres la représentation de l'Orgueil (*Superbia*) sous la forme d'une femme richement vêtue. Elle monte un cheval recouvert d'une peau de lion, et brandit une lance, pendant que ses habits flottent au vent.

Une école particulière de miniature semble s'être développée dans les cloîtres de la Bavière supérieure. Ses travaux ne consistent le plus souvent qu'en dessins à la plume; seulement les nudités se distinguent de la draperie, ou même les parties des vêtements sont différenciées au moyen d'une encre rouge. Les personnages offrent rarement d'autres couleurs, mais les fonds sont toujours peints et entourés de bordures polychromes. Parmi ces œuvres, il faut compter le manuscrit de l'Énéide allemande, de Henri de Weldeck, écrit vers l'an 1200, et qui, venu de la Bavière, se trouve maintenant à la bibliothèque royale de Berlin. Les miniatures de ce livre représentent, dans une suite nombreuse de figures, les événements que raconte le poème. Elles brillent en général par le soin avec lequel y sont dessinés les costumes et autres détails. Néanmoins, sous le rapport de la beauté, elles ne soutiendraient pas la comparaison avec celles de l'*Hortus deliciarum*. Plusieurs figures trapues rappellent même les manuscrits de Bamberg, cités plus haut. Cependant ces images empruntent à une autre circonstance un intérêt particulier, relativement à l'histoire de l'art en Allemagne. Les mains des individus expriment ici par leurs mouvements un langage mimique d'une conception originale, qui expose d'une manière claire et parfaitement intelligible les diverses circonstances du dialogue, de même que les passions des personnages. Lorsqu'il s'agit de peindre la souffrance solitaire de l'amour ou le regret d'un objet aimé, la douleur est fort bien rendue par une torsion convulsive des mains.

Un autre manuscrit de la même période, qui renferme le beau poème allemand de Werinher, diacre au couvent de Tegernsee, poème dont la vie de la Vierge forme le sujet, contient des images beaucoup plus importantes. Ces dessins méritent, quant à la forme, à peu près les mêmes éloges que ceux de l'*Hortus deliciarum*; ils les surpassent même quelquefois par une grâce et une naïveté paisibles, qui se montrent surtout aux endroits où il fallait exprimer une disposition joyeuse et sereine de l'âme : ainsi, par exemple, dans un groupe de bienheureux qui apparaît au milieu d'une vision de Marie. D'autres images qui forçaient l'artiste à rendre des affections passionnées, et principalement des affections douloureuses, sont du plus grand mérite. Malgré la faiblesse de ses moyens, il a su mettre dans la pose, dans les gestes et dans la draperie, un sentiment tragique tellement vrai, qu'il doit causer une extrême surprise, surtout si l'on se reporte à cette période lointaine. Les plus excellentes miniatures de ce genre sont : un tableau des damnés, qui, cette fois encore, apparaissent à Marie dans une vision; ils sont liés l'un à l'autre par des chaînes brûlantes, et des tortures intérieures les chassent çà et là ; une autre composition, où l'on voit se lamenter les mères de Bethléem, après le meurtre de leurs enfants : l'une déchire ses habits; une autre, assise à terre, appuie sa tête sur sa main ; une troisième se tord les bras; une quatrième les lève vers le ciel avec un mouvement énergique, et semble se plaindre à lui du forfait horrible qui vient d'avoir lieu, etc., etc.

Aux œuvres déjà citées il faudrait joindre, comme indice d'un plus haut degré de développement, les dessins d'un moine du couvent de Scheyern, nommé Conrad. Ce religieux est connu par un grand nombre de savantes productions, et vivait au milieu du treizième siècle *. Comme il était à la fois artiste et chroniqueur, il peignait avec soin les titres de ses livres. Il composa entre autres une histoire de l'Église, dans laquelle il dessina les sept arts libéraux. Il décora une astronomie de la figure de Ptolomée observant les étoiles. Enfin, il exécuta son propre portrait, et se représenta en robe brune, agenouillé devant un simulacre de la Vierge. Au-dessous, il traça les mots suivants : *Fr. Conradus, peccator, auctor et scriptor hujus operis*. Il passe pour avoir terminé plus de trente ouvrages. La bibliothèque de la cour, à Munich, possède plusieurs manuscrits qu'il orna ainsi lui-même. Un bréviaire, *lectionarion*, mérite surtout l'attention. Au commencement de ce manuscrit, on voit plusieurs grandes figures apocalyptiques, puis deux légendes représentées dans une suite de petites images ; l'une d'elles est l'histoire de Théophilus, la plus ancienne forme connue de la tradition de Faust. Il contient, en outre, un grand nombre de scènes de l'Histoire Sainte. Ces diverses miniatures n'ont pas dans les lignes la même fermeté, ni la même précision de dessin que les ouvrages précédemment cités ; mais, en revanche, le sentiment de la nature y est plus vif, le mouvement

* Il florissait vers l'année 1241 ; on croit qu'il naquit en 1215, et mourut en 1291.

plus libre, les jets de la draperie ont une plus grande facilité, accompagnent mieux les formes du corps, et il règne dans les lignes plus de noblesse et d'harmonie.

Un manuscrit très intéressant de cette période, mais d'une autre école, est le psautier écrit pour le landgrave Hermann de Thuringe, vers l'an 1200. Ce manuscrit appartenait jadis au cloître de Weingarten; il se trouve maintenant à Stuttgardt, dans la bibliothèque particulière du roi de Wurtemberg. Les miniatures qu'il contient sont de la plus délicate et de la plus parfaite exécution. Les formes rappellent exactement le style de l'époque, mais elles l'ennoblissent au point d'acquérir un air de dignité solennelle. Une expression particulière de douceur, une grâce admirable, en tempèrent très heureusement la sévérité; on voit même dans quelques têtes, dans celle du Christ principalement, un caractère de beauté idéale qui surprend d'autant plus, que les visages dessinés alors ont une grande roideur et manquent tout à fait de charme.

On trouve, au commencement de ce manuscrit, un calendrier où chaque mois est accompagné de l'effigie du saint principal, et, en outre, d'une scène champêtre qui caractérise le moment de l'année. Les représentations de cette dernière espèce ne pouvaient être que fort rares dans ces siècles éloignés. A en juger par les occupations et les costumes que nous offrent celles-ci, elles semblent complètement nationales, et attestent ainsi que l'exécution a été faite sous les auspices d'une école du pays. Viennent ensuite les psaumes ornés de différentes images, qui retracent le baptême du Christ, sa mort, sa descente dans les limbes, son ascension, etc. D'excellents motifs s'y font remarquer ; une entre autres nous met sous les yeux Marie et saint Jean, absorbés dans une douleur pensive, au pied de la croix où est attaché le Sauveur. Après les psaumes, on trouve les litanies ; elles sont surmontées de bustes de saints et de princes. Parmi les derniers on aperçoit tout d'abord le landgrave Hermann et son épouse Sophie. Les efforts tentés pour saisir leurs traits caractéristiques, efforts couronnés du plus heureux succès, ne sont pas à dédaigner, si l'on se reporte aux temps où furent produits ces ouvrages.

Une circonstance très remarquable dans l'histoire de la civilisation germanique, est de voir l'art prendre en Allemagne, avant le treizième siècle, un essor qui ne se manifesta en Italie que durant le cours de ce siècle. Toutefois, le petit nombre d'œuvres considérables et originales que renferme encore le premier pays, ne permettent point de comparer ses productions à celles des artistes italiens. En outre, comme la plupart des images décrites par nous ne consistent qu'en dessins et ne sont, après tout, que des esquisses et des essais, on ne peut décider si, dans des œuvres plus vastes et plus spécialement *artistiques,* les motifs ingénieux de ces travaux acquirent une plus haute perfection. Un grand nombre de documents écrits et quelques restes épars, plus ou moins endommagés, attestent cependant qu'il existait alors de ces productions importantes. Il faut distinguer parmi les renseignements du premier genre un grand catalogue, antérieur au treizième siècle. Il contient l'énumération des peintures religieuses très multipliées, qui décoraient les murs et l'autel de l'église monastique de Bénédictbeuern. On voit encore, dans la cathédrale de Worms, plusieurs peintures murales de style byzantin; elles sont fort dégradées. La plus remarquable est une gigantesque madone, qui orne une des ailes du transept et s'élève jusqu'à la moitié de la hauteur du monument. Une chapelle latérale du chœur de Notre-Dame, à Halberstadt, présente, sur la voûte qui domine l'autel, des figures de saints travaillées d'une manière sèche et grossière. D'anciennes peintures apparaissent encore faiblement à Quedlinbourg, le long des arceaux badigeonnés qui couronnent la crypte de l'église collégiale, au-dessus du tombeau de Henri Ier. En quelques endroits, le badigeon tombé laisse voir le dessin; il est bien proportionné et d'un style pur, vigoureux Dans beaucoup d'autres églises romanes, la chaux n'a pas complètement anéanti des anciennes décorations des murailles, mais souvent les auréoles creusées ou formées de pierres de rapport trahissent seules leur existence. On a découvert dernièrement des peintures fort remarquables de cette espèce dans les niches du mur transversal, situé près du chœur de Saint-Pierre, en restaurant le magnifique dôme de Bamberg, et en le délivrant d'une couche gypseuse de quatre siècles. On peut les rapporter, sans aucun doute, à l'année 1200. Les peintures de chevalet, de style byzantin, se rencontrent plus rarement en Allemagne. Nous citerons, comme spécimen, un tableau qui figure le Christ trônant sur l'arc-en-ciel, avec quatre saints à ses côtés. Ce tableau vient du cloître de Saint-Walbourg, à Soest, et se trouve actuellement au *Provincial museum* de Munster.

Quelques ouvrages de ce style, mais d'une autre matière, et qui rentrent néanmoins dans le domaine de la peinture, se sont conservés jusqu'à ce jour. Nous mentionnerons, par exemple, les vitraux peints de la cathédrale d'Augsbourg, qui remplissent les fenêtres méridionales de la nef et représentent des figures de saints. Les fragments d'un tapis ouvré que l'on conserve dans la sacristie de l'église collégiale de Quedlinbourg, appartiennent aussi à ce temps, et fournissent une des preuves les plus remarquables de l'essor que prirent alors les arts. Ce tapis fut exécuté, vers l'an 1200, sous l'administration de l'abbesse Agnès *. Elle y travailla elle-même avec ses nonnes, pour en décorer ensuite les murs du chœur. Il renferme des scènes allégoriques ; le sujet est le mariage de Mercure avec la Philologie, d'après Marcianus Capella. Le style du dessin est varié ; plusieurs mains ont évidemment tracé les modèles. Quelques parties sont faites à la manière du temps ; d'autres contiennent des figures d'une grande beauté. Les membres ont des proportions si justes ; les draperies sont si nobles et si gracieusement disposées, qu'elles annoncent un art voisin de la perfection. Il existe encore d'autres tapis dans la cathédrale de Halberstadt, ornés également d'images brodées

---

* Cette abbesse est célèbre par la prospérité remarquable dont jouirent les arts, pendant tout le cours de son gouvernement. C'est ce que prouvent d'autres ouvrages qui nous ont été conservés. Nous citerons pour exemple un reliquaire avec des parois d'ivoire sur lesquelles on a sculpté les douze apôtres. Le fond, composé d'une plaque d'argent, est orné d'une excellente nielle. On y voit le nom et le portrait de l'abbesse, accompagnés d'une inscription qui indique que le reliquaire fut exécuté d'après ses ordres. Quelques-unes des figures sculptées dans l'ivoire ont une pureté de style étonnante. On y trouve la même perfection et le même caractère que dans les sculptures sur ivoire, qui ornent les couvertures des deux magnifiques manuscrits de Munich, et elles pourraient servir à déterminer l'âge de celle-ci d'une manière plus précise.

selon le style néogrec ; mais le dessin est beaucoup plus rude.

On voit, dès la première partie du treizième siècle, se développer, à côté de ce style, une autre manière qui domina bientôt généralement. Toutefois, les procédés byzantins se conservèrent longtemps encore et jusque fort avant dans le quinzième siècle. Ils eurent pour refuge les manuscrits composés au milieu de la solitude, loin des innovations et d'après d'anciens modèles. De nombreux exemples viennent à l'appui de ce fait.

Style gothique.

Un style nouveau et différent de la manière antérieure se montre dans l'art germanique au treizième siècle. La roideur, la sévérité, les formes traditionnelles disparaissent pour faire place à une exécution plus douce, à un élan original des lignes. On voit les figures abandonner leur attitude immobile, leurs mouvements anguleux; une certaine grâce idéalise même la pose et les gestes. Les draperies tombent mollement, en longs plis et en grandes masses; les visages acquièrent une expression agréable, et très souvent pleine de sensibilité; quelquefois, il est vrai, l'affectation en détruit le charme, mais le plus souvent elle reste naïve et enfantine. C'est le commencement d'un nouveau progrès de l'art, c'est le réveil du sentiment subjectif de l'artiste, qui cherche à s'incarner dans les personnages, ou les pénètre à son insu. Le même principe forme la base de l'art italien au quatorzième siècle. S'il anime de si bonne heure l'art septentrional, ses rapports généraux avec la civilisation en-deçà des Alpes furent cause de ce développement précoce. Les contrées cisalpines, surtout la France, l'Angleterre et l'Allemagne, déploient alors ce génie romantique dont la vie réelle s'imprégnait en tous sens et qui se manifeste aussi bien dans les nombreuses créations d'une poésie originale, que dans le nouveau style architectonique. La peinture contemporaine a la ressemblance la plus intime avec ce dernier. La symétrie de ses types et de ses formes révèle le même sentiment qui caractérise les édifices gothiques : car il faut avouer ici que l'exposition pittoresque brille encore faiblement sous le rapport de la vie, du naturel, et reproduit mal les individualités. Ces avantages n'embellissent, remarquablement au moins, que les ouvrages exécutés vers la fin du quatorzième siècle. Dans ceux dont nous nous occupons, une symétrie architecturale tient encore la place de ces qualités.

Le style gothique n'offre, au treizième siècle, qu'un aspect chétif et presque voisin de la caricature. C'est ce qui a toujours lieu à chaque progrès des arts, la nouvelle manière ayant à combattre les habitudes précédentes, que sanctionne une longue domination. Cet effet fut encore augmenté par l'imperfection de la technique, et, conséquemment, par l'usage des moyens les plus extrêmes et les plus directs. L'hyperbole s'adoucit dans le siècle suivant, et l'art revêt alors ses idées d'une forme beaucoup plus pure et plus noble. La fin du quatorzième siècle et le commencement du quinzième, nous montrent l'apogée de l'art gothique.

C'est en France, et dans le nord de ce royaume, que se développa l'architecture ogivale. C'est probablement là aussi que le style gothique modifia d'abord la peinture. D'après les recherches faites jusqu'ici, l'église de Sainte-Ursule, à Cologne, renferme les plus anciens monuments de ce style dont l'époque soit constatée. Ce sont les images des apôtres, peintes sur des tables d'argent : les unes décorent l'autel central du chœur, et les autres, le mur de l'aile droite. Quoiqu'elles aient souffert, les dernières en particulier, on n'y voit cependant pas de retouches; les apôtres sont assis et coloriés; les contours se laissent à peine saisir. Une des tables porte la date de l'année 1224.

Les vers suivants du Parcival de Wolfram d'Eschenbach, écrits au commencement du treizième siècle, donnent un éclatant témoignage de la prospérité précoce de la peinture à Cologne :

> *Es hœtte kein Maler zu Kœln oder Mastricht,*
> *(So giebt die Aventure Bericht),*
> *Eine Kriegergestalt gemalt so schœn,*
> *Als der Knap zu Ross war anzusehn.*

« Aucun peintre de Cologne ou de Maestricht, » si l'on en croit la relation, n'aurait pu peindre » un aussi beau soldat que cet écuyer à cheval. »

Il faut rapporter à ce temps les peintures murales déjà presque effacées qui décorent la crypte de Sancta Maria in Capitolio. Nous parlerons plus bas des progrès postérieurs de cette manière, à Cologne.

On peut mettre, au nombre des plus anciens monuments du style gothique, les images qui ornent le Tristan de Gottfried de Strasbourg, manuscrit qui se trouve maintenant à la bibliothèque de la cour, à Munich. Il vient, selon toute apparence, de la Suisse, et fut écrit dans la première moitié du treizième siècle. L'exécution des figures rappelle les travaux de l'école de la haute Bavière à la fin du douzième. Ces images consistent en de simples esquisses à la plume. Le fond est peint derrière les personnages, et l'on voit, en outre, dans les vêtements, beaucoup d'ombres indiquées avec de la couleur. Le dessin trahit pourtant la nouvelle direction de l'art, et même d'une façon hyperbolique et maniérée.

Les miniatures qui illustrent les poésies allemandes sont très importantes à consulter pour l'histoire du développement de ce style. Citons, entre autres, celles d'un manuscrit des Minnesænger, qui vient du cloître de Weingarten, et orne la bibliothèque privée du roi, à Stuttgard. Chaque poète de la collection est représenté en tête de ses œuvres, dans une situation caractéristique; mais rien n'annonce ici la présence du sentiment idéal. Le dessin et le coloris sont de la plus grande simplicité. Les images du fameux manuscrit des Minnesænger (1300) de la collection Mannesse, conservé à la bibliothèque royale de Paris, sont beaucoup plus précieuses. On voit encore là les portraits des différents poètes, la plupart posés comme dans le manuscrit précédent. Cette circonstance nous porte à inférer que celui-ci peut lui avoir servi de modèle, ou que tous deux ont été exécutés sur des modèles communs. Mais, outre que le format de Paris est plus grand, et qu'une technique plus habile le distingue, on y remarque un sentiment plus délicat de la situation des personnages, et une conception plus ingénieuse, plus vivante. Le poète est représenté, tantôt seul, tantôt avec sa bien-aimée, quelquefois en chasseur muni de tout son attirail, d'autres fois en chevalier, etc. L'attitude et les gestes de quelques-uns expriment parfaitement la rêverie et la méditation poétiques. Henri de Weldeck, entre autres, assis parmi des fleurs et des oiseaux, appuie sur sa main sa tête pensive. Reinmar Zweter occupe un siége élevé et dicte à deux scribes qui paraissent très occupés. L'effigie de Hardecker est très gracieusement conçue : il repose sous un arbre, le faucon au poing; sa maîtresse porte sa tête sur ses genoux, et se penche amoureusement vers lui. Sans doute le mouvement n'est pas toujours naturel et facile, dans les postures incommodes surtout : la miniature mentionnée en dernier lieu ne le prouve que trop. Néanmoins il s'y montre, d'ordinaire, un sentiment assez délicat de la forme, et la draperie trace des lignes nobles et belles. On trouve des miniatures fort élégantes dans le manuscrit de Guillaume d'Orange, exécuté en 1334. Il appartient à la bibliothèque publique de Cassel. Les images qu'il renferme portent le caractère d'une naïveté charmante, et l'expression en est pleine de douceur; quelques draperies se distinguent par un goût très pur.

Le temps a épargné un grand nombre d'ouvrages plus considérables, qui offrent le type général du style gothique; tels sont des peintures sur bois, des peintures murales, des vitraux de couleur aux fenêtres des églises, des tapis historiés. Parmi ceux de la dernière espèce, il faut en citer un très vaste, qu'on admire dans l'église de Sainte-Élisabeth, à Marbourg, et dont le dessin capital a pour sujet l'histoire de l'enfant prodigue. Comme exemples de peinture sur bois, nous indiquerons deux excellents ouvrages, du musée de Berlin. Le premier représente deux anges qui élèvent un ostensoir ; le second est une madone, accompagnée de Jésus qui se fiance à sainte Catherine. Ces figures ne paraissent qu'à mi-corps. Les têtes sont d'une proportion satisfaisante, et quoiqu'un peu pleines, elles ne manquent ni de pureté ni de noblesse. Elles se distinguent par une expression calme et bienveillante. Il règne dans toutes, mais dans celle d'un ange du premier tableau principalement, un naturel plein de charme, une innocence et une pureté virginales. Le coloris est, du reste, très fin, et pareil à celui des miniatures contemporaines ; des tons obscurs dessinent les contours. On voit à Nuremberg, surtout dans les églises Saint-Laurent et Saint-Sébald, une très grande quantité d'ouvrages, en partie fort intéressants, qui remontent à cette époque. Une des plus remarquables est une Sainte-Anne, qui orne le chœur de Saint-Sébald ; Marie, avec le Rédempteur sur ses genoux, l'accompagne, ainsi que plusieurs saints. On en trouve un autre encore plus beau, à Saint-Laurent, près de la porte de la sacristie : c'est une madone qui tient le Sauveur; une grâce toute particulière embellit la tête de la Vierge. L'église Notre-Dame et la galerie du château possèdent aussi différentes images de ce style, mais la plupart sont d'une valeur inférieure. On discerne déjà dans quelques-unes les traces de la manière qui régna plus tard à Nuremberg.

En général, les ouvrages primitifs de cette école se distinguent par une certaine précision des tableaux contemporains. On a lieu de s'étonner que leur importance pour l'histoire de l'art, ne les aient pas encore fait soumettre à un examen plus attentif.

Une école originale fort active, apparaît en Bohême dès la seconde moitié du quatorzième siècle, sous le règne de l'empereur Charles IV (de 1346 à 1378). On cite plus particulièrement, parmi ses chefs, Nicolas Wurmser de Strasbourg, Kunze et Théodoric de Prague. Le nom de l'Italien Thomas de Mutina se trouve également sur plusieurs tableaux exécutés à cette époque pour la Bohême. Charles IV, qui aimait le faste, voulut orner ses résidences de décorations de toute espèce, et outre ses entreprises architectoniques, ses commandes aux statuaires, il ouvrit un vaste champ à la peinture. Il avait puisé ce goût dans les écoles de Paris. Envoyé, dès l'âge de huit ans, en France, pour tâcher d'y acquérir les élégantes façons qui honoraient alors la cour de Charles-le-Bel et profiter des enseignements de la Sorbonne, il avait dépassé l'attente de son père. Sa noble intelligence lui aurait donné des droits au sceptre, quand même il n'eût pas été l'héritier d'une monarchie. Aussitôt qu'il eut ceint le diadème, il s'occupa d'établissements utiles et communiqua son ardeur aux hommes distingués de son royaume. Grâce à ses encouragements, les peintres devinrent si nombreux que, durant l'année 1348, ils se réunirent en confrérie et maintinrent, par la suite, leur association pendant plus d'un siècle. L'acte primitif existe encore. On y trouve la liste des différents membres et en tête le nom de Théodoric. Il avait le titre de peintre du roi. Celui-ci accorda aux artistes une foule de priviléges et diminua beaucoup leur part de redevances. C'est au château de Karlstein, élevé par ce prince dans le voisinage de Prague, que les œuvres de cette école brillent en plus grand nombre. La chapelle de la Sainte-Croix, qui fait partie de la grande tour, réclame spécialement l'attention. Le bas des murs est incrusté d'améthystes, d'onyx, de chrysolites et d'autres pierres précieuses non polies. Une boiserie divisée en un grand nombre de compartiments quadrilatéraux, dans lesquels on voit plus de cent trente bustes de saints personnages, peints par Théodoric de Prague, couvre le haut. Plusieurs scènes bibliques les décorent également :

on les attribue à Wurmser et à Kunze; selon toute vraisemblance, ce sont les mêmes artistes qui ont exécuté les tableaux de l'église inférieure, dite *de l'Ascension*. Ils représentent l'empereur Charles IV, donnant la croix à son fils Wenceslas, un anneau à Sigismond, puis faisant ses prières. La petite chapelle dédiée à Sainte-Catherine, et ornée ainsi que l'église de pierres précieuses, renferme une niche où sont peints la madone et l'enfant Jésus, avec l'empereur et l'impératrice, agenouillés devant eux. Cet ouvrage est le plus beau et le mieux conservé, le reste ayant subi des retouches considérables. On a transporté quelques autres peintures du château de Karlstein dans la galerie du Belvédère, à Vienne. Ce sont : une image du Christ en croix, avec la Vierge et saint Jean, image attribuée à Wurmser; deux bustes de saints, détachés de la série de figures semblables, dont Théodoric orna l'église de Sainte-Croix. Il faut encore ajouter à ces œuvres les peintures murales plus anciennes de la chapelle de saint Wenceslas, dans la cathédrale sur le Hradschin, à Prague, lesquelles ornent la partie inférieure des murs, entre des joyaux bruts, pareils à ceux que nous avons déjà mentionnés. Malheureusement une restauration leur a beaucoup nui.

Les ouvrages de cette école offrent, dans leur aspect général, le fini et la simple dignité du style gothique; toutefois, ils ne peuvent être comptés parmi ses meilleurs résultats; on y sent, au contraire, l'absence d'une entente noble et délicate de la ligne. Comme on ne connaît pas d'artiste qui, antérieurement aux frères Van Eyck, ait suivi les lois de la perspective linéaire, on ne doit pas être surpris de les voir négligées dans les tableaux de l'école bohémienne. Les objets y sont dessinés arbitrairement sans qu'on ait eu égard ni au point de vue, ni à l'éloignement. L'ignorance de la perspective aérienne est encore plus grande. Les figures ressortent durement sur un fond d'or, qui prévient tout effet de cette espèce. Les auteurs semblent même avoir été peu versés dans la science du clair-obscur. Ils réservaient toute leur attention pour le visage; les pieds et les mains sont la plupart du temps négligés. Des configurations lourdes, rudes et massives, blessent en outre presque toujours l'œil du spectateur. Les œuvres de Théodoric de Prague contiennent néanmoins des parties mieux traitées, et son coloris se distingue par une suavité peu commune. Ces avantages produisent un effet très-agréable dans une peinture d'autel, qui orne la galerie nationale de Prague, et qu'on lui attribue. L'image se divise en deux compartiments. La madone avec l'enfant occupe le haut, l'empereur Charles IV et son fils s'agenouillent devant elle, deux saints se tiennent à leurs côtés. La partie inférieure représente l'archevêque Oczko de Wlassim et, près de lui, quatre saints de la Bohême. Il est vrai que la lourdeur habituelle de l'école gâte ces peintures, mais une douceur particulière des jeunes têtes, douceur très voisine de la grâce, lui sert de compensation. Les plis des vêtements tombent aussi avec une grande facilité. C'est même là un avantage spécial, qui distingue la manière des artistes bohémiens. Leurs draperies ont généralement de la richesse, de la grâce et de la légèreté. Pour s'en convaincre, il suffirait de jeter les yeux sur les dessins, qui ornent la chronique de Pierre Abel. Quoiqu'ils se composent uniquement d'esquisses à la plume, l'agencement des étoffes n'a pas cette roideur, cette gêne et cette mesquinerie dont les œuvres de Martin Schœn, de Wohlgemuth et d'Albert Dürer ne sont pas exemptes. Sous ce rapport Nicolas Wurmser laisse derrière lui ses rivaux.

Dans le dessin des têtes, l'école de Bohême est loin d'observer la méthode habituelle des peintres allemands. Tandis que ceux-ci reproduisent les moindres détails de la face humaine, exagèrent l'imitation et finissent par devenir secs et minutieux, les artistes de Prague se bornent à accuser les lignes principales. Leur style en acquiert une certaine grandeur, mais leurs ouvrages restent incomplets et au-dessous de la belle nature. Sauf les portraits de Charles IV, de son épouse et de ses fils, rien ne semble étudié sur un modèle vivant; tout a l'air d'une production de la fantaisie. L'école allemande suit de trop près la réalité, l'école bohémienne tombe dans l'excès contraire. Cette absence de détails nuit beaucoup aux images de saints, peintes par Théodoric. Comme elles sont plus grandes que nature, le manque de traits secondaires les fait paraître enflées. Ils ne savent point non plus dessiner les cheveux; ils les tordent perpétuellement et leur donnent presque toujours une couleur fausse. Le temps l'a néanmoins respectée; elle brille dans toute sa fraîcheur primitive. J'attribue cette longue conservation à l'enduit de craie ou de terre bolaire sur lequel les artistes l'ont appliquée. Les peintures murales recouvrent un fond pareil, sauf les portraits de l'église de l'Ascension, qui semblent exécutés sur la pierre, sur le mortier ou sur une impression à l'huile.

Les tableaux les plus parfaits de cette manière, que nous connaissions, enrichissent l'église de Thein, à Prague. Ils se composent d'un *Ecce Homo* et d'une madone avec l'enfant, tous deux peints en buste. La tête de cette dernière surtout est tendre, gracieuse et respire la plus douce sensibilité.

Il faut citer encore une grande mosaïque, qui orne à l'extérieur le côté méridional de la cathédrale de Prague. Elle se divise en trois parties. On voit, au milieu, le Christ environné par les anges et dans toute sa gloire; au-dessous de lui, six Bohémiens canonisés, et plus bas encore, les donateurs de l'ouvrage, Charles IV et son épouse. Le côté gauche représente Marie avec plusieurs saints, et au-dessous, la résurrection des morts. A droite, se montre saint Jean-Baptiste, également accompagné de différents saints ; les damnés rugissent à ses pieds. Ce travail est d'un style assez barbare, et n'acquiert quelque valeur que par la rareté des mosaïques allemandes.

Sauf cette période de gloire, sous Charles IV, nous savons peu de choses relativement aux progrès de l'art en Bohême. Wenceslas, héritier de Charles, fit exécuter et suspendre dans la nef antérieure de l'église du château un grand nombre de portraits en buste, ornés d'inscriptions. Ils retracent l'image de son père, de ses frères et de quelques autres parents. Il ordonna aussi de copier une ancienne vierge qu'on attribuait à Saint-Luc, imitation qui ne pouvait guère profiter aux arts. Mais le reste le plus curieux des œuvres nées sous son gouvernement plein d'orages est un manuscrit ayant le titre de *Chronicon aulæ regiæ*. On attribue les figures dont il est enrichi à un certain Pierre Bechvil de Kraukau. Le livre fut achevé en 1395. Des images de saints décorent les lettres initiales. Sur la première feuille on voit Dieu le Père assis et tenant le Rédempteur crucifié entre ses genoux. Ottokar Ier, Wenceslas II et Wenceslas III sont debout devant lui. Plus bas on aperçoit les femmes de chacun d'eux. La seconde miniature offre aux lecteurs les portraits de Henri VII, de Jean et de Charles IV. Au-dessous se montrent deux reines accompagnées de sainte Anne. Cette dernière est peinte avec un sentiment exquis de la beauté. Elle porte dans son giron la mère du Sauveur et le divin enfant, auquel les deux femmes couronnées présentent des globes. Fiorillo professe pour ces images la plus haute admiration. Les dessins du psautier qui appartenait à Jean de Kollowrath ne sont pas moins habilement exécutés.

Telle est la marche que la peinture suivit en Bohême, jusqu'à l'époque où la guerre des Hussites vint détruire une grande partie de ses ouvrages et troubler le repos nécessaire à l'imagination des artistes.

Il se peut néanmoins que le temps ait respecté plusieurs productions d'une date postérieure, et une recherche attentive amènerait sans doute d'heureux résultats. Nous indiquerons comme exemple un triptyque, au centre duquel est représentée la mort de la Vierge. Cette peinture se voit à Prague, dans la galerie des États. Si l'on raisonne d'après les analogies qu'elle offre avec les ouvrages mentionnés tout à l'heure, elle semble révéler des progrès dans l'école bohémienne, au quinzième siècle.

Vers la fin du quatorzième, une autre école allemande, celle de Cologne, atteignit un plus haut degré de développement. Nous avons déjà fait connaître la gloire précoce des maîtres de cette ville, et la prompte apparition du style gothique dans leurs ouvrages : il acquit sous leur pinceau toute sa perfection et toute son originalité. Leurs nombreux produits sont, relativement à l'époque, empreints d'un sentiment si pur et si exquis de la beauté, l'idéal s'y mêle d'une façon si heureuse avec l'imitation et le réel, que depuis on n'a rien vu de semblable en Allemagne. Une douceur, une grâce toutes particulières, une sérénité naïve et un sentiment exquis embellissent leurs formes; les nuances les plus chaudes et les plus brillantes les mettent en relief, et le maniement des couleurs, la suavité de l'ensemble, atteignent alors une perfection dont on n'avait point d'exemple, avant la découverte de la peinture à l'huile.

Il n'existe qu'un fort petit nombre de documents écrits sur les auteurs de ces ouvrages. On distingue néanmoins fort clairement le travail de deux maîtres principaux, et l'on a rapporté ces deux manières, non sans beaucoup de vraisemblance, à deux artistes du temps, dont le nom et l'honorable souvenir sont venus jusqu'à nous.

Le premier est Wilhelm ou Guillaume, né, selon toute apparence, dans le petit village de Herle, près de Cologne. Il se fixa dans cette dernière ville, en 1370, au plus tard. Les chroniques contemporaines disent de lui, sous la date de 1380, *qu'il était le meilleur peintre de toute l'Allemagne, et qu'il a peint les hommes de toute forme, comme s'ils étaient en vie.*

Les principaux ouvrages qui semblent appartenir à maître Wilhelm sont les suivants : la peinture qui orne le tombeau de Cuno, archevêque de Trèves, dans l'église de Saint-Castor, à Coblentz (1388). Le Christ est sur la croix; près de lui se tiennent Marie et Pierre, à gauche Jean l'Évangéliste, et saint Castor à droite. L'archevêque Cuno s'agenouille et prie au pied de la croix. L'excellence du travail, qu'une restauration a beaucoup diminuée, et surtout le caractère fortement individuel des traits de l'archevêque, avantage rare à cette époque, sont, avec la date de l'image, les causes principales qui en font attribuer l'exécution à cet artiste. Les peintures du grand autel de Sainte-Claire, à Cologne, autel placé maintenant dans une chapelle de la cathédrale, diffèrent peu des précédentes. Lorsque les ventaux sont ouverts, elles représentent douze scènes de la jeunesse du Christ et autant de sa Passion. Sur l'extérieur des volets, on aperçoit, en haut, le Christ et plusieurs saints à ses côtés; plus bas, Jésus crucifié, également accompagné de plusieurs saints. Dans ces peintures comme dans les suivantes, les têtes, et particulièrement celles des femmes, ont presque toutes une grande douceur;

la forme en est ronde, le menton un peu pointu ; l'expression ne frappe point par sa vivacité, mais ne manque pas de justesse ; les proportions trop longues et les poses gracieuses des figures sentent légèrement l'afféterie. L'exécution pèche sous le rapport de l'unité, et comme on distingue assez nettement trois mains différentes, on attribue cette irrégularité à la participation de deux aides au travail du maître.

Viennent ensuite deux images extrêmement gracieuses, mais de moindre dimension. Sainte Véronique avec son linceul forme le sujet de la première ; de petits anges jouent de la musique dans les angles inférieurs. Ce tableau enrichissait autrefois la collection Boisserée ; il appartient maintenant au roi de Bavière. La seconde embellit le musée de Cologne. C'est une madone avec l'Enfant ; deux saints occupent les volets, et le Christ au pilori, l'extérieur de ces derniers. On remarque, dans les deux peintures, une merveilleuse fusion de nuances, qui leur donne, à la carnation surtout, un charme spécial. M. Delassaulx, inspecteur des bâtiments, à Coblentz, possède un petit autel, orné d'une Adoration des Mages, à l'intérieur, et de figures de saints sur le dehors des battants. On voit, au musée de Berlin, un triptyque semblable, représentant Marie avec l'Enfant, assise au milieu de l'herbe, et des saints à ses côtés. Une autre peinture de la même galerie retrace les événements de la Passion, dans une suite nombreuse de petites scènes. Quoique ces diverses productions soient moins belles que les précédentes, on doit pourtant les croire de la même main, vu leur grande ressemblance avec elles.

Une foule d'images exécutées par les disciples de Wilhelm, et qui se trouvent, soit à Cologne, soit dans l'ancienne galerie des Boisserée, prouvent l'énergique influence qu'il exerça sur ses contemporains.

Il était réservé à un de ses disciples d'opposer à ses meilleurs ouvrages des ouvrages encore plus parfaits, et de continuer le mouvement qu'il avait donné à l'art jusqu'à lui faire atteindre la beauté suprême. C'est lui qui a exécuté les fameuses peintures du dôme de Cologne. D'après des hypothèses bien fondées, il se nommait Stephan ou Étienne. On remarque dans ses figures, surtout dans les têtes de femmes, la même forme ronde que chez son maître, et la même suavité de coloris. Il sut joindre à ces qualités une plus grande force et des tons plus éclatants; ses proportions sont aussi plus courtes. Il se distingue spécialement de son prédécesseur par une plus grande habileté à caractériser les individus. On lui attribue avec certitude les productions suivantes :

Les fragments d'une grande page d'autel, venue de l'abbaye bénédictine d'Heisterbach, près de Bonn ; les peintures qui décorent, à l'intérieur, les panneaux du même retable. Ce sont des figures d'apôtres et de saints, pleines de dignité; un tabernacle peint surmonte chacune d'elles. Ces ventaux ont passé des frères Boisserée au roi de Bavière. Une Annonciation et le Christ au mont des Oliviers, que renferme aussi la galerie de Schleissheim; enfin deux tableaux du musée de la ville, à Cologne. Ces ouvrages prouvent évidemment que Stephan étudia la peinture sous Guillaume.

Maître Stephan a déployé ses plus belles qualités dans la magnifique production, qui ornait autrefois la chapelle de l'Hôtel-de-Ville, à Cologne, et pare maintenant une chapelle de la cathédrale. Quelques traces incertaines semblent donner la date de 1410. L'œuvre entière forme un retable avec des battants. Lorsqu'ils sont fermés, on voit une Annonciation. L'Adoration des Mages occupe le fond intérieur; la Vierge reçoit les présents, assise sur un trône, vêtue d'un long manteau d'un bleu sombre et doublé d'hermine; à ses côtés, s'agenouillent les deux plus anciens rois; le plus jeune et les personnes de leur suite se tiennent à l'entrée du monument. Les patrons de la ville occupent l'intérieur des ailes. A droite, saint Géréon, couvert d'une cuirasse dorée et d'une tunique bleue, est escorté de ses compagnons d'armes; à gauche, sainte Ursule avec ses guides et la foule de ses jeunes vierges. Ce tableau se distingue par une grandeur et une harmonie d'ensemble, un

ton vigoureux et intense, une grâce et une suavité
dans le coloris qui, malgré la pâleur habituelle de
la détrempe, lui donnent presque l'éclat des tableaux à l'huile de l'école vénitienne. Une simplicité majestueuse caractérise la composition; les
nombreux détails sont exécutés avec le plus grand
soin. Une beauté, une grâce idéales rehaussent
l'ensemble et se manifestent dans la douceur de
la Vierge et de son divin enfant, dans la noble
dignité des rois orientaux, l'embonpoint juvénile
et le charme des vierges aussi bien que des chevaliers. On dirait que le génie allemand rassembla
toutes ses forces pour se signaler par la création
d'un chef-d'œuvre. L'ardeur des sentiments religieux, qui animaient le peintre, a doublé sa puissance. La Vierge rappelle la madone de Sanzio
qu'on voit à la galerie de Dresde. Les mains, qui
sont, la plupart du temps, mal dessinées dans les
productions des vieux maîtres, feraient honneur
aux plus grands artistes. On ne surpassera peut-être jamais la poésie et la richesse de l'expression.
A ce grand ouvrage, il faut ajouter une petite
peinture non moins excellente du même maître,
appartenant à M. d'Herwegh, de Cologne. Elle
représente la Vierge, gracieusement assise au milieu d'une prairie émaillée de fleurs, avec le Christ
sur ses genoux, et entourée de petits anges. Un
bosquet de roses se courbe en forme de voûte au-dessus d'eux. Parmi les nuages dorés, trône Dieu

le Père ; la colombe du Saint-Esprit déploie ses ailes tout auprès. La couleur de cette petite image est brillante et profonde ; l'exécution a la plus grande suavité.

Meister Stephan avait parcouru la plus grande portion de sa carrière, lorsqu'il exécuta un autel fort vaste, qui ornait autrefois l'église de Saint-Laurent, à Cologne, et qui se trouve dispersé en trois endroits. La peinture du milieu, suspendue au musée de Cologne, représente le Jugement dernier. Le Christ trône sur les nuages ; Marie et Jean se tiennent près de lui ; de petits anges, portant les insignes de la Passion, environnent le Rédempteur. En bas, à sa droite, on voit la porte du Ciel, et au-devant saint Pierre, avec quelques anges qui jouent de la musique ; la troupe des bienheureux entre par cette ouverture. A droite du Christ, on aperçoit l'Enfer et les damnés. Il faut louer l'habile dessin des figures nues et étudiées d'après nature ; cependant le vrai l'emporte sur le beau. Le sujet éloignait l'artiste de la sphère particulière à son talent, c'est-à-dire la grâce et le calme. Malgré la force du coloris, on chercherait vainement ici la profondeur de conception et l'austère sublimité que demandent les objets. La même remarque peut s'appliquer aux images latérales qui nous montrent, en douze compartiments, le martyre des douze apôtres. Ce tableau se voit maintenant dans les salles de l'institut

Stœdel, à Francfort-sur-le-Mein. On y retrouve encore moins les qualités habituelles de l'auteur, et l'expression vulgaire de la souffrance semble annoncer déjà la période suivante de l'art allemand, où il descendit jusqu'à la caricature. Mais la douceur et la pureté du maître brillent dans les images extérieures des volets, qui représentent six figures de saints et font partie de la collection Boisserée.

Il nous est parvenu un grand nombre de peintures des élèves et des imitateurs de Stephan. La plupart enrichissent Cologne, où l'on distingue, entre autres, une suite de peintures retraçant la légende de sainte Ursule, dans l'église de ce nom; quelques tableaux du musée de la ville; d'autres appartenant à MM. Lyversberg, Schmitz, etc. Il en existe encore parmi les ouvrages de l'ancienne collection Boisserée. La plus belle nous fait assister au couronnement de la Vierge, et orne actuellement la chapelle St-Maurice, à Nuremberg. La galerie de Berlin en possède aussi plusieurs : on remarque surtout la Découverte de la Croix et l'Adoration des Mages. Ajoutons enfin une charmante Présentation au Temple, de l'année 1447, exposée dans la galerie de Darmstadt. Il faut encore mentionner une miniature, représentant huit saintes, que possède le docteur Kerp, de Cologne. L'exécution ressemble beaucoup à celle de maître Stephan : la composition, la délicatesse du dessin et la grâce des mouvements, en font une œuvre hors de ligne. Les nombreuses miniatures qui ornent un missel de la bibliothèque Pauline, à Munster, conservé jadis à la bibliothèque de la cathédrale, doivent être comptées au nombre des ouvrages les plus importants que les peintres de Cologne aient produits vers cette époque. On pourrait conserver l'espoir de découvrir un jour les noms de ces différents maîtres, si le livre de la confrérie, dont ils soutenaient la gloire, n'était depuis longtemps perdu. Leur rare mérite doit accroître encore l'amertume de nos regrets. Frédérick Schlegel prétendait avoir nettement distingué dans leurs tableaux douze manières diverses, qui signaleraient un pareil nombre d'artistes. L'auteur des peintures qu'on admire chez M. Lyversberg, peintures que nous avons mentionnées tout à l'heure, n'était certes pas le moins considérable d'entre eux. Elles représentent la Cène, l'arrestation du Christ, les outrages subis par l'Homme-Dieu, avec la flagellation sur le deuxième plan, l'interrogatoire de Ponce-Pilate, la marche vers le supplice, le crucifiement, la descente de croix et la résurrection. Ces images sont exécutées sur un fond d'or ; dans quelques-unes on trouve avant ce fond un paysage du vert le plus éclatant. La vivacité des couleurs, la magnificence des habits et la délicatesse du travail, leur sont communes avec tous les bons tableaux de la vieille école.

Mais rien n'égale la force et la beauté de l'expression. Albert Dürer n'a certainement rien fait de mieux que la scène où Jésus est couronné d'épines ; le visage des persécuteurs trahit admirablement la sottise, la bassesse et la méchanceté. Les figures des Apôtres, dans l'institution de l'Eucharistie, se distinguent, au contraire, par leur noblesse. Saint Jean a la tête passée sous le bras du Rédempteur, et l'appuie à la fois sur la table et sur la poitrine de son divin maître ; c'est une position étrange qui ne produit pas un bon effet. Les mains sont peintes de la façon la plus habile. Pour la grâce et le sentiment idéal du beau, l'artiste auquel nous devons ces magnifiques ouvrages prend immédiatement place après maître Etienne. La tête de saint Jean et celle de Marie, dans la Descente de croix, sont au-dessus de tous les éloges. Le disciple bien-aimé, les cheveux flottants sur les épaules, soutient la mère de Dieu et regarde les spectateurs avec un sentiment de profonde désolation. Les saintes environnent le Christ, pâles, immobiles, pleines d'un chagrin sans bornes ; quant à la Vierge, oubliant sa propre douleur, elle lève les yeux et les bras vers son fils avec une tendre sollicitude, comme s'il vivait et pouvait souffrir encore.

Au surplus, on voit, dès lors, se manifester dans les travaux de cette époque certains caractères qui distinguent la période suivante.

Une branche particulière de l'école de Guillaume se montre en Westphalie au quinzième siècle. Malheureusement, l'histoire des premiers essais de l'art, dans ce pays, est environnée de ténèbres; car, avant ces derniers temps, on n'avait pris soin ni de rechercher ni de conserver les monuments de la peinture, et ils intéressent encore peu de personnes. La similitude de l'école westphalienne avec celle de Cologne ressort de quelques ouvrages maintenant conservés au *Provincial Museum* de Munster, et qui décoraient autrefois le cloître de Saint-Walbourg, à Soest. Le plus ancien n'a que les caractères généraux du style de Cologne, et offre plus d'une trace de maladresse. C'est un grand tableau d'autel, exécuté vers les premières années du quinzième siècle, comme le prouve une inscription. Le milieu représente la mort de Marie; les Ailes, l'Annonciation et l'Adoration des Mages. Un second tableau, qui met sous les yeux du spectateur le couronnement de la Vierge, et, sur les côtés, les deux patrons du cloître, saint Augustin et saint Walbourg, mérite une plus grande estime. La composition est pleine d'une majestueuse dignité; les têtes ont beaucoup de grâce, les draperies unissent la simplicité à la noblesse. L'image entière se rapproche du style de maître Wilhelm. Deux images de moindre dimension, qui jadis formaient les battants d'un tabernacle, et qui figurent sainte Dorothée et sainte Odile, possèdent, outre ces qualités, une grâce extrême qui rappelle assez la manière de Fra Giovani da Fiesole.

Une ressemblance pareille se manifestait aussi dans plusieurs peintures de l'église de la Vierge, à Dortmund; elles ont sans doute péri avec l'édifice.

Des ouvrages, dessinés vers le milieu du quinzième siècle, attestent la prospérité et le développement original de l'art westphalien à cette époque. Un des plus beaux était un grand triptyque fait en 1465, qui ornait l'église de l'ancien couvent de Liesborn, près de Munster. La congrégation ayant été dissoute, cette œuvre fut négligée, puis divisée en morceaux, et presque entièrement anéantie. Les débris en appartiennent au conseiller Kruger, d'Aix-la-Chapelle. Il reste, du tableau principal, la tête du Messie en croix et le buste des saints qui l'entouraient. Une beauté originale et un grand charme distinguent les visages, particulièrement celui de saint Bernard, qui respire une exaltation douce et vraiment céleste. Des huit sujets peints sur les ventaux, il reste l'Annonciation, la Présentation au Temple, et un fragment de l'Adoration des Mages. Ces morceaux sont exécutés avec beaucoup de soin, et la réalité y est souvent imitée avec un grand bonheur, sans cependant dégénérer en trompe-l'œil. L'auteur de ces excellents ouvrages a plutôt dans sa manière quelque chose d'idéal, quelque chose du sentiment profond et de la pieuse douceur qui ont illustré Fra Angelico da Fiesole. On y retrouve aussi l'amour, l'affectueuse émotion qui distingue Gentile da Fabriano. Il a cependant un caractère tout à fait germanique, et ses carnations rappellent beaucoup celles de maître Wilhelm. Chez lui l'agencement des plis est grand et simple, le coloris doux et vif; le ton se ressent encore de la peinture à la détrempe, quoique ce tableau soit à l'huile. Le dessin surpasse en noblesse celui d'Etienne, et les figures ont de justes proportions.

M. Kruger possède encore une suite de peintures d'un autre maître contemporain, représentant le couronnement de la Vierge et six scènes de la Passion; mais pour la profondeur et la suavité du caractère, pour la beauté des formes, elles restent bien loin de celles que nous venons de mentionner.

Il existe, en outre, un grand triptyque exécuté par un écolier du peintre de Liesborn. Il se divise en quatre parties. Au milieu, on voit le crucifiement et la descente de croix; sur les ailes, huit scènes de la vie du Rédempteur. Quelques-unes de ces dernières reproduisent exactement les tableaux du maître, possédés par M. Kruger. Cependant l'expression diffère beaucoup : la technique égale presque celle du dernier, mais son onction et sa sensibilité sont absentes.

Le conseiller Barthel, autre habitant d'Aix-la-Chapelle, a réuni une collection importante de travaux dus aux maîtres westphaliens.

La Saxe paraît avoir déployé dès lors une activité remarquable. Fiorillo cite parmi les ouvrages conservés dans cette province, un assez grand nombre de peintures gothiques que nous n'avons pas vues, mais que nous pouvons décrire d'après lui. La première qu'il mentionne prouve l'influence de l'école rhénane sur le développement de l'art saxon. Elle orne le maître-autel de l'église Saint-Jacques, à Chemnitz et fut exécutée par Jean de Cologne, peintre et sculpteur célèbre de son temps. Il en fit une autre pour l'église d'Ehrenfriedsdorf, avec des personnages de grandeur naturelle. La face extérieure des ventaux expose différentes scènes de la Passion; des images de saints occupent l'intérieur. Au milieu l'on aperçoit la Vierge, portant sur la tête une couronne d'or et l'Enfant-Jésus dans ses bras. Mais la plus belle production de cet artiste est sans contredit le grand tableau de l'église Saint-Jean, à Chemnitz. La partie supérieure retrace le baptême de Jésus; un ange debout à ses côtés garde ses habits et tient des linges pour l'essuyer au sortir de l'eau. Le dehors des battants offre quatre scènes diverses : la Naissance du Christ, la Fuite en Égypte, l'Adoration des Mages et le Massacre des enfants de Bethléem.

Quelques peintures de l'église Sainte-Kunigonde, à Rechlitz, présentent un caractère analogue, et ont sans doute été exécutées dans le quatorzième siècle ou au commencement du quinzième. Fiorillo, qui décrit longuement les sujets, ne dit rien du style; nous ne pouvons donc le spécifier d'une manière plus précise.

Sur chacun des hauts piliers qui soutiennent les voûtes de la nef dans la cathédrale d'Erfurth, on remarque des tableaux courbes, surmontés de légendes en vers latins. Le dessin est fort beau pour l'époque; la couleur et les dorures ont si bien gardé leur éclat qu'elles semblent nouvelles On admire particulièrement une image symbolique de la transubstantiation. Les quatre évangélistes représentés sous les emblèmes de l'ange et des trois animaux consacrés, jettent dans l'entonnoir d'un moulin des billets, sur lesquels on lit les fameuses paroles du Christ : « Ceci est ma chair et mon sang. » Plus bas, les quatre docteurs de l'Église tiennent un calice près de l'ouverture par où devrait s'écouler la farine, mais c'est un Enfant-Jésus qui en sort.

On trouve aussi des peintures saxonnes à Leisnig et dans l'église de Notre-Dame à Stolpen. Les dernières sont mises au nombre des plus remarquables monuments de l'art septentrional ; il est impossible, dit-on, de les regarder sans admiration et sans plaisir. Elles représentent une foule de scènes évangéliques portant des inscriptions latines.

Nous devons enfin mentionner quelques peintures murales, où le style gothique se montre plus ou moins parfait, et dont plusieurs ont un étroit rapport avec l'école de Cologne. Cette filiation est surtout visible dans celles qui enluminent la voûte du chapitre de Brauweiler, près de Bonn, et sur lesquelles on a récemment appelé l'attention du public. La noble simplicité de la draperie, la douce expression des visages, semblable à celle des vieux maîtres du Rhin, les sveltes proportions des figures et la majesté des formes, caractérisent généralement ces esquisses. On trouve des motifs analogues à ceux de Cologne, dans les peintures murales du chœur de Francfort (1427); elles sont délivrées depuis peu du badigeon dont on les avait recouvertes pendant le siècle dernier. Elles forment une série de vingt-huit petites images, qui racontent l'histoire de saint Bartholomé. Deux autres plus grandes, placées à côté de l'autel, représentent une scène de la révélation et le Christ s'offrant aux yeux de Marie Madeleine, avec les insignes d'un jardinier. On y trouve les types généraux de l'école, la douce expression des traits et les proportions un peu courtes des figures. Une tête de Christ couronnée d'épines est vraiment excellente; elle brille, parmi d'autres objets, sur le panneau d'une stalle gothique en pierre, appuyée contre le mur du chœur. Il faut mettre au rang des travaux les plus parfaits de cette époque une scène, qui décore l'aile méridionale de l'ancienne église Notre-Dame, à Halberstadt, et que le docteur Lukanus a fort heureusement délivrée d'un badigeon de quatre siècles : elle retrace la mort de la Vierge. Malgré l'état déplorable de l'édifice et les dommages que la peinture a soufferts autrefois, on peut distinguer la noblesse des formes et un caractère de beauté sérieuse qui lui donnent un grand prix. Une chapelle du bas-côté occidental de la même église était décorée d'une semblable manière. Les ornements n'ont pas, il est vrai, disparu sous la chaux, mais l'humidité les a considérablement endommagés. Ces œuvres, jointes à celles que nous avons mentionnées plus haut, attestent le développement précoce de l'art en Saxe, et font espérer que des recherches entreprises dans ce pays amèneraient d'heureux résultats. Nous ne saurions décider si c'est à cette période, ou à un siècle antérieur qu'on doit rapporter les anciennes peintures murales du château de Forcheim, près de Bamberg, qu'on a découvertes dans ces derniers temps, sous un épais enduit de chaux et qui ont été restaurées depuis.

Citons encore, avant de terminer, comme un travail digne d'attention, les peintures qui couvrent tout l'intérieur de la chapelle consacrée

à saint Vict, dans le bourg de Mulhausen sur le
Necker, à deux lieues de Stuttgard. Cette chapelle renferme d'ailleurs, ainsi que l'église voisine
de Sainte-Waldburgis, une suite de tableaux
d'autel fort anciens.

TROISIÈME ÉPOQUE.

Imitation de l'École flamande.

Au début du quinzième siècle, un nouvel élément esthétique brille dans les œuvres des populations allemandes. C'est le même qui régna, quelques années plus tard, en Italie. Le sentiment de la nature s'éveille partout. Les artistes étudient jusqu'aux moindres détails, cherchent à saisir les traits essentiels des objets, et, par une exposition animée, s'efforcent d'arracher la peinture à la contrainte extérieure, à la servitude architectonique, pour lui faire acquérir une valeur intrinsèque. La Flandre fut le théâtre où le nouvel esprit se montra le plus actif. L'école des Van Eyck manifesta la première ce changement de direction et s'éloigna, dans presque tous ses ouvrages, des habitudes de l'époque antérieure. Elle ne se crut pas astreinte à reproduire certaines formes idéales, certains groupes disposés d'une manière invariable et symétrique ; la splendeur monotone des fonds dorés lui sembla peu avantageuse ; elle préféra ouvrir l'espace aux regards des spectateurs et fit l'usage le plus étendu de cette nouvelle ressource. Tous les phénomènes, tous les objets de la nature vinrent orner ses tableaux : le ciel et la terre, de charmantes collines, de vertes prairies, les arbres fruitiers, les agréments et les décorations, les ustensiles et les meubles qui font le charme d'un intérieur, y brillent comme dans un miroir. Les figures s'harmonient avec ce splendide théâtre ; elles y jouent un rôle nécessaire et l'union de ces deux éléments compose un ensemble plein d'intérêt. L'exécution révèle l'étude la plus patiente du monde physique et atteint une vérité extraordinaire. On aperçoit bien encore çà et là quelques défauts : le modelé, l'agencement des draperies manquent de souplesse ; le peintre ignore l'anatomie, ou n'en a qu'une idée incomplète : mais ces vices s'effacent dans l'accord général : les teintes brillantes, le jeu de la lumière, l'expression des visages, le sens caché de toutes les lignes, se fondent si admirablement que la vie terrestre nous apparaît comme transfigurée, au milieu de ses conditions matérielles et prosaïques. La découverte, ou plutôt le perfectionnement de la peinture à l'huile, par les frères Van Eyck, donna aux artistes le moyen d'accomplir ces progrès. La puissance et la richesse des villes flamandes pendant cette période, l'amour patriotique, le goût des plaisirs, le sentiment religieux, qui les animaient et entretenaient leur splendeur, avaient préparé le sol où tant de chefs-d'œuvre allaient naître.

On n'a point encore fait voir de quelle manière s'est opérée la transition du style gothique à ce nouveau style. L'affection pour la nature, qui se révèle surtout alors dans les paysages des seconds plans, avait sans doute eu des germes antérieurs et ne s'était point développée d'un seul coup; il ne faudrait cependant pas la croire le dernier terme d'une progression constante et régulière. Les choses humaines ne suivent pas toujours une marche insensible; le génie s'élance rapidement vers le but de ses désirs. Dans le cas actuel l'espace franchi tout-à-coup dut être d'autant plus vaste que l'impulsion fut donnée par deux hommes d'un rare talent, qui unirent leurs efforts pour créer leurs meilleures productions.

Ces ouvrages montrent eux-mêmes, dans quelques endroits, que les frères Van Eyck étaient à certains égards sur la limite des deux périodes : on y retrouve l'immobilité, la gravité sculpturale de l'époque antérieure ; ils se bornent à traiter d'une manière plus vivante les anciens motifs. C'est probablement à Hubert Van Eyck que sont dues les figures ainsi caractérisées : son frère Jean imitait la nature avec trop d'indépendance pour qu'on les croie de lui. Leurs œuvres communes en reçoivent une grandeur, une majesté qui disparaît chez leurs élèves. Plusieurs ornements de leurs tableaux prouvent même que le vieux style régnait encore autour d'eux. Ainsi, dans les fameuses peintures de St-Bavon, à Gand, on remarque sur l'habit sacerdotal que porte le premier ange, une madone avec son enfant et un Christ dessinés tout à fait selon l'ancienne manière. On peut en dire autant de l'agrafe, qui maintient la chape du deuxième ange et où l'on voit la figure de Jésus formant saillie.

L'action qu'exerçait la nouvelle école dépassa bientôt les limites de la Flandre et atteignit les peintres étrangers. Le développement de la peinture allemande, au quinzième siècle, paraît s'être opéré sous sa direction ; du moins, la plupart des œuvres germaniques offrent-elles de nombreux caractères qui rappellent les Flamands.

Voyons d'abord les artistes de Cologne.

On trouve, dans la seconde moitié du quinzième siècle, un peintre excellent, qui, malgré ses nombreux rapports avec l'ancienne école, trahit cependant une imitation volontaire des Van Eyck. Le nom de cet artiste n'est pas connu : on lui a donné, sans beaucoup de raison, celui d'un orfèvre et graveur contemporain, Israël de Mecheln ou

Meckenen. Le lieu de sa naissance, auquel il a emprunté son dernier nom, est un bourg situé près de Bockholt, petite ville limitrophe du comté de Zütphen et de la principauté de Clèves. Il a reproduit par la gravure plusieurs tableaux de Martin Schœn : on regarde comme beaucoup meilleurs les travaux qu'il a exécutés d'après les Van Eyck. On estime aussi particulièrement l'estampe où il a tracé son portrait, celui de son père et celui de sa femme. Vasari ne le connaissait point, mais Lomazzo en parle avec éloge et lui attribue même l'invention de la taille-douce. S'il fallait se préoccuper de cette assertion, le débat relatif à la découverte de la gravure se trouverait compliqué d'un nouvel élément. Le principal ouvrage de Meckenen est une Passion exécutée sur huit tables : on s'accorde aujourd'hui pour la lui attribuer. Elle appartient à M. Lyversberg, de Cologne. Le fond de ces images est encore doré, suivant l'ancienne habitude, et cette circonstance, ainsi que les couleurs vives, claires et fines, rappelle la vieille école. Mais elles sont peintes à l'huile, et le caractère de la composition aussi bien que la technique font penser aux Van Eyck ; du reste, on voit que cet artiste était plein d'intelligence et de sensibilité. Il a cherché sérieusement à reproduire la vie, l'a copiée avec soin, avec amour, quoique le plus souvent sans inspiration originale. Son dessin est généralement précis et dur ; en voulant trop caractériser, il tombe facilement dans la charge, lorsqu'il représente des hommes vulgaires; les ennemis du Christ, par exemple. Outre la Passion que nous venons de citer, il existe un nombre considérable de peintures dues à la même main. Les plus remarquables de celles que possède Cologne, sont : dans le musée de la ville, une Descente de Croix, de l'année 1488, moins ferme que la Passion, et sans doute exécutée par Meckenen durant sa vieillesse. Les figures des ailes, ajoutées postérieurement, annoncent un élève ou un imitateur. — Deux excellents tableaux appartenant à M. Zanoli. — Les peintures murales et sur verre de la chapelle Hardenrath, dans l'église Sancta Maria in Capitolio (1466). Les unes ont été endommagées, et les autres fortement retouchées. Il faut rapporter à une date postérieure la peinture murale d'un Crucifiement qui subsiste au même endroit. Citons encore d'excellents tableaux d'autel dans les églises de Linz et de Sinzig : beaucoup d'autres conservés à Munich, parmi les ouvrages de la collection Boisserée, un triptyque surtout orné de figures pleines de noblesse, représentant les douze apôtres; — plusieurs toiles de la chapelle St-Maurice, à Nuremberg, — une élégante image avec des figures de saintes, au musée de Berlin, etc.

On peut juger de la vive influence que ce maître exerçait autour de lui, par les diverses productions de ses élèves ou imitateurs, que l'on voit à Cologne et aux environs, à Munich et à Berlin. Parmi celles de Berlin, on distingue surtout deux tableaux, dont l'un a pour sujet des saints, l'autre des saintes, et dans lesquels la dignité des formes, la noblesse de la draperie ne sont pas moins remarquables que l'expression des têtes et la vigueur du coloris.

Plus tard, vers les premières années du seizième siècle, les peintres de Cologne se livrèrent aux plus étranges et aux plus fantastiques bizarreries.

En même temps que l'artiste désigné sous le nom d'Israël de Meckenen, plusieurs peintres habiles florissaient dans l'Allemagne supérieure. L'influence des Van Eyck sur leur talent se trahit d'une manière évidente. Il faut d'abord mentionner, parmi eux, Frédéric Herlin, de Nordlingen. Le livre censier de la ville, pour l'année 1467, parle en termes précis de son habileté dans l'*art flamand*. Les peintures de cet artiste, qui se trouvent à Nordlingen, portent les caractères bien déterminés de l'école des Van Eyck. L'une est un retable appartenant à l'église St-Georges, de l'année 1462, représentant le Christ en croix et les figures de quatre saints personnages. L'autre, de l'année 1488, décore l'église principale du lieu, et contient la Vierge, l'Enfant et des Saints à leurs côtés. On attribue aussi à Frédéric Herlin un grand triptyque fort beau qui orne le chœur de la cathédrale de Meissen ; malheureusement on l'a barbouillé d'une façon indigne dans quelques parties. Il ressemble de la manière la plus surprenante aux ouvrages des Van Eyck, pour la composition et pour le nu : seulement ce dernier n'est pas aussi bien traité. Les étoffes ne présentent pas ces caractères spéciaux, qui, dans les productions des Van Eyck, indiquent sur-le-champ leur nature ; mais, en revanche, la draperie a plus de noblesse et se rapproche davantage de la manière de Hubert.

Martin Schœn (proprement Schœngauer), dit de Colmar, surpassa les précédents, et occupe, en outre, une des premières places parmi les plus anciens graveurs. Il dispute au florentin Maso Finiguerra l'honneur d'avoir inventé la taille-douce ; et cette querelle l'a rendu célèbre. Né à Culembach, en Franconie, vers l'année 1420, il mourut en 1486. Son œuvre, comme graveur, se compose de cent cinquante pièces originales ; elles sont de la plus grande rareté. Albert se préparait à le venir voir en Alsace, lorsqu'il apprit sa mort. Ses estampes révèlent un talent original, mais trahissent en même temps, de divers côtés, l'imitation des Van Eyck. A en juger par les ouvrages des galeries de Nuremberg, Schleissheim et Vienne, qu'on lui attribue, c'était un artiste doué d'une intelligence forte et sérieuse, qui comprenait la vie à la manière des Flamands, sans leur ressembler toujours dans l'exécution. Sa couleur manque habituellement de force ; ses draperies ont de la noblesse, mais le genre de l'étoffe n'est pas assez déterminé ; ses chairs sont la plupart du temps peintes avec mollesse. Sa manière se distingue par une expression de douceur et de pieuse gravité, qui semble naître d'une âme en paix avec elle-même et avec le monde. Ici, point de dévotion mesquine, point d'absurde rêverie, mais l'empreinte d'une âme fière et énergique. Ces qualités donnent souvent, à ses formes, une dignité calme, à ses têtes, une beauté harmonieuse, telles qu'en offrent rarement les œuvres primitives de l'art germanique. Il existe de lui, dans la chapelle St-Maurice, à Nuremberg, six groupes de personnages qui figurent les parents de la Vierge, et, en outre, une sainte Barbara. L'intimité affectueuse de la vie de famille s'y retrace avec tous ses charmes. Parmi les tableaux de la galerie de Schleissheim, il faut citer un ouvrage composé de deux peintures représentant la Vierge, mère des miséricordes, qui protége une troupe d'hommes en prières contre le courroux des Anges du châtiment. Les productions que l'on voit à Colmar sont encore supérieures ; la plus importante par les dimensions et par le sujet, aussi bien que par sa complète intégrité, est une grande page d'autel dans la cathédrale ; elle nous offre la Vierge entourée de roses. Marie, portant son divin fils, trône au centre d'une guirlande où nichent de petits oiseaux; deux anges voltigent au-dessus d'elle, tenant une couronne suspendue sur sa tête. Derrière les personnages, un peu plus grands que nature, brille un fond doré; il en est ainsi de presque toutes les toiles qu'on peut attribuer, avec quelque certitude, à Martin Schœn. La tête de la Vierge n'égale pas en beauté celles des Anges et des autres madones de la bibliothèque de Colmar, celles, par exemple, d'une Annonciation et d'une Adoration des Mages. Ses grosses joues lui donnent un air de prospérité qui contraste avec son affliction, car son visage exprime une douleur calme et résignée. De beaux cheveux roux flottent sur ses épaules. Les draperies sont gauches, lourdes et trop volumineuses. Le modelé révèle une assez grande science anatomique : les mains ont beaucoup de grâce, quoiqu'elles soient trop longues. Marie vue d'ensemble forme presque un triangle isocèle, et nous n'avons pas besoin de dire que c'est un défaut. La couleur ne manque ni d'éclat ni de finesse; on ne peut qu'être charmé par ce bel ouvrage.

Les toiles de la bibliothèque représentent la vie du Christ, à partir du commencement de la Passion. Elles sont au nombre de dix-sept et font avantageusement connaître l'auteur. Nous ne mentionnerons que les plus importantes.

Le Dimanche des Rameaux. — La composition

est de la plus grande simplicité. Jésus occupe le milieu, ses disciples le suivent ; quelques personnes rassemblées à la porte de Jérusalem étendent leurs manteaux et jettent des branches sous ses pieds. La figure du Rédempteur a une certaine beauté, quoique le type en soit un peu commun.

Le Christ au jardin des Oliviers. — Trois apôtres dorment sur le premier plan. Leurs poses sont pleines de naturel et de vérité ; la couleur est belle et non moins vraie que les attitudes.

Le Baiser de Judas. — La figure du traître et celle des soldats ont un aspect grotesque. On reconnaît ici le moyen-âge, qui avait pour habitude de peindre la laideur morale par la laideur physique. Saint Pierre lève son épée sur Malchus, étendu à ses pieds.

Jésus devant Pilate. — C'est un des plus beaux sous tous les rapports. La composition, les attitudes, la couleur, les types du visage, surtout celui du Christ, satisfont complètement.

Le Crucifiement. — Le peintre, sans doute afin d'exprimer la douleur, a donné au Fils de l'Homme et aux larrons des corps efflanqués ; mais il a exagéré l'aplatissement du ventre. Les deux voleurs rendent l'esprit ; l'âme du mauvais larron sort par sa bouche sous la forme d'une petite figure sans sexe ; elle a les mains penchées en bas, vers l'enfer. Un démon, les griffes ouvertes, l'attend au passage. L'âme du bon larron est déjà sortie; elle a les mains tendues vers le ciel, et des Anges descendent pour la recevoir. Au bas de la croix, une toute petite image de prêtre qui laisse échapper ces mots : *O Fili Dei, miserere mei*. Est-ce le donateur? est-ce Martin Schœn lui-même? Nous ne savons. A gauche, des saintes femmes; à droite, des soldats et un martyr.

La Descente dans les Limbes. — Ce tableau est une copie presque fidèle d'un vitrail de Strasbourg. Les diables sont de couleur verte. M. Reichstetter prétend que le peintre a voulu indiquer de la sorte l'espérance conservée par les âmes retenues au milieu de cet enfer temporaire. Comme sur les vitraux de Strasbourg, Jésus, après sa mort, porte un étendard. On le retrouve ainsi dans les scènes suivantes.

La Résurrection. — Jésus ne s'élève pas dans les airs selon l'habitude : un ange a ouvert son tombeau, et il en sort à pied. On voit au loin accourir les saintes femmes.

Jésus apparaît à sainte Madeleine. — C'est dans un verger que le Rédempteur se montre à la pécheresse. Une cabane de bois, qu'on découvre sur la gauche, est peinte avec tant d'exactitude qu'elle forme trompe-l'œil.

Au reste, le plus grand soin a présidé aux moindres détails de l'exécution. Le dessin des têtes l'emporte sur celui des membres, qui sont encore maigres et roides. Un coloris frais et léger, des ombres claires, des nuances si bien fondues qu'on ne distingue pas un seul coup de pinceau, voilà les autres caractères du style de Martin Schœn.

Ces ouvrages sont réellement enfouis dans la biblothèque de Colmar. Ils ornent les murailles de deux allées qui se coupent à angle droit. Les habitants de la ville ne se doutent point de leur existence. M. le bibliothécaire m'a affirmé que personne ne les venait voir, et j'ai pu m'en assurer par moi-même. Non-seulement les bourgeois se soucient peu des arts, mais ils se soucient peu des livres. Le silence le plus complet règne dans les salles; de temps en temps un garçon époussète les bancs et les tables; il jette un coup d'œil sur les rayons, que pas un seul lecteur n'a troublés depuis vingt ans, et s'éloigne sans que personne ait interrompu la solitude de l'édifice.

La France possède encore un tableau de ce maître. Il orne le musée de Paris, et a pour sujet les Israélites qui recueillent la manne dans le désert. C'est un ouvrage mal réussi, pâle de couleur, sec de dessin et vulgaire d'expression. Il donnerait une idée peu avantageuse de cet artiste, si l'on n'en connaissait de plus beaux. Il porte le chiffre 730.

On voit encore de Martin Schœn, dans la galerie impériale de Vienne, un Crucifiement d'une excellente exécution. Parmi les tableaux de M. Aders, à Londres, se trouve un *Ecce Homo*, riche composition, pleine de têtes expressives. Le visage du Christ est d'une douceur angélique et de la plus grande beauté; mais ses ennemis tournent à la caricature. Les nus ont une certaine sécheresse; le coloris, légèrement appliqué et sans vigueur, ne laisse pas de trahir une main fort habile. Cette peinture a le plus grand rapport avec les gravures de Martin Schœn, où l'on voit, par exemple dans le Portement de Croix, la noble douceur de la victime contraster avec l'aspect fantastique et outré de ses bourreaux. Cette vive opposition semble encore plus frappante dans d'autres gravures; telle est une tentation de saint Antoine, où des diables étranges emportent l'anachorète au milieu des airs.

La galerie de Schleissheim renferme un portrait de ce maître, peint en 1483, par Hans Largkmaier, son élève. Le visage, empreint d'une douce gravité, respire l'intimité affectueuse de la vie de famille: la peinture est excellente et le ton chaud; les contours offrent seuls quelque roideur.

Jean Holbein, le père, natif d'Augsbourg et contemporain de Martin Schœn, mais un peu plus jeune que lui, ne manque pas d'une certaine conformité avec ce dernier maître. Il florissait vers la fin du quinzième siècle[1]. Il est vrai que ses peintures

[1] On croit qu'il naquit en 1450.

sentent plus le métier que celles de Martin Schœn, et que ses formes sont roides et anguleuses; cependant un esprit vigoureux s'y manifeste, et quelquefois on y trouve l'expression d'une dignité originale. Une grâce charmante, une douceur et un fini extraordinaires embellissent souvent les têtes, principalement celles des femmes; d'un autre côté, les antithèses bizarres que nous avons déjà signalées dans Martin Schœn, reparaissent, chez Holbein, encore plus frappantes. Il a une tendance manifeste à caractériser avec exagération, surtout les persécuteurs, ainsi que le prouvent ses nombreux martyres. Il ne représente pas, comme les autres peintres du temps, les scélérats sous des traits difformes et d'une vulgarité dégoûtante; chez lui, leur laideur semble résulter d'une passion infernale et irrésistible, qui les aiguillonne, les défigure momentanément et leur fait prendre des attitudes disgracieuses. Plusieurs personnages de ses tableaux paraissent avoir servi de modèles aux productions de la nouvelle poésie romantique. On y trouve souvent, parmi les persécuteurs, un homme au teint pâle, à la physionomie tranchée comme les Italiens, portant un habit de chasse vert et une plume de coq à son chapeau. Ces sortes d'images ne sont pas rares. La galerie de la Forteresse et celle de la chapelle St-Maurice, à Nuremberg, la galerie publique d'Augsbourg et l'institut Stœdel, à Francfort-sur-le-Mein, en possèdent un grand nombre ; mais la collection la plus considérable se trouve à Schleissheim. Elle se compose de vingt tableaux, dont dix-sept ont pour sujet la vie et les souffrances du Christ. Ils viennent du cloître de Kaiserheim, et, selon un ancien document, furent exécutés en 1520. Dans les scènes qui n'admettent point de bourreaux, on voit se déployer avec indépendance la grâce et la douceur sur lesquelles nous avons insisté précédemment. Nous indiquerons, comme exemple, deux excellents tableaux en grisaille, de la galerie des États, à Prague. Ces tableaux, revêtus du nom de l'artiste, sont des volets d'autel qui offrent, en dedans et en dehors, des saints et des événements tirés de la légende ; d'excellentes têtes s'y font remarquer. Ajoutons une petite figure de la madone (1499), assise sur un trône gothique, qui lui est attribué, et qui orne la chapelle St-Maurice, à Nuremberg. Il faut encore mettre au nombre des plus remarquables, deux peintures de la galerie de Munich, représentant sainte Élisabeth et sainte Barbara. Les têtes sont exécutées avec une douceur extrême et une gracieuse naïveté. La bibliothèque de Bâle renferme aussi plusieurs tableaux très importants de cet artiste.

L'influence flamande paraît aussi dominer en Westphalie, à la fin du quinzième siècle. On la discerne d'autant mieux qu'elle contraste fortement avec l'école primitive. En effet, la noble douceur et le calme gracieux des anciens artistes sont ici remplacés par une recherche exagérée, qui va jusqu'à la rudesse et tourne à la charge, par un entassement de figures qui accumule, sur le même tableau, les différentes scènes d'une action. Outre l'imitation des Van Eyck, on distingue encore celle des maîtres de l'Allemagne supérieure, de Martin Schœn entre autres.

Parmi les artistes westphaliens de cette époque, un maître de Soest, nommé Jarénus, déploya une belle originalité. Le musée de Berlin possède de lui plusieurs panneaux remarquables, avec des fonds dorés, qui composent un grand ouvrage d'autel. La peinture du milieu retrace différentes scènes de la Passion du Christ. C'est une vaste image, où les groupes sont encore mêlés confusément. On y trouve des figures sèches, d'un dessin dur et hâté, mais, en revanche, des têtes pleines de caractère et même de grâce. L'aile droite expose en quatre tableaux distincts la Résurrection du Christ, l'Ascension, la Descente du Saint-Esprit et le Jugement dernier. Comme ici les groupes se séparent naturellement, les scènes sont claires, distinctes, faciles à saisir. L'aile gauche représente aussi dans quatre divisions, l'Annonciation, la Nativité, l'Adoration des Mages, la Présentation au Temple. Les figures sont très bien coordonnées, surtout celles qui remplissent les deux premiers compartiments. Les madones ont de la grâce et de la simplicité; ce sont de belles têtes allemandes avec de blonds cheveux tombant sur les épaules. Le comté de Pembrock, à Wiltonhouse, en Angleterre, possède de ce maître une petite image parfaitement exécutée. Elle nous montre le Christ après sa mort, entouré des siens qui le pleurent.

L'imitation des Van Eyck devient plus rigoureuse en Westphalie, au commencement du seizième siècle, et l'on trouve des tableaux de cette période, qui peuvent soutenir la comparaison avec les œuvres les plus brillantes de l'école flamande. Nous citerons, entre autres, une toile dans le style de Van der Goes, qui représente une madone portée sur un croissant, avec un chartreux agenouillé à ses pieds. Cet ouvrage vient de la Chartreuse, située près de Dulmen, et appartient maintenant à M. Clément Brentano. On voit dans l'église catholique de Dortmund une splendide peinture d'autel, exécutée en ce style. Le panneau central nous met sous les yeux le Crucifiement; l'une des ailes, l'Adoration des Mages, et l'autre, les Mères des Apôtres, avec ceux-ci peints sous la forme d'enfants. Le côté externe, orné de six saints, presque aussi grands que nature, a une très haute valeur. Nous en dirons autant d'un triptyque de Schwerte, muni de doubles battants, chargés de moulures à l'intérieur. Il existe encore des images de prix à Soest et dans plusieurs petites villes du comté de Mark.

Les artistes de Nuremberg, qui florirent vers la fin du quinzième siècle, commencèrent à s'affranchir de l'imitation des peintres néerlandais, et n'eurent de commun avec eux que les caractères généraux d'une même période de développement. Le trait distinctif de leur école semble être une fidèle et rigoureuse imitation de la nature. Quelque roideur et quelque dureté l'accompagnent bien encore, mais certaines parties s'élèvent à cette noble beauté qui brille dans les ouvrages de Martin Schœn.

Michel Wolgemuth, né en 1434, mort en 1519, se distingue surtout parmi ces artistes. On voit percer, il est vrai, dans la plupart de ses ouvrages, l'homme de métier, qui n'évite pas la rudesse et n'atteint pas toujours le naturel, surtout lorsqu'il lui faut rendre les mouvements; d'un autre côté, lorsqu'il figure des actions tranquilles, ses formes prennent de la grâce, et son expression de la douceur. Il serait curieux, sous ce rapport, de comparer entre eux les tableaux de cet artiste, qui se trouvent à la galerie de Schleissheim. De dimensions égales et peints sur les deux côtés, ils déroulent devant nous l'histoire du Christ. On remarquerait, par exemple, auprès d'une Descente de croix qui reste complètement au-dessous de la dignité du sujet, une Annonciation qui offre un aspect agréable et dont les lignes principales ne manquent pas de beauté. On pourrait appliquer le même mode d'étude aux ouvrages de Wolgemuth, conservés dans la galerie de la forteresse et dans la chapelle St-Maurice, à Nuremberg, ainsi qu'à une suite de peintures qui ornent une église de Chemnitz, et ont été exposées publiquement à Dresde en 1832. Tous les tableaux mentionnés jusqu'à présent demeurent bien au-dessous d'une page d'autel que ce maître exécuta vers les dernières années de sa vie, en 1511, et qu'on peut admirer dans la galerie du Belvédère, à Vienne. L'image du milieu montre saint Jérôme, occupant un trône, et le donateur avec sa femme à genoux près de lui. Le docteur porte un rameau épineux dans la main droite et s'appuie de la gauche sur la tête d'un lion. Derrière lui se déploie un paysage, au milieu duquel les principales circonstances de sa vie sont peintes à l'aide de figures très petites. On voit entre autres son arrivée dans l'île de Chypre sur un grand vaisseau, et sa réception par l'évêque Épiphanius. Cet autel est en outre pourvu de doubles battants, où l'on remarque les figures de plusieurs autres saints. La manière sèche et roide, qui gâte les autres productions de Wolgemuth, semble là très adoucie. Les tons de la couleur sont chauds et vigoureux : cette peinture, en un mot, rappelle dignement le maître d'Albert Dürer ; Wolgemuth l'emporte même ici sur son élève par l'expression d'une douce naïveté qui distingue principalement les têtes de quelques saints : mais, en somme, les meilleures de toutes sont celles des donateurs.

D'autres maîtres contemporains de Nuremberg, sans atteindre à la hauteur des meilleures peintures de Wolgemuth, se sont élevés jusqu'à ses ouvrages de moyenne habileté. On compte parmi eux Martin Zagel, dont la galerie de Vienne possède un crucifix entouré de plusieurs saints, composition grave bien finie; et Jacob Walch, dont il existe, entre autres, une peinture semblable au musée de Berlin.

Les artistes bavarois de cette époque sont moins intéressants. On trouve, dans la galerie de Schleissheim, deux peintures de grande proportion, exécutées par Gabriel Mæchselkircher, de Munich, qui florissait vers l'année 1470; elles ont pour sujet le portement de croix et le crucifiement. Il y règne une barbarie sauvage et une recherche fantastique. La même galerie possède, d'Ulric Füterer de Landshut (1480), un grand calvaire renfermé, comme un bas-relief, entre des ornements d'architecture gothique. C'est, du reste, un ouvrage extrêmement faible. Jean d'Olmdorf, peintre de la cour bavaroise, en 1490, semble avoir un peu plus d'importance. Il existe de lui une peinture assez bonne au château de Nuremberg. C'est un tableau de famille, presque de grandeur naturelle. En voici le sujet : une mère assise à la fenêtre tient un petit enfant sur ses genoux; près d'elle un autre enfant s'amuse à faire des bulles de savon. C'est encore très durement et très sèchement peint; mais les poses et l'expression ne manquent pas de naturel. La galerie de Schleissheim possède plusieurs ouvrages de cet artiste.

Maîtres du seizième siècle.

Les vingt-cinq premières années du seizième siècle virent briller les principaux maîtres de l'art allemand; à la même époque la peinture italienne enfantait ses chefs-d'œuvre. Toutefois l'art germanique et l'art italien diffèrent dans leurs points essentiels, non-seulement sous le rapport de la direction et du plan particuliers à chacun, mais encore sous celui du goût, de l'accomplissement des lois intimes de l'idéal. Une longue série d'œuvres excellentes naquirent sur le sol italien. Alors se renouvelèrent ces temps merveilleux de la Grèce antique, où la créature d'un jour put contempler la beauté divine, où la pensée de l'artiste s'incarna dans des formes accomplies, où une dignité souveraine transfigura l'image de l'homme. Au-delà du Rhin, l'art ne put jamais s'affranchir entièrement des souvenirs légués par le passé, ni

de la manière plus ou moins conventionnelle de
l'exécution. D'autres intérêts préoccupaient les
cerveaux, et à moins d'un cas tout spécial, jamais
la perfection esthétique n'a signalé les œuvres
allemandes.

Cependant les Germains n'étaient pas, plus que
d'autres, incapables de saisir, de s'approprier la
magie du beau. Nous avons vu, dans la période
gothique, se manifester, surtout chez les artistes
de Cologne et de Westphalie, une propension dominante à concevoir l'idéal; nous en avons indiqué les
nobles résultats. Plus tard, les imitateurs de l'école
flamande, reproduisant la vie habituelle avec une
plus ou moins grande vérité, se distinguent par
l'expression des sentiments affectueux du cœur,
et l'on pouvait espérer que ces éléments se réuniraient, se perfectionneraient avec les années.
S'il n'en est point arrivé ainsi, on ne doit attribuer ce malheur qu'à l'influence d'une cause pernicieuse.

Cette cause est l'amour du *fantastique*. Il distingue particulièrement les hommes du Nord, et
le caractère de la nature septentrionale doit, selon
nous, l'expliquer mieux que toute autre chose.
Dans le midi, la sérénité du ciel, l'air pur et transparent, les lignes gracieuses des montagnes, les
formes pittoresques des végétaux, enchantent les
regards et inspirent à l'âme une douce satisfaction.
Tel n'est pas le monde extérieur dans les pays

éloignés du soleil. Là les nuages voilent le firmament, le brouillard pèse sur les vallons; durant six mois de l'année la terre, dépouillée de ses fleurs, semble profondément engourdie. Cette tristesse des objets réels concentre l'âme en elle-même et l'excite à peupler ses solitudes de créatures imaginaires. Voilà la source des contes surnaturels du Nord, genre ignoré de la Grèce et de l'Italie, et qui repose sur de tout autres bases que les contes orientaux. La même raison explique les jeux singuliers de l'art, ces jeux, dont les ornements de nos églises et les marges des anciens manuscrits nous fournissent tant d'exemples. Mais lorsque la fantaisie s'aventure dans un monde sans règle et sans limites, abandonne les lois de l'organisme, les types des formes naturelles, et cherche à régner arbitrairement, c'est toujours au préjudice de la beauté. Ses songes peuvent se formuler en combinaisons pleines de sens, revêtir un aspect attrayant et délicat, mais elle ne témoigne d'un sentiment pur, noble, idéal, que lorsqu'elle se soumet aux lois immuables de l'art et brise le joug des puissances capricieuses.

Cette tendance au fantastique n'est pas étrangère aux périodes les plus anciennes de l'art septentrional, bien qu'elle y joue ordinairement un rôle subalterne, et qu'en certains cas elle n'exclue point une vraie beauté. Le caractère hyperbolique des derniers ouvrages de Stephan la révèle déjà, aussi bien que le célèbre Enfer de Jean de Bruges, à Dantzick, l'Apocalypse de Hemling, les folles créations de Jérôme Bosch, et surtout, vers la fin du quinzième siècle, les œuvres des peintres de Cologne, celles de Martin Schœn, de Holbein le Père, et des artistes westphaliens. Mais pourquoi cet élément nuisible s'est-il montré plus vigoureux en Allemagne, précisément à la dernière époque de l'art? Les circonstances nous paraissent expliquer ce fait : il dérive du protestantisme. La Réforme aida la science, mais elle agit sur l'art d'une manière visiblement pernicieuse. Elle sacrifia aux pouvoirs intellectuels le sentiment regardé comme une source d'erreurs; elle affranchit la raison, excita l'individu à penser lui-même, à généraliser ses vues subjectives et à leur trouver une base. Il dut en résulter un certain nombre de conséquences étranges, qui se manifestèrent dans la politique et les autres branches de la vie réelle, aussi bien que dans l'art. Quand la pensée dirige exclusivement la création des œuvres plastiques, elles se changent facilement en hiéroglyphes, en symboles; une forme moins élégante suffit alors pour traduire l'idée. La fantaisie, qui sert de médiatrice entre l'exécution et la pensée, voit se dérouler devant elle un plus libre espace, un plus vaste champ d'arbitraire; il est donc tout-à-fait naturel qu'au milieu de semblables circonstances, l'imagination ait continué la route qu'elle n'avait jamais entièrement abandonnée, que les songes fabuleux soient revenus, et, comme de mauvais génies, aient arrêté le développement du beau. Quels que soient l'intérêt, le sens remarquable de certains ouvrages produits alors, ils ne satisfont jamais complètement, ils n'atteignent pas les cimes de l'art.

Albert Dürer.

Parmi les artistes qui vont maintenant nous occuper, Albert Dürer appelle surtout notre attention. Le génie pittoresque de l'Allemagne atteignit en lui sa plus grande originalité, sa plus haute perfection connues; il devint le symbole de son époque. Une imagination inépuisable, qui n'embrassait pas seulement la peinture et le dessin, mais empiétait encore sur le domaine de la statuaire, sur celui de l'architecture; une intelligence qui savait observer la vie jusque dans ses nuances les plus délicates, dans ses mouvements les plus légers; un sentiment profond de la grâce et de la naïveté en même temps que du sublime; un esprit sérieux et droit, joint au courage nécessaire pour entreprendre de longues études, courage attesté par ses œuvres théoriques, voilà les qualités qui le distinguent, et qui auraient dû, à ce qu'il semble, lui permettre d'égaler les plus fameux artistes de la terre. Mais il ne sut point résister au penchant de la nation vers le fantastique ; cet élément funeste troubla de mille manières le pur développement de ses facultés. Son attachement au merveilleux a bien fait éclore entre ses mains quelques fleurs étonnantes, auxquelles nous ne trouvons presque rien à comparer ; il a produit quelques ouvrages d'un sens mystérieux, qui excitent un vif intérêt et qui sont plutôt des poésies que des peintures ; toutefois, si nous ne perdons point de vue le but suprême de l'art, cette beauté qui identifie dans sa splendeur la forme et la pensée, nous serons contraints d'avouer qu'il a rarement satisfait à ses lois. Son dessin est plein de vie et de caractère ; mais dans une foule d'occasions la singularité des mouvements étonne, surtout lorsque les personnages sont nus ; il dispose aussi fréquemment ses draperies d'une manière bizarre. Peut-être suivait-il une mode de l'époque ; mais elle ne me semble nullement propre à indiquer la configuration du corps. Dans ses vêtements arbitraires, il jette les plis en grandes masses ; cependant, aux endroits où ils se brisent et forment des angles, il n'abandonne pas ce dessin étrange, qui déconcerte l'œil et gâte l'effet de l'ensemble. Son coloris a un vif éclat, et, pris en lui-même, une rare beauté; toutefois il ne rend point pas la couleur vigoureuse et pleine des objets réels. La fantaisie domine le jeu de ses ombres et de ses lumières; le résultat ne manque pas de charme, mais il éloigne de la nature au lieu de rappeler son aspect. C'est un effet magique pareil à celui que le clair-obscur détermine dans les productions de Rembrandt. Quoique Albert Dürer négligeât presque entièrement cette dernière ressource, ses tableaux saisissent encore davantage. En outre sa forme et l'expression de ses têtes manifestent un certain goût, qui n'est point motivé par un désir d'atteindre l'idéal, ou de représenter fidèlement la nature, comme ses prédécesseurs, mais qu'un amour de la bizarrerie peut seul expliquer. Cependant, comme malgré ces défauts la plupart de ses ouvrages impressionnent noblement, ce résultat prouve la grandeur native de ses facultés.

L'examen détaillé de ses travaux rendra plus net ce que nous venons de dire. Leur succession chronologique nous fournira quelques données probables sur la manière dont il se développa. Je prendrai surtout en considération ses peintures, du moins celles que j'ai vues moi-même, car les peintures seules peuvent montrer l'étendue et la force de son talent. Ses nombreuses gravures sur bois et sur cuivre nous aideront aussi : nous en observerons les principaux caractères et relaterons avec soin l'époque où elles furent exécutées.

Albert Dürer naquit à Nuremberg en 1471, et mourut dans la même ville en 1528. Son père était un orfèvre estimé; il reçut de lui les premières leçons du dessin. Mais bientôt ses progrès rapides et le sentiment de sa vocation l'engagèrent à choisir pour maître le célèbre Wolgemuth. Il est faux qu'il ait appris de Martin Schœn l'art de graver sur cuivre et sur bois; cet artiste mourut en 1486, au moment où Dürer se préparait à fréquenter son école. Après trois années d'étude, sous la direction de Wolgemuth, celui-ci quitta Nuremberg et visita une portion de l'Allemagne, des Pays-Bas et de l'Italie. Il revint en 1494 ; des lettres authentiques mettent ce voyage hors de doute. Il traversa de nouveau les Alpes pour se rendre à Venise, en 1495 et 1506, comme on le verra plus bas. A l'âge de vingt-quatre ans, il se maria avec la fille d'un habile mécanicien. C'était une très belle femme, si le portrait gravé par Dürer nous en offre une image fidèle. Mais une lettre, qu'il écrivit plus tard de Venise à son ami Pirkheimer, nous apprend qu'il avait épousé contre son gré cette personne revêche, et seulement pour obéir à ses parents. On a prétendu que, las de supporter les chagrins dont elle l'accablait, il entreprit plusieurs voyages afin de goûter quelque repos loin d'elle. Son excursion dans les Pays-Bas, en 1520, ne lui procura pas même cette tranquillité furtive, car elle l'y suivit constamment. Dürer a lui-même écrit une relation fort détaillée de la manière dont les Belges l'accueillirent. Il rencontra chez eux l'empereur Maximilien Ier, qui lui témoigna une grande admiration. Ce monarque l'appela ensuite à sa cour, où il occupa alternativement son burin et son pinceau. Voulant lui montrer sa satisfaction, il l'anoblit et lui donna pour armoiries trois écussons sur un champ d'azur, deux en chef et un en pointe. Par la suite, toutes les communautés de peinture les adoptèrent. L'empereur lui fit, en outre, une rente annuelle. Charles-Quint aimait sa figure douce, ses nobles manières, sa conversation spirituelle. Ferdinand, roi de Bohême et de Hongrie, se plaisait à l'entretenir familièrement. Ami d'Erasme, de Melanchton, de Raphaël, de Lucas de Leyde, il dessina leurs portraits ou leur donna le sien. Il échangea fréquemment, avec le grand peintre des Loges, des gravures et des esquisses.

L'homme méritait en lui autant de respect que l'artiste. A une belle éducation, il joignait une dignité native. La bienveillance, même à l'égard des peintres médiocres, était un des principaux traits de son caractère. Il observait les lois de la justice envers tout le monde, et quand il ne trouvait rien à louer dans une œuvre, il louait du moins les efforts de l'auteur. Mais ni sa bonté, ni son talent ne purent adoucir son épouse, Agnès Frey. Son avarice, ses colères détruisirent le bonheur de sa vie, altérèrent sa santé et le firent mourir avant l'âge. Un de ses amis, Georges Hartmann, déplore son infortune dans une lettre où on trouve le passage suivant : « Il ne faut imputer son décès à personne qu'à son épouse. Elle lui avait si bien rongé le cœur, elle lui avait fait endurer de telles souffrances, qu'il semblait en avoir perdu la raison. Elle ne le laissait jamais interrompre son travail, l'éloignait de toutes les sociétés, et par les plaintes continuelles dont elle le fatiguait le jour et la nuit, le tenait rigoureusement enchaîné à l'œuvre, afin qu'il amassât de l'argent pour le lui laisser après sa mort. Elle avait sans cesse la crainte de périr dans la misère, et cette crainte la torture encore maintenant, quoique Dürer lui ait légué près de six mille florins. Elle est insatiable : elle a donc été vraiment la cause de sa mort, etc. * »

Il fut enterré en grande pompe dans le cime-

---

* *Nemini imputare queat, quam uxori eius, quæ cor ipse usque adeò eroserit, tantoque cruciatu eundem afflixerit, ut stipitis instar ex....it, nec ullam a labore remissionem quærere, vel societati quædam interesse potuerit, ob continuas querelas, quibus ad laborandum noctu atque interdiù rigorosè eundem computerit, ut pecuniam saltem, quam moriens ipsi relinqueret, lucraretur; cum pereundi metus eamdem continuò torserit, et adhuc torseat, quamvis ad sex mille florenorum Albertus ipsæ reliquerit, nunquam exsatiabili; unde mortis eius causa unica non fuerit, nisi ipsa, etc.*

tière de Saint-Jean, triste cimetière où pas un arbre ne soupire, pas une fleur ne s'agite et où les sépultures ont un aspect doublement funèbre. On lit sur son tombeau les paroles suivantes :

Quicquid Alberti Dureri mortale fuit
Sub hoc conditur tumulo.

On ne connaît, avec certitude, qu'un petit nombre de travaux qu'il exécuta pendant sa jeunesse. M. Campe, à Nuremberg, possède un Crucifiement qui présente un grand nombre de personnages et porte le monogramme de Dürer. Si l'on pouvait l'établir nettement en authenticité, ce serait une des premières œuvres sorties des mains de l'auteur. Elle rappelle beaucoup le style des vieux maîtres qui florissaient dans la seconde moitié du quinzième siècle. On remarque, entre autres circonstances, que, selon la manière la plus commune, les formes des ennemis du Christ sont exagérées sans mesure. Je n'ai cependant rien trouvé dans cette image, qui annonce le style ultérieur d'Albert Dürer ou fasse souvenir de Wolgemuth. Les lignes du dessin courent mollement; le coloris est pâteux; de plus, la physionomie des têtes nobles m'a rappelé un type que j'ai déjà observé dans quelques anciens tableaux, sans pouvoir le rapporter à un maître particulier. D'ailleurs le monogramme recouvre un chiffre antérieur : cet ouvrage douteux ne peut donc nous être utile.

On trouve, dans la galerie florentine des Offices, le portrait d'un homme âgé, qui doit représenter le père de Dürer, et porte le monogramme de l'artiste, avec la date de 1490. C'est une excellente tête pleine de caractère et de vérité; mais elle est placée si haut que l'on ne saurait distinguer la nature de l'exécution, ni le chiffre de l'année. On ne peut donc affirmer qu'elle soit de lui; la date surtout reste problématique.

La plus ancienne peinture d'Albert, d'une authenticité irrécusable, est son propre portrait de l'année 1498, qui enrichit la collection florentine des portraits de peintres faits par eux-mêmes. La disposition de l'image est connue. On voit l'artiste à mi-corps, assis devant une fenêtre, les mains posées sur une balustrade. Il est vêtu d'habits de fête, avec une chemise élégamment plissée, une jaquette blanche rayée de noir et un manteau brun jeté sur l'épaule gauche. Les cheveux forment des anneaux soigneusement bouclés. La peinture, quoique le dessin soit un peu tranché, a pourtant quelque chose de large et de flou dans les lumières principalement, que l'on rencontre à peine dans des œuvres postérieures. L'ombre des chairs tourne un peu au bronze;

l'expression du visage a de la noblesse et de la simplicité ; elle ne manque pourtant pas d'un certain contentement naïf de soi-même. Ce dernier trait ne doit point surprendre, car ce même amour-propre se trahit assez ouvertement dans les lettres qu'il écrivit, huit années plus tard, à Pirckheimer.

Durant cette même année (1498), parurent les estampes sur bois qui représentent l'Apocalypse. Nous devrions peut-être y voir, ainsi qu'il arrive d'ordinaire pour les œuvres de cette espèce, le résultat de travaux antérieurs. Dans ces compositions, le talent de l'artiste se révèle déjà d'une manière grande et originale, et, comme le sujet le demandait, l'élément fastastique sert de base au tout. Les données mystiques sont conçues avec poésie; le merveilleux et l'extraordinaire nous apparaissent sous des formes vivantes. On remarque çà et là une vigueur de conception, un grandiose d'idées qui surprennent d'autant plus, que les visions colossales et ténébreuses de l'apôtre auraient pu égarer facilement l'artiste, comme elles ont égaré une foule d'ingénieux dessinateurs. Quelle puissance anime la seconde feuille, où le vieillard aux yeux flamboyants, qui tient les sept étoiles dans la droite et une épée à deux tranchants dans la bouche, trône entre les sept flambeaux mystérieux, tandis que saint Jean s'agenouille devant lui! Avec quelle rage se précipitent, sur la quatrième feuille, les cavaliers portant l'arc, l'épée, la balance et la faux de la mort ! Comme les anges de l'Euphrate, sur la huitième feuille terrassent les orgueilleux, les puissants du monde et les frappent de leur glaive ! Et comme les terribles chevaliers les écrasent sous les pieds des lions qu'ils chevauchent ! Mais nous nous laisserions entraîner trop loin, si nous voulions juger tous les détails de ces planches magnifiques. Nous passons donc aux peintures.

Je connais, de l'année 1500, plusieurs tableaux de Dürer. Le premier, le plus remarquable est son propre portrait, dans la galerie de Munich, où on le voit de face, la main posée sur la fourrure de son habit. Il y a une différence très grande entre cette image et celle de Florence, quoiqu'ici l'artiste ne soit que de deux ans plus âgé. Ce changement doit trahir une crise importante accomplie dans son âme. La première peinture nous le montre comme un bon et innocent jeune homme : ici, nous apercevons la maturité de l'homme fait. Ses traits sont devenus pleins et vigoureux ; ils annoncent un caractère entièrement formé. Le front et les yeux témoignent d'un esprit grave et réfléchi. De même, la technique individuelle, qui contribue pour une si grande part à imprimer aux œuvres d'Albert Dürer une physionomie spéciale, se montre déjà complète. Ces légères teintes d'azur, qu'il place dans les ombres de ses carnations, donnent à cette image une transparence presque vitreuse. Toutefois, le modelé est excellent, quoiqu'un peu roide encore et malgré d'importantes restaurations. Les cheveux abondants, qui inondent les deux épaules, sont peints avec délicatesse. La main posée sur la fourrure est sèche de lignes, et, au rebours du visage, fortement empâtée. La répétition de ce portrait, que l'on voit à Nuremberg, nous semble évidemment une copie. On sait de quelle façon l'original fut enlevé de cette dernière ville.

Un autre tableau de la même année, offrant le portrait d'un jeune homme, se conserve dans la galerie de Schleissheim. Il est d'un faire énergique et se recommande par une expression simple, mais bien déterminée. C'est cette même peinture que l'on désigne, à tort, comme le *Frère Jean* d'Albert Dürer, et qui vient du cabinet Praun, à Nuremberg. Un troisième ouvrage de la même galerie a moins de valeur. Il forme un tableau d'autel, qui représente le Christ après sa mort, pleuré par les siens. La composition en est bonne, mais le goût trivial et bourgeois; le cadavre blesse la vue par une sécheresse peu commune. Marie seule est attrayante et revêtue d'une certaine dignité maternelle.

La galerie du Belvédère, à Vienne, possède un tableau qui a pour sujet la Madone allaitant son fils, de l'année 1503. Il ne renferme guère que les têtes des deux personnages. Il est peint délicatement et avec élégance, mais l'expression manque d'intérêt. La Vierge a la figure d'une épaisse bourgeoise.

Un travail plus précieux nous offre la même date; c'est une gravure sur cuivre, simulant des armoiries avec une tête de mort. Les tenants sont une femme souriante, qui porte des cheveux tressés et une couronne fantastique; puis, un sauvage qui la saisit et se penche sur elle comme pour l'embrasser. Ils ont un attrait romanesque. La gravure de l'année 1504, ayant pour sujet Adam et Ève, compte également au nombre des meilleurs travaux d'Albert Dürer.

Une suite de dessins représentant la passion de Jésus sont marqués du même chiffre; ils ornent la collection de l'archiduc Charles d'Autriche, et ont été lithographiés. Ils contiennent une foule de motifs ingénieux qu'Albert Dürer employa et transforma dans ses ouvrages postérieurs. La Descente de Croix, qu'on rencontre parmi ces dessins, est composée avec tant d'élévation et d'habileté, que peu d'artistes ont eu la gloire de traiter aussi bien ce sujet. Toutefois, le millésime n'est pas très distinct et pourrait désigner aussi l'année 1524.

Le seul tableau que Dürer mit au jour en 1504 représente Marius sur les ruines de Carthage. Le grand homme est assis près d'une colonne, la jambe droite étendue, la gauche repliée; il songe au malheur qui le persécute et regarde la ville détruite par l'ambition romaine. L'expression de sa figure n'a point la majesté nécessaire dans une pareille circonstance; le type en est trivial et fort laid. Le dessin du torse et des jambes annonce une longue étude de l'anatomie; chaque muscle ressort, chaque veine semble une moulure. Les lignes du vêtement se brisent en une multitude de petits plis; la couleur est fine, intense, bien conservée. Mais partout on regrette l'idéal. Cet ouvrage appartient à M. de Périgny, un des amateurs les plus éclairés que possède la France.

En 1506, Dürer fit un voyage dans l'Italie supérieure et s'arrêta principalement à Venise. Les lettres qu'il écrivait à son ami Wilibald Pirckheimer, et qui nous ont été conservées, nous fournissent d'intéressants détails sur son séjour dans cette ville. La Société allemande lui fit exécuter une peinture qui lui attira beaucoup d'estime, et dont la brillante couleur réduisit ses envieux au silence. Ils disaient effectivement que Dürer savait manier le burin, mais non se servir du pinceau. D'après l'opinion générale, cet ouvrage représentait le martyre de saint Barthélémy. Au commencement du dix-huitième siècle, il devait orner la splendide galerie de l'empereur Rodolphe II, à Prague, et selon toute apparence il n'existe plus. Cette opinion cependant n'a point une base suffisante, et l'on devrait plutôt regarder comme ayant alors été produit à Venise, un autre tableau de Dürer, de l'année 1506, que renferme encore à Prague le monastère des Prémontrés de Strahow. Il figure la Vierge couronnée par les anges et entourée de l'empereur, du pape, de plusieurs religieux et de plusieurs princes.

Pour donner une seconde preuve de son talent, il peignit la même année, et sans aucun doute à Venise, une toile qui montre le Christ avec les Pharisiens, tous à mi-corps. Elle se trouve maintenant dans le palais Barberini, à Rome. D'après une inscription tracée par l'artiste lui-même sur le tableau, il fut fait en cinq jours. Si la promptitude de l'exécution lui donne une valeur relative, son mérite absolu ne le distingue nullement. Les têtes sont vulgaires, la plupart d'une exagération fantasque et d'une couleur sale. Au reste, on n'aperçoit aucune trace positive d'influence vénitienne dans ces tableaux de notre artiste.

Un ouvrage de l'année 1507 orne la galerie du Belvédère à Vienne. C'est le portrait d'un jeune homme au visage rose et d'une extrême beauté. Il est plein de naturel, plein de finesse. On peut le mettre en parallèle avec les meilleurs portraits de l'auteur : malheureusement il n'est pas aussi bien conservé que le mérite une œuvre de cette importance. Cette peinture nous laisse deviner la perfection d'un autre ouvrage que Dürer exécuta la même année, et qui passa autrefois dans la galerie de l'empereur Rodolphe II. Il montrait Adam et Ève au milieu du paradis. Une vieille épigramme dit de ces deux figures :

*Angelus, hoc cernens, miratus dixit : ab horto
Non ita formosos vos ego depuleram.*

Ce tableau est aussi perdu. La toile représentant le même sujet, que l'on voit à Mayence, est une copie postérieure et même retouchée.

Ces productions marquent le commencement de la plus belle époque d'Albert Dürer. Un grand nombre de tableaux magnifiques se suivirent alors dans un petit espace de temps. Citons d'abord une peinture de l'année 1508, conservée à la galerie du Belvédère, à Vienne. L'auteur l'exécuta pour le duc Frédéric de Saxe et elle enrichit plus tard la collection de l'empereur Rodolphe II. Elle retrace le martyre des dix mille légionnaires. Au milieu du tableau, on voit l'artiste lui-même, et son ami Pirckheimer, tous deux vêtus d'habits noirs, et considérant ce spectacle. Albert a le manteau jeté sur l'épaule à la façon italienne; son attitude est pleine de hardiesse. Il croise les mains et porte une petite bannière où on lit : *Iste faciebat, anno Domini* 1508, *Albertus Dürer Alemanus*. Autour d'eux on voit une multitude de groupes, qui nous font assister au supplice des martyrs. La composition manque d'ensemble. Les scènes du fond me paraissent dignes d'éloges : les chrétiens nus sont conduits en haut des rochers, d'où on les précipite. L'exécution très délicate se rapproche de la miniature, la couleur est brillante; les accessoires surtout se distinguent par un fini merveilleux. Le dessin offre aussi un grand nombre d'excellents traits. La conception manque néanmoins de dignité, de vigueur et de caractère; la douleur seule est assez bien rendue, par exemple, dans l'avant-dernier martyr que l'on conduit sur la montagne, et qui chancelle au milieu des angoisses de la mort, avec une blessure profonde à la tête. L'arrière-plan compose un beau paysage mêlé de roches et d'arbres fantastiques. La galerie de Schleissheim possède une répétition de cette image, qu'on peut regarder comme une ancienne copie.

L'année suivante, Dürer peignit la fameuse Ascension de la Vierge, pour Jacob Heller de Francfort. Il l'exécuta avec la persévérance la plus assidue, fit le milieu sans aucun aide, et se représenta lui-même au second plan, appuyé sur une table qui porte son nom et le millésime. Un grand nombre de témoignages attestent la beauté de cette production. Au commencement du dix-septième siècle, elle fut transportée à Munich, où elle périt dans l'incendie du château.

La tribune des Offices, à Florence, contient une Adoration des Mages avec le monogramme de Dürer et la date de 1509. Elle est aussi très soigneusement finie; on remarque ces ombres bleuâtres, ces lumières élégamment pâteuses, que nous avons déjà citées. Elle ne manque pas de naturel; toutefois la conception est sèche et quelques têtes ont un aspect bizarre.

En 1510, Dürer mit au jour deux excellentes gravures sur bois; l'une offre un pénitent agenouillé devant un autel et frappant son dos nu avec un fouet; dans l'autre on voit la mort, qui saisit un guerrier armé de toutes pièces.

L'année d'après, Albert Dürer publia trois séries de gravures sur bois, qu'il avait faites en partie durant les deux années précédentes, ainsi que le témoigne le millésime de quelques feuilles. Ces gravures sont la grande et la petite Passion du Christ et la vie de sa mère. Elles se rangent parmi les meilleures que cet artiste nous ait léguées. Il y règne, plus que partout ailleurs, un vif sentiment du beau, une rare noblesse et une simple dignité. Les éléments fantastiques et vulgaires occupent une place accessoire. Jetons maintenant un rapide coup-d'œil sur quelques-unes de ces feuilles.

Grande Passion. — Le frontispice représente le Christ souffrant : il est nu, paré de la couronne d'épines, assis sur une pierre, et un des soldats lui tend le roseau. Le Christ a la plus parfaite noblesse, et les linéaments s'arrondissent avec grâce. L'homme d'armes, vêtu comme on l'était au moyen-âge, déploie aussi de très-belles formes. Le Christ se tord les mains et tourne vers le spectateur une tête majestueuse, pleine d'une divine pitié; car cette feuille, servant de titre, renferme un sens symbolique. Elle ne met pas sous nos yeux l'humiliation subie par le Christ à un moment de sa vie, mais l'outrage perpétuel qu'il reçoit du pécheur. Voilà pourquoi les blessures des mains et des pieds sont déjà marquées. — Le Portement de croix. Image qui renferme un grand nombre de figures très-rapprochées, dont l'ensemble est cependant facile à saisir, et où l'action se développe de la manière la plus nette. Au milieu, le Sauveur fléchit sous le poids de l'instrument homicide et tombe le genou en terre. A droite, un archer vigoureux et plein d'orgueil le soulève au moyen d'une corde; à gauche, Véronique agenouillée déploie le saint suaire. Le Christ lui lance un regard plein d'amour. Derrière lui, on aperçoit un autre soldat qui, avec un emportement sauvage, le pousse sur les chardons et les cailloux; puis Simon de Cyrène, vieillard compâtissant, qui cherche à le délivrer de son fardeau. Sur un plan plus éloigné, on découvre, d'un côté, le chef et des soldats; de l'autre, la Vierge et les amis du Rédempteur, derrière lequel les larrons conduits au supplice passent sous les portes de la ville. La composition a une ressemblance manifeste avec le portement de croix de Raphaël (*Spasimo di Sicilia*), et, si ce dernier annonce en général une main plus habile, l'ouvrage allemand l'éclipse dans certains détails. Le Christ, par exemple, est beaucoup plus majestueux, et occupe vraiment le centre de l'action. — La Descente dans les limbes nous montre de nouveau un esprit aventureux, qui se plaît à contourner les images des diables ; toutefois le Sauveur a une grande noblesse et les formes des élus se distinguent par un excellent dessin. — Jésus, que les siens pleurent après la descente de croix, forme un tableau, qui peut, sans aucune restriction, être comparé aux ouvrages les plus profonds des maîtres italiens. Il se coordonne avec une parfaite simplicité en un groupe accompli, et quelque médiocre que fût le graveur sur bois qui a exécuté cette feuille, l'expression variée des différents personnages, unie à une grâce étonnante de lignes et de mouvements, la distingue parmi toutes les autres. De semblables chefs-d'œuvre font comprendre pourquoi les Italiens attachèrent, dans la suite, un si grand prix aux toiles d'Albert Dürer, et crurent si utile de traduire ses œuvres théoriques dans leur propre langue.

Petite Passion. — Entre les meilleures feuilles, nous citerons les adieux du Christ à sa mère, dessin remarquable par la beauté solennelle de la draperie ; le Lavement des pieds, composition excellente et fort simple, où de nombreuses figures tiennent à l'aise en un petit espace. Le groupe central, qui occupe le premier plan, rayonne de grâce et de sensibilité. Ajoutons encore la Prière au jardin des Oliviers, scène extrêmement simple, mais fort majestueuse, fort belle et pleine de la plus profonde émotion ; Jésus sorti du tombeau apparaissant à sa mère et à Madeleine comme un jardinier. Ces deux estampes, surtout la dernière, ont une élégance originale et une charmante douceur.

L'Histoire de la Vierge. — Si les feuilles que nous venons de citer se distinguent par une force tragique et grandiose, celles qui racontent l'histoire de la Vierge brillent plutôt par la grâce et le sentiment. Elles nous introduisent au milieu des relations les plus tendres de la vie domestique, et l'auteur y montre une délicatesse d'âme qu'on a rarement égalée. Il semble presque superflu d'examiner cette production en détail, tant elle est connue ; cependant nous dirons quelques mots des principales gravures.—La Porte Dorée. Joachim et Anne, après une séparation qu'adoucissait l'espoir du retour, se tiennent mutuellement embrassés ; Joachim a les traits d'un vieillard noble et doux ; ceux de la femme expriment l'amour, la confiance, l'abandon de la tendresse.

Derrière eux le sommelier et les autres serviteurs accourus pour saluer leur maître, s'entretiennent de son voyage. — La Naissance de la Vierge est une composition pleine d'une attrayante naïveté. Chambre d'accouchée telle qu'on les arrange en Allemagne; une troupe nombreuse de femmes et de servantes l'occupe entièrement. Il serait curieux de comparer cette image avec les peintures de Ghirlandaio et des autres artistes, qui représentent ce sujet au milieu de circonstances puisées dans la vie florentine. — La Circoncision. Cette scène, qui, la plupart du temps, choque les yeux et dont les plus grands maîtres n'ont pas toujours sauvé le ridicule, forme ici un tableau plein d'âme, où se reflètent les mœurs d'une nation entière; quoiqu'il renferme beaucoup de personnages, aucun n'est superflu. Tous s'intéressent à l'action d'une manière particulière et les différents groupes se coordonnent très-bien avec l'ensemble. — La Fuite en Égypte. Contrairement à l'œuvre précédente, celle-ci n'offre qu'un petit nombre de figures habilement disposées. La beauté de l'épaisse forêt, à travers laquelle passe la sainte famille, augmente le plaisir causé par les nobles proscrits.—Le Séjour des trois pèlerins en Égypte. On aperçoit une cour au milieu des ruines d'un antique palais; Marie file près du berceau; de charmants petits anges se tiennent à ses côtés. Joseph s'occupe de ses travaux, et une multitude d'autres anges l'aident en se jouant. Le tout a un air de calme et de gracieuse sérénité. — La mort de la Vierge. — Composition parfaite ; les groupes sont très simplement divisés. La noblesse des formes, l'expression du recueillement solennel qu'éveillent les cérémonies funèbres, assignent à cet ouvrage une des premières places dans la collection. Les successeurs d'Albert Dürer l'ont peint bien des fois; quelques-unes de ces imitations portent le chiffre du maître.

D'autres gravures sur bois, telles que le célèbre et magnifique morceau de *La Trinité,* plusieurs saintes familles, etc., datent aussi de 1511.

Ce fut entre les années 1507 et 1513, qu'Albert Dürer exécuta la longue série de ses petites gravures sur cuivre ; elles nous mettent sous les yeux, pour la troisième fois, la passion du Christ. Le plus grand nombre virent le jour en 1512. Beaucoup d'entre elles nous ont été conservées ; leur mérite les recommande et elles intéressent d'autant plus que l'exécution fine et douce trahit partout la main du grand artiste. Pour ne point fatiguer, nous n'examinerons pas ces productions en détail.

Cette même époque, déjà si riche, compte cependant encore une des plus belles peintures de Dürer; elle nous montre la Trinité au milieu des saints et des bienheureux. Il la fit pour une église de Nuremberg, d'où on la transporta, par la suite, à

Prague, ainsi que beaucoup d'autres. Maintenant elle se trouve au Belvédère, à Vienne. En haut, dans le milieu, on voit Dieu le Père, qui presse entre ses bras le Sauveur, et, à côté d'eux, la sainte colombe ; des anges déploient le manteau sacerdotal de Jehovah ; d'autres, qui voltigent, portent les instruments de la Passion. A gauche, un peu plus bas, on distingue un chœur de saintes, conduites par la Vierge ; à droite, des saints conduits par Jean-Baptiste ; au-dessous, une troupe de bienheureux de tous les états et de toutes les races s'agenouille, et occupe entièrement la largeur de la toile. Un beau paysage orne le bas, et dans un coin on aperçoit l'artiste lui-même, vêtu d'un splendide manteau fourré. Une tablette qui gît à ses pieds offre cette inscription : *Albertus Dürer noricus faciebat anno à Virginis partu* 1511. L'exécution est d'une étonnante délicatesse, mais on y remarque aussi des teintes bleuâtres. La draperie a un caractère noble, la Trinité est belle et majestueuse. On regrette d'ailleurs, presque partout, l'absence d'une conception élevée ; peu de têtes ont de beaux traits, comme celle de David. Le plus grand nombre a un aspect fantastique ou vulgaire jusqu'à la caricature ; les visages des saints eux-mêmes ne sont point exempts de ce défaut. On voit clairement que Dürer ne cherchait pas alors à dégager la forme humaine de ses imperfections et des circonstances accidentelles, mais à reproduire strictement l'individu ; qu'il ne savait le rehausser qu'à l'aide du merveilleux (comment appeler autrement le jeu fantasmagorique de ses couleurs?), au lieu de l'idéaliser par une grâce et une noblesse intimes. Du reste, on peut admettre avec certitude qu'il attachait un plus grand prix aux tableaux, où il se représentait lui-même.

De l'année suivante (1512) la galerie du Belvédère possède un ouvrage : Marie qui tient son enfant nu. La Vierge porte une robe bleue, et un voile sur la tête. Le visage reproduit le type habituel du maître, et se distingue d'ailleurs par un air candide ; on admire la beauté du petit Jésus ; sa figure est surtout remarquable. Le coloris a la plus grande netteté ; malheureusement des tons grisâtres salissent les ombres des nus.

Nous allons considérer maintenant une série d'ouvrages sur la date desquels on n'a pas de renseignements certains et qui cependant doivent, pour la plupart, se rapporter à l'époque moyenne d'Albert Dürer :

La Madone avec l'Enfant, dans la galerie des Offices à Florence. — Elle est placée d'une manière très défavorable, et qui ne permet pas de l'étudier. On distingue pourtant la modeste et gracieuse expression de Marie.

La Vierge, sainte Anne et le petit Jésus qui sommeille. — Tableau conservé à Schleissheim, mais aussi mal exposé que le précédent. La conception manque de profondeur ; en revanche, l'exécution est vigoureuse.

Une Mater dolorosa, dans la même galerie. — Elle est debout, les mains jointes; œuvre simple, digne et belle.

Un Ecce Homo, dans la chapelle St-Maurice, à Nuremberg. Demi-figure; le Christ se tord les mains. La couleur est douce, le modelé très soigné, la chevelure peinte avec la plus grande exactitude. Les formes du corps et de la tête manquent d'élévation.

Un retable avec des ailes dans la galerie de Schleissheim —Donné par la famille Baumgærtner à l'église Sainte-Catherine de Nuremberg, il fut acquis par l'électeur Maximilien Ier, au commencement du dix-septième siècle, pour servir à décorer Munich. Le tableau principal retrace la naissance du Christ; le Sauveur, entouré de cinq petits anges, occupe le milieu; Marie et Joseph s'agenouillent près de lui. L'ensemble est digne d'éloges; mais on regrette encore l'absence d'une émotion noble et profonde. Les ailes contiennent les portraits des donateurs aux pieds de saint Georges et de saint Eustache; ils sont revêtus de la cuirasse et de l'habit militaire des chevaliers. L'un d'eux a une physionomie extrêmement intéressante, quoiqu'un peu fantastique. L'attitude elle-même porte légèrement ce dernier caractère. Le visage, auquel l'artiste a donné tous ses soins, annonce un esprit ferme et résigné. Le corps maigre fait songer au héros de la gravure qui a pour titre : Le Chevalier, la Mort et le Diable. Le ravin et le château, qu'on voit dans cette dernière, occupent aussi le fond de la peinture. L'autre donateur est un homme plus gras et beaucoup moins poétique. Tous deux sont peints très légèrement.

Le Christ descendu de croix et pleuré des siens, dans la chapelle St-Maurice, à Nuremberg.—Donné primitivement par la famille Holzschuher à l'église de Saint-Sebald ; il passa entre les mains des Peller, et de ceux-ci aux Boisserée. C'est un tableau qui renferme un grand nombre de figures bien disposées. Les corps sont un peu roides, mais les formes ont de la noblesse. Un coloris singulièrement lumineux domine partout ; les chairs ont été plusieurs fois retouchées. L'expression manque aussi de profondeur. Un brillant paysage se déploie derrière les figures. Une répétition de cette image occupe l'ancienne place de l'original ; c'est probablement une vieille copie, mais elle n'est pas sans valeur. Toutefois le coloris, surtout celui du cadavre, offense les yeux par sa sécheresse.

Les bustes de l'empereur Charles et de l'empereur Sigismond, au château de Nuremberg. — Têtes puissantes et majestueuses, d'un dessin très hardi et légèrement peintes. Elles ont malheureusement beaucoup souffert et ont été retouchées.

Hercule tuant les harpies à coups de flèche, au même endroit.—Belle figure ; dessin vigoureux et net. Mais, comme ce tableau est exécuté à la détrempe, le temps l'a fort endommagé ; les restaurateurs ne lui ont pas été moins funestes.

Le portrait d'un jeune savant dans la galerie de Schleissheim.—Bon ouvrage à la détrempe.

Différentes gravures sur cuivre, auxquelles nous ramène l'ordre chronologique, ont un plus grand prix que la majorité des peintures mentionnées tout-à-l'heure. La célèbre feuille : le Chevalier, la Mort et le Diable, porte la date de 1513. Je ne crois point exagérer en déclarant cette œuvre le plus beau travail, qui ait eu pour père le génie fantastique de l'Allemagne. La fantaisie seule, dépouillée de tout symbolisme et de toute corrélation abstraite, compose le fond de ce singulier poème ; mais elle subit une force plus puissante qu'elle-même, celle de la volonté qui l'enchaîne et la contient dans ses véritables limites. Un chevalier parcourt solitairement une funèbre vallée. Deux démons se dressent devant lui, les plus terribles que connaisse l'intelligence humaine, personnifications de pensées devant lesquelles pâlit le plus intrépide : l'effroyable image de la Mort, sur son cheval boiteux, et l'épouvantail des sens, le roi des anges déchus. Mais le paladin, prêt à combattre toute espèce d'ennemis, regarde intrépidement la voie où il est engagé, poursuit sa course et dédaigne les monstres blafards. Le temps a gravé des rides sur son visage; les soucis et l'abnégation de lui-même ont donné à ses traits l'expression d'une fermeté inébranlable. Dans ce héros, Albert Dürer semble avoir dessiné Franz de Sikkingen. La lettre S, qu'on voit à côté du millésime, autorise cette conjecture. Mais le sens général de la composion n'en reçoit aucune atteinte. Ce serait alors un panégyrique du fier baron, au lieu d'être, comme on le prétend, une allégorie qui indique l'opiniâtre méchanceté dont on l'accusait. D'autres y voient l'emblème du guerrier chrétien; mais on ne peut admettre cette hypothèse, puisqu'on n'y remarque nulle insinuation dévote. On connaît, du reste, la magnifique exécution qui distingue cette feuille.

En 1514, Dürer mit encore au jour plusieurs belles planches sur cuivre. Citons d'abord la mélancolie, sujet purement allégorique, et, en conséquence, moins heureux que les précédents. Néanmoins, l'intelligence et la fantaisie ont su lui donner un charme particulier. La réflexion sans bornes, l'analyse de pensées jusqu'alors inconnues, ne peuvent être mieux exprimées que dans cette puissante figure féminine, à l'œil rêveur. Les nombreux instruments, qui l'entourent, augmentent encore ce caractère de profonde méditation et donnent l'idée d'une science mystérieuse.

La gravure du même temps, qui représente

Saint-Jérôme dans sa chambre d'étude, cause une sensation opposée. Nous voyons encore ici une créature humaine absorbée par le travail de l'esprit, et une chambre jonchée d'ustensiles scientifiques; le tout est bien imaginé, très significatif. Mais la grâce, le calme répandus sur l'ensemble éloignent les vains songes et les formes capricieuses de la fantaisie, montrent la vie réelle dans sa simplicité domestique, dans son aimable douceur. Gerard Dow, le plus sensible des peintres du genre hollandais, n'a rien exécuté d'aussi délicat, d'aussi attrayant que cette page. Les accessoires même portent le cachet d'un esprit noble et affectueux.

De 1514 à 1520, parurent diverses estampes de madones et d'apôtres, qui offrent de nouveaux exemples d'une digne et majestueuse conception.

L'année 1515 vit naître la plus considérable gravure sur bois qu'ait produite Albert Dürer. C'est l'arc de triomphe de l'empereur Maximilien, vaste et bizarre composition, qui renferme une étonnante multitude de traits historiques, d'effigies et d'ornements variés. Il ne faut pas en attendre un effet général et poétique : le plan architectural, qui donne seul de l'ensemble à l'ouvrage, et rattache les parties entre elles, a été considérablement fractionné par les nécessités de l'exécution sur bois ; pourtant les divers membres se coordonnent assez bien. Les formes sont baroques et fantastiques, mais ingénieusement rassemblées. Cette observation s'applique surtout aux paires de colonnes, dont l'étrange dessin est calculé de manière à ce qu'elles portent, au lieu d'architrave, des niches solitaires avec des statues. Quelques ornements sont pleins d'un goût exquis, et vivement tracés. Les grandes séries d'images qui représentent les ancêtres et les devanciers de Maximilien, à partir de Jules-César et de Clovis, surprennent par l'étonnante variété de têtes caractéristiques, que l'artiste, privé de modèles, a dû nécessairement inventer. Les tableaux tirés de l'histoire rappellent les circonstances les plus brillantes de la vie de l'empereur; on y distingue plutôt le travail de l'historiographe qui les a dirigés, que celui du peintre; ils renferment très peu de motifs artistiques. Quelques-uns cependant embellissent les scènes composées d'un petit nombre de personnages, et produisent un effet charmant. Pris dans sa totalité, cet ouvrage prouve, d'une manière glorieuse, l'extrême souplesse du génie d'Albert Dürer.

Il exécuta en outre, dans l'année 1515, les fameux dessins qui ornent les marges du livre de prières destiné à l'empereur, livre conservé maintenant à la bibliothèque de la cour, à Munich. Ils sont faits à la plume et très spirituels : l'imagination de l'artiste s'y déploie avec une entière liberté. tantôt sérieuse et pleine de noblesse, tantôt gracieuse et s'abandonnant à des jeux humoristiques. Il ne fallait point rendre un sujet donné, une pensée profonde, mais remplir un espace fixe. Quoique Dürer ne prît pas toujours garde au sens du texte qu'il environnait d'arabesques, il ne tombe jamais dans la bizarrerie et dans la charge; son badinage ne devient jamais grossier, comme il arrive fréquemment en ces sortes de travaux. Celui-ci impressionne le spectateur d'une manière tellement agréable qu'on laisse volontiers dormir l'esprit de critique.

Deux tableaux de la galerie des Offices à Florence, portent la date de 1516. Ils mettent sous nos yeux les têtes des apôtres Jacques et Philippe, et furent donnés, au milieu du dix-septième siècle, par l'empereur Ferninand III au duc de Toscane. Tous deux sont peints à la détrempe, modelés vigoureusement et d'un caractère énergique. C'est durant cette même année, qu'Albert fit le portrait de son maître Wohlgemuth. On le voit dans la galerie de Schleissheim : visage bizarre, osseux, roide et pincé.

A l'an 1517 se rapporte le fantastique ouvrage du Satyre assis sur une colonne; il compose quatre gravures sur bois. En 1518 parut la charmante Vierge figurée comme souveraine du ciel, et entourée d'anges grands et petits. Elle est également exécutée sur bois.

La Lucrèce nue et de grandeur naturelle, qui

orne Schleissheim, manque de vie et semble une figure de parade. Un splendide tableau de la galerie Fries, à Vienne, appartient à la même époque. Il retrace la mort de la Vierge. La tête de l'agonisante est le portrait de Marie de Bourgogne, première femme de Maximilien. Dans les personnages qui l'entourent, on reconnaît l'empereur, son fils et un grand nombre de contemporains célèbres. La force du coloris et la beauté du travail ont rendu cette peinture fameuse.

En 1519, Dürer fit le portrait de l'empereur Maximilien. On ne voit que son buste, il tient dans la main gauche une grenade, fruit qui lui servait d'emblème. Ce panneau décore la galerie du Belvédère, mais n'a rien qui mérite beaucoup l'attention.

Durant les années 1520 et 1521, Dürer voyagea dans les Pays-Bas. Ses notes nous ont été transmises et témoignent des grands honneurs avec lesquels les artistes le reçurent. Elles montrent un homme qui a conscience de sa force, de son courage, et ne cherche qu'à employer dignement sa gloire. Cette excursion paraît avoir beaucoup influencé le maître et lui avoir fait sentir ce que sa manière avait d'exclusif. Du moins aperçoit-on dans ses ouvrages subséquents un grand nombre de motifs nouveaux. Les lettres de Mélanchton nous apprennent qu'Albert disait lui-même n'avoir connu la vraie beauté de la nature qu'à la fin de ses jours ; il comprit alors que la simplicité est le plus bel ornement de l'art. Il soupira en songeant à ses premières œuvres si compliquées, et il se plaignit de ne pouvoir plus atteindre son admirable modèle *.

La galerie du Belvédère possède une remarquable toile de l'année 1520 ; elle s'éloigne singulièrement de sa manière primitive. La conception et la technique rappellent les Flamands contemporains, entre autres Schoreel. Cette peinture a probablement été faite pendant le voyage, sous l'influence du milieu qui entourait le grand hommes. Elle nous offre une Vierge à mi-corps, vêtue d'un manteau fourré, ayant sur ses genoux l'enfant nu qui porte un collier d'ambre jaune. Sur une table verte, on aperçoit un citron coupé. La tête de Marie a une grâce originale, mais l'enfant n'est pas très beau.

* *Memini virum excellentem ingenio et virtute Albertum Durerum pictorem dicere, se juvenem floridas et maximè varias picturas amâsse, seque admiratorem suorum operum valdè lœtatum esse, contemplantem hanc varietatem in suâ aliquâ picturâ. Posteà se senem cœpisse intueri naturam, et illius nativam faciem intueri conatum esse, eamque simplicitatem tunc intellexisse summum artis decus esse. Quam cum non prorsùs adsequi posset, dicebat se jam non esse admiratorem operum suorum ut olim, sed sœpè gemere intuentem suas tabulas et cogitantem de infirmitate suâ, etc. (Epistolœ Ph. Melancthonis, etc., ep. 47, p. 42.)*

En 1522, Dürer publia la série de gravures sur bois qui représente le char triomphal de Maximilien. C'est une pauvre allégorie. Les nombreux ornements du véhicule sont extrêmement baroques et même laids. Au contraire, les femmes emblématiques, quoique leurs proportions aient quelque chose de lourd et que la draperie soit désagréablement brisée, défaut qui pourrait bien avoir été causé par la maladresse du graveur, présentent un certain nombre de motifs très beaux que l'on croirait dus au génie poétique de Raphaël. Cette circonstance prouve le changement qui s'était opéré dans les idées d'Albert Dürer, et mérite attention.

C'est dans l'année 1523 que furent peints les deux tabeaux de la galerie Boisserée, qui offrent les bustes de saint Joseph et de saint Joachim, de Simon et de Lazare. Ils formaient les ailes d'un triptyque dont le milieu se trouve à Cologne. Les couleurs sont brillantes et l'expression pleine de dignité. Toutefois ces ouvrages ne s'éloignent pas essentiellement de la manière habituelle de Dürer. Cette même année lui vit produire une Sainte-Trinité, qui appartient à un habitant d'Augsbourg. La conception large et noble, aussi bien que l'excellence du travail, ont rendu ce tableau célèbre.

Parmi les œuvres de la collection Bettendorf, à Aix-la-Chapelle, Heller cite les adieux du Christ à sa mère, scène composée d'un grand nombre de figures. Elle porte le millésime douteux de 1825. « Dürer, dit-il, semble s'être inspiré dans cet ouvrage d'un dessin de Raphaël, que Marc-Antoine grava plus tard. » Si cette toile, que je n'ai point vue, est authentique, elle nous donne une nouvelle preuve que Dürer, sur la fin de sa vie, cherchait à prendre une nouvelle direction.

A peu près vers la même époque, et à partir de 1520, Albert mit au jour les portraits remarquablement gravés sur cuivre de plusieurs célèbres contemporains : le cardinal Albert de Brandebourg, l'électeur Frédéric-le-Sage, Pirckheimer, Erasme de Rotterdam, Mélanchton, etc. Ils se distinguent par une ingénieuse reproduction de la vie, aussi bien que par un travail d'une étonnante délicatesse. Les troubles de la Réforme avaient déjà éclaté ; Nuremberg, surtout, était en grande rumeur, et les demandes de tableaux pieux devenaient moins fréquentes ; les circonstances d'ailleurs intéressaient plus vivement l'artiste que presque tous les objets dessinés autrefois par lui, car il avait adopté la nouvelle doctrine et s'abandonnait aux nouvelles espérances. Quoi qu'il en soit, ces événements ont enfanté une suite d'admirables productions, qui auraient sans cela été bien différentes.

Nous citerons encore de la même époque (1526) deux portraits à l'huile d'une grande valeur. L'un attire les curieux dans la galerie du Belvédère, et

offre à leur vue un Nurembergeois nommé Johann
Kleeberger. C'est une tête mâle et blême avec de
grands yeux noirs ; elle serait tout-à-fait belle
si le nez était un peu plus fort. Les ombres tirent
malheureusement sur le gris. L'autre image appartient à la famille Holzschuher, de Nuremberg,
et représente un des ancêtres de cette famille, à
l'âge de cinquante-sept ans. L'expression du visage
est singulièrement noble et digne. L'œil étincelle
et l'ensemble, malgré les cheveux blancs, a un air
de force juvénile. On voit encore ici reparaître les
nuances bleuâtres, mais l'exécution est vraiment
admirable de fini ; le modelé le plus parfait s'y
joint à un maniement très habile de la couleur.
C'est, sans aucun doute, le plus beau portrait du
maître ; il fait voir comment il interprétait la
nature dans ses bons jours et comment il savait la
reproduire avec une force créatrice.

Cette même année fut encore signalée par l'achèvement de deux tableaux qui se correspondent.
Ils représentent, de grandeur naturelle, les apôtres Jean, Pierre, Marc et Paul. On les voit à la
galerie de Munich. C'est l'ouvrage le plus grandiose de Dürer, la dernière peinture importante
qu'il ait exécutée. Il la destinait, ainsi qu'on l'a
prouvé d'une manière certaine, à l'Hôtel-de-Ville
de sa patrie, pour y entretenir la mémoire de son
talent et servir d'exhortation pieuse dans ces
temps pleins d'orages. Néanmoins, au dix-sep-

tième siècle, elle fut abandonnée à l'empereur Maximilien Ier, de Bavière, et les inscriptions tracées par l'artiste lui-même, ayant choqué ce prince catholique, furent séparées de l'original et placées au bas des excellentes copies qui devaient en faire oublier l'absence. Ces dernières se trouvent encore actuellement au château de Nuremberg. Ces deux tableaux portent le cachet des profondes pensées, qui agitaient alors l'esprit du maître. Ils sont peints avec une force et une noblesse éloquentes; c'est le premier ouvrage parfait qui soit né du protestantisme. Les légendes choisies dans les lettres et évangiles des saints figurés au-dessus, recommandent vivement de ne pas négliger la parole de Dieu et de ne point croire aux doctrines des faux prophètes. Les personnages eux-mêmes se présentent à nous comme les fidèles et vaillants défenseurs de l'Écriture. Une vieille tradition, qui remonte jusqu'au temps d'Albert Dürer, affirme qu'il a voulu exprimer dans ces apôtres les quatre tempéraments divers. Quoique d'abord cette intention semble apocryphe, elle sert à expliquer le rôle des évangélistes et leur caractère spécial. Elle montre comment toutes les organisations humaines concourent à soutenir la loi de Grâce. Nous voyons, dans la première image, l'activité intérieure de l'esprit et le premier des soins nécessaires à la conservation de l'écriture : l'étude des livres saints. Jean, qui occupe le devant du tableau, porte une bible ouverte où il lit; son front élevé et tout son visage annoncent une profonde, une sage méditation; il représente l'âme mélancolique abîmée dans les recherches intellectuelles. Derrière lui, saint Pierre se penche sur le livre et regarde d'un air sérieux ce qu'il renferme : c'est un vieillard aux cheveux gris, plein d'un repos contemplatif; il exprime le tempérament flegmatique, lequel se livre à de tranquilles pensées. Le deuxième tableau figure l'activité extérieure, les rapports de la foi avec la vie. Saint Marc, dans le fond, est l'homme sanguin; il jette les yeux autour de lui, semble parler vivement et engager ses auditeurs à tirer de l'Écriture le fruit divin du salut. Saint Paul occupe le premier plan; il tient une épée, une bible et regarde avec dureté par-dessus son épaule, prêt à défendre la parole sainte et à exterminer les blasphémateurs avec l'épée du Dieu redoutable. C'est le tempérament colérique. Le travail d'une perfection peu ordinaire égale l'importance du sujet. Quelle dignité, quelle grandeur dans ces têtes si bien caractérisées! Quelle simplicité majestueuse dans les lignes de la draperie! Quel calme sublime dans les mouvements! rien ne choque plus ici : les angles multipliés des costumes ont disparu; les visages ni les cheveux n'offrent plus de traits arbitraires et fantastiques; la couleur est excellente, chaude, naturelle, vigou=

reuse. On n'aperçoit presque plus de nuances d'azur; le dessin n'offre aucune dureté; l'exécution est libre, facile et le coloris intense. L'auteur devait réellement laisser tomber sa palette après avoir fini ce tableau, car il avait atteint le but de l'art; il égale ici les plus grands maîtres.

Aussi Albert Dürer mourut-il en 1528. Je ne connais aucun ouvrage important exécuté par lui, après ceux qui viennent de nous occuper. Son portrait gravé sur bois, de l'année 1527, nous le montre grave et sévère, tel que devaient le rendre l'âge et le malheur des temps, dépouillé de ses longs cheveux, qu'il portait avec une si grande satisfaction, comme le prouvent ses autres effigies et plusieurs caprices de son pinceau. Mais cette grandeur, qui brille dans son dernier chef-d'œuvre, allait s'éteindre et abandonner pour longtemps l'art germanique.

Avant de considérer les élèves de ce maître, nous décrirons plusieurs tableaux de lui, que la France possède à son insu et dont nous ne savons pas la date précise. Ils sont au nombre de treize; quelques-uns ont sept à huit pieds de haut. Ils couvrent les murailles de la bibliothèque de Colmar. Dans un moment nous indiquerons leur place et l'état d'abandon où ils se trouvent.

Parmi ces tableaux, on remarque d'abord une Vierge escortée de l'Enfant-Jésus, selon l'habitude. C'est une vaste composition fantastique d'un brillant aspect. Elle abonde en poésie, comme les scènes inventées par le génie de l'Anglais Martin. A gauche on aperçoit un large pavillon d'une architecture bizarre, mais élégante. Il est surchargé d'ornements gracieux, d'un style inventé par le peintre. Sous la coupole, une foule d'anges se balancent au milieu des airs et font résonner des instruments de toute espèce. Leur grâce, l'éclat de leurs ailes, leur innombrable multitude produisent un effet magique. Dans le haut du tableau, on voit Dieu le père entouré des puissances célestes. Les trônes, les dominations joignent leur splendeur à la sienne. Le ciel tout entier paraît accourir afin de chanter le Messie. A droite, la Vierge bien drapée, finement dessinée, contemple cette gloire avec un sourire charmant.

Une grande tentation de saint Antoine. C'est peut-être la plus belle de toutes les toiles que possède Colmar. Une imagination extrêmement vigoureuse s'y fait jour. Le saint est couché sur le premier plan; un horrible démon le tire à lui par une mèche de cheveux argentés. Un animal couvert d'écailles lui mord la main droite, dans laquelle il tient un rosaire. Ce traitement le charme si peu qu'il jette de grands cris. Une femme verte et jaune, inondée de pustules et d'une affreuse laideur, s'étale auprès de lui. J'ignore si le diable a l'intention de le séduire; mais il ferait une lourde maladresse en lui présentant des chairs aussi livides; le plus infâme débauché reculerait d'épouvante. Un habitant de l'enfer lui met le pied sur la poitrine; d'autres soulèvent avec leurs dents la toile où il cherche le repos. A gauche se dresse un vaste échafaudage; des lutins courent, folâtrent, se battent le long des poutres; mais au-dessus de la hideuse plèbe, au-dessus des génies malfaisants, le Dieu protecteur laisse voir sa face bienveillante. Néanmoins l'enfer ne s'intimide pas : un de ses plus courageux champions, transformé en oiseau de proie et muni de bras humains, lève une massue pour en frapper la tête du Seigneur.

Le même sujet se trouve figuré d'une autre manière sur un tableau moins grand. Le saint est debout et prie; un démon voulant troubler ses pieux exercices casse les vitres d'une fenêtre et passe à travers. L'appartement est dessiné avec la charmante exactitude de la vieille peinture allemande. Le fini de la tête descend jusqu'à la minutie; on croirait voir un portrait d'Holbein.

Un quatrième ouvrage nous montre saint Antoine visitant saint Paul l'Ermite. Le corbeau merveilleux qui chaque jour apportait au solitaire la nourriture du corps, averti par les anges de la retraite, double la portion habituelle; il tient deux pains au lieu d'un. Les anachorètes sont assis et se regardent; le peintre les a dessinés l'un et l'autre avec la plus minutieuse attention. Il a poussé le scrupule jusqu'à rendre les poils, qui couvrent ordinairement les bras et le corps d'un homme fait. Le type des visages est loin d'être beau, mais il charme par cette vérité naïve que l'on rencontre toujours dans les premiers essais de l'art. Des rochers, des arbres, des prairies d'une belle couleur et très bien exécutés occupent le fond. C'est en somme une remarquable page.

A ces trois tableaux, où saint Antoine joue le principal rôle, il faut adjoindre un volet de triptyque. Cet ennemi personnel du diable y est représenté debout. L'auteur n'a voulu faire qu'une simple image; les traits sont nobles, purs et graves. Sans l'animal immonde, on reconnaîtrait difficilement le père des cénobites. Une petite figure à genoux, vraisemblablement un donateur, prie à ses côtés.

Il ne faut point s'étonner de voir l'anachorète tant de fois reproduit : ces ouvrages, ainsi que tous les autres, viennent d'un monastère dont il était le patron. A deux lieues de Colmar s'élève le bourg d'Isenheim, que vivifiait jadis un couvent d'Antonites. Les religieux, amis des beaux-arts et possesseurs de grands biens, avaient orné leur asile d'une foule de peintures. A la révolution, leur trésor fut dispersé; les habitants de la ville s'en arrachèrent les débris, et quelques-uns gardent encore ces richesses mal acquises. Les toiles de la bibliothèque échappèrent à leurs yeux, ou furent restituées par les plus honnêtes, quand la rage populaire eut cuvé le sang qu'elle avait bu. Maintenant, il ne reste plus de l'abbaye que des ruines chancelantes. Une nef entièrement à jour dresse dans les airs sa sombre carcasse. Les légers fûts des galeries, se découpant sur les cieux, imitent les cordes d'un luth gigantesque, et la chauve-souris, qui les effleure de ses ailes, en tire des sons mélodieux. La hulotte nichée sous le lierre y joint son cri sinistre. D'intervalle en intervalle une pierre se détache comme pour diviser le temps, et marquer par sa chute la fuite inexorable des heures. Un faible vent propage au loin le bruit mélancolique ; les houx du cimetière frémissent; on croirait entendre soupirer l'invisible génie de ces décombres.

Après saint Antoine vient l'Annonciation. Les détails abondent; on se sent en pleine terre germanique. Comme d'ordinaire, le type des figures est laid, et en vérité je ne sais pourquoi. Les maîtres d'Allemagne avaient de beaux modèles; les femmes d'outre-Rhin ne le cèdent ni aux femmes du midi, ni à celles de l'ouest. Ils peignaient pourtant sans cesse d'ignobles corps et de vilaines faces. Ce goût semble inné dans le pays ; les artistes de Munich dessinent encore le beau sexe d'une manière peu flatteuse, quoiqu'ils aient une race attrayante sous les yeux. La Vierge témoigne une surprise si grande qu'elle devient de la stupéfaction. Une petite colombe très drôle, avec un bec et des pattes rouges, plane au-dessus d'elle. Les doigts des mains sont longs comme tous ceux de la renaissance. Le modelé révèle d'assez grandes études anatomiques. Les couleurs ont généralement un vif éclat, une rare intensité, mais les chairs nous ont paru trop sombres. Ce n'est pas dans un artiste du Nord qu'on s'attend à rencontrer ce défaut. Les draperies manquent de grâce ; elles sont lourdes, éparses, mal faites, et pourtant dessinées d'une main sûre qui annonce un maître. Une voûte et des murailles gothiques composent le fond du tableau.

Le même sujet est répété sur les battants d'un triptyque. L'ange rayonne au milieu de l'un, la Vierge au milieu de l'autre. L'envoyé céleste a une figure charmante et des ailes de paon. Un autre volet nous met encore en présence de Marie, fécondée par le Verbe. Elle est debout et seule ; l'ange devait occuper un second panneau. L'esprit de Dieu flotte sur la mère du Christ ; une grâce naïve, une douce candeur embellissent la tête ; les mains sont bien dessinées, et le cou charme les regards. Les joues pourraient sembler un peu larges, les yeux un peu grands, mais cette exagération ne déplaît pas. La divine Israélite a les cheveux roux, mais de cet admirable roux, qui devient la plus belle de toutes les couleurs sous le pinceau des artistes ; les draperies méritent également des éloges.

Selon l'ordre de la nature, la Conception est suivie de la Nativité. Marie adore et contemple à genoux le céleste enfant qui repose à ses pieds. Au-dessus d'eux apparaît l'Éternel ; sa figure est admirablement peinte ; elle respire une grandeur, une majesté sublimes ; draperies trop abondantes, mais gracieuses ; fond d'or.

Le neuvième panneau nous fait assister aux douleurs de Jésus sur la croix ; l'instrument fatal en occupe le milieu ; à droite, saint Jean-Baptiste montre le Sauveur, en disant : *Illum oportet crescere, me autem minui*. Aux pieds du disciple on voit un charmant petit agneau, dont le sang tombe par le cou dans un calice. A gauche, Marie-Madeleine se désole à genoux ; la Vierge, que la douleur accable, pleure dans les bras d'un apôtre. Cette composition est affreuse. Pour rendre plus touchantes les angoisses du Christ, les peintres des quinzième et seizième siècles en exagéraient les symptômes au-delà de toute mesure. L'esprit du moyen-âge allait s'affaiblissant ; on avait perdu le sens des mythes chrétiens ; on oubliait que le Fils de l'Homme était aussi le fils de Dieu, et l'on exposait uniquement les tortures de sa chair. Au Nord et au Midi l'hyperbole nous offre les mêmes caractères ; partout l'inintelligence prédomine ; le divin Moralès effraie autant qu'Albert Dürer. Je doute néanmoins qu'on puisse trouver une scène exécutée avec une aussi épouvantable énergie. Le

Christ est vert et bleu; il semble entièrement pourri. On doit l'avoir flagellé d'une manière atroce, car tout son corps est semé de trous; ils sont rouges au centre, bleus à l'entour et se perdent au milieu du vert. On aperçoit encore dans un grand nombre les épines qui les ont percés; les clous et la douleur crispent les doigts des mains. Au lieu de s'affliger, Marie a l'air de se décomposer. La vigueur du dessin et la finesse de la couleur attestent une longue habitude du pinceau. Les mêmes observations s'appliquent au Jésus dans la tombe, qui devrait se trouver au-dessous de la toile précédente, mais que la disposition des lieux a forcé de mettre plus loin. Le Sauveur est couché sur la terre; immédiatement au-dessus de lui apparaissent les bustes de saint Jean, de la Vierge et de Marie-Madeleine. Leur situation est incompréhensible. Pour se montrer ainsi à mi-corps, il faudrait que leurs jambes fussent plongées dans le sol.

Il nous reste encore à parler d'une Résurrection et d'un Saint Sébastien. La vérité prosaïque de la figure est le seul trait qui distingue celui-ci. Quant à l'autre toile, une maladroite restauration l'a beaucoup endommagée. Les soldats qui gardent le tombeau ont seuls échappé au mauvais goût du barbouilleur. Le coloris en est fin et délicat. L'un d'eux, qui semble vouloir s'incliner, a l'air de tomber sur la tête. J'ignore si c'est une faute de dessin ou une intention cachée du peintre. Quoique le visage ait conservé une belle expression de triomphe, il aura vraisemblablement perdu sous la main du gauche artisan qui l'a retouché. Les cheveux, la barbe, les épaules, les bras, la figure même sont inondés du jaune serin le plus grotesque.

Ces pages d'Albert Dürer ont eu du malheur. Personne ne les voit, personne n'en dit mot. M. Schweighæuser les a oubliées dans son grand ouvrage sur l'Alsace. Fiorillo les ignore complètement; enfin Kugler ne soupçonne pas même leur existence. Tout prouve néanmoins qu'Albert Dürer en est l'auteur. Le dessin, la composition, la couleur et le chiffre du peintre ne laissent aucun doute à cet égard. La tradition confirme leur témoignage, et si la plupart du temps elle est menteuse, on peut se fier à elle dans le cas présent; le fait qu'elle atteste ne lui a été confié que depuis quarante années.

Élèves et imitateurs d'Albert Dürer.

Les disciples, les imitateurs de Dürer, ainsi qu'on le voit dans les autres écoles, saisirent plutôt sa manière extérieure, surtout les motifs spéciaux de son dessin, qu'ils n'héritèrent de son inspiration et de sa profonde pensée. Toutefois sa tendance au fantastique produisit encore entre leurs mains de charmants poèmes. La plus grande partie de ces artistes sont, ainsi que Dürer, célèbres comme peintres et comme graveurs sur cuivre ; ils ont de même confié au bois de nombreux dessins.

Un de ses plus agréables élèves fut Jean de Kulmbach (proprement Hans Wagner). Il passa de l'école de Jacob Walch dans l'atelier d'Albert. On trouve aussi en lui un goût surnaturel, qui modifie principalement l'expression des têtes, mais reste le plus souvent noble et grandiose. Son exécution est d'ailleurs très hâtée. Il n'indique point, par exemple, le genre des étoffes. Parmi ses nombreux tableaux conservés à Nuremberg, il faut surtout remarquer les œuvres de la chapelle St-Maurice. Ce sont deux panneaux couverts de saints personnages ; l'un de ces panneaux a un caractère majestueux. Dans l'église Saint-Sébald, on voit un grand triptyque, exécuté par Jean de Kulmbach d'après une esquisse de Dürer. Au milieu, la Vierge trône avec son enfant ; des anges font de la musique autour d'elle ; sainte Catherine et sainte Barbara se tiennent à ses côtés. Des saints et l'image de Laurent Tucher, le donateur, occupent les tables latérales. C'est une belle et noble production ; seulement le coloris semble un peu plus dur que dans les autres ouvrages de cet artiste. La galerie de Schleissheim possède différents travaux de lui, qui ont un aspect brillant et des détails pleins d'âme. L'institut Stœdel, à Francfort, renferme aussi un excellent rétable de sa main, et l'on trouve au couvent de Heilsbronn, entre Anspach et Nuremberg, de gracieuses peintures de saints personnages, qui lui font honneur.

Henri Aldegrever, né en 1502, à Soest, dans la Westphalie, a généralement moins d'importance. La galerie de Berlin possède toutefois de lui une splendide représentation du Jugement dernier. Le groupe supérieur, composé du Christ, de Marie et de saint Jean-Baptiste, charme les yeux par un noble caractère; la tempête céleste s'engouffre dans leurs vêtements. On distingue aussi les anges qui sonnent de la trompette, et les démons fantastiques qui planent sur les damnés. Les groupes des ressuscités, complètement nus, sont sans doute peints avec rudesse. Toutefois leurs mouvements solennels et mesurés ont quelque chose de majestueux. Les saints du premier plan séduisent par leurs nobles formes. Les autres productions de cet artiste, entre autres celles de la galerie impériale à Vienne, ont souvent un caractère prétentieux; d'autrefois, comme, par exemple, deux scènes tirées de l'histoire du bon Samaritain qui ornent la galerie de Schleissheim, elles ressemblent à des gravures enluminées. L'exécution est très finie, mais ne révèle point de sentiment intime. Ses petites gravures sur bois portent le même caractère. Une couple d'excellents portraits, de la galerie de Munich, remarquables par leur couleur chaude et légère, lui sont attribués. J'ai vu l'image d'un jeune homme vigoureusement peinte dans la galerie Lichtenstein, à Vienne.

Les productions de Jean Scheuffelin sont nombreuses et très-répandues. On peut le regarder comme un habile artisan qui s'est bien approprié le style de son maître, et s'acquitte passablement de cette imitation. Mais lorsque le sujet exige une conception profonde, il ne sait plus se tirer d'affaire. Son coloris sec est généralement connu. Parmi ses ouvrages conservés à Nuremberg, il faut surtout indiquer, dans la chapelle St-Maurice, une Sainte Brigitte. L'image est élégante, peinte avec patience et noblesse. Citons encore un Christ devant Pilate, de l'année 1517; on peut le voir au château; c'est un ouvrage plein de verve, de très grande dimension, exécuté à la détrempe, et malheureusement dégradé en quelques endroits. Un petit tableau placé dans le même lieu, composé d'un grand nombre de figures ayant trait à l'histoire de Judith, rappelle de certains côtés Altdorfer, le condisciple de Scheuffelin, et doué d'un bien plus grand talent. Les œuvres dont ce dernier enrichit Nordlingen, son pays natal, me sont inconnues; il doit y avoir déployé une plus libre originalité. La même ville produisit un faible imitateur de Dürer et de Scheuffelin, nommé Sébastien Deig, comme le témoignent ses ouvrages exposés dans la chapelle St-Maurice, et dans la galerie de Schleissheim.

Bartholomé Beham est un peintre moins intéressant. Il copie d'une manière fantastique, recherchée, sauvage, le style de Dürer. Toutefois il ne manque pas de verve, surtout dans ses têtes, comme, par exemple, dans celle d'une Femme ressuscitée par la vertu de la Sainte-Croix. Elle date de 1530; et orne la galerie de Schleissheim. Je ne connais aucun tableau de Jean-Sebald Beham, parent du premier. Ses petites gravures n'ont pas beaucoup d'importance; néanmoins quelques-unes de celles qui retracent l'histoire de l'enfant prodigue méritent des éloges pour leur grâce et leur simplicité.

Le plus considérable et le plus original de tous les élèves et imitateurs de Dürer, est, sans contredit, Albert Altdorfer. Il a cultivé l'élément fantastique de son siècle avec un génie riche et audacieux; il en a tiré des effets poétiques d'une extrême vigueur. Il sait, en général, donner à ses productions un attrait, un caractère si merveilleux; il déploie, devant nos regards, une telle multitude de phénomènes surnaturels, que l'on s'abandonne à sa puissance magique et s'arrête volontiers sur le chemin de la perfection au milieu

de ses doux rêves. Son plus beau travail décore
Schleissheim. Il représente la victoire d'Alexandre-
le-Grand et la chute de Darius ; le costume est
celui de l'époque où vivait l'auteur ; les guerriers
portent les armes du moyen-âge, comme dans les
anciens manuscrits. Les hommes et les chevaux
sont bardés de fer ; les cottes chamarrées d'or et
de broderies, les pointes qui protégent le front
des chevaux, les lances brillantes, les étriers polis,
les diverses armures forment un mélange éblouis-
sant. Rien n'excite le dégoût ; on ne voit point de
gens mutilés ni de membres épars. Seulement,
lorsqu'on examine avec attention le dernier plan,
on découvre sous les pieds de la cavalerie, lancée
au galop, plusieurs amas de corps pour ainsi dire
entrelacés ; ils forment, en quelque sorte, le terrain même sur lequel se livre la bataille. Le tableau compose un petit monde ; les troupes qui
s'attaquent sont innombrables ; elles accourent de
toutes parts et la perspective du fond ouvre des
espaces infinis. On aperçoit l'Océan, de hautes
chaînes de rochers, une île granitique, des vais-
seaux lointains, des escadres entières. A gauche,
la lune se couche, à droite, le soleil se lève ; ils
rayonnent au milieu d'espèces d'antres creusés
dans les nuages. Les combattants se tiennent en
légions serrées ; point de luttes particulières, point
de ces attitudes étranges, de ces tueries qui enva-
hissent ordinairement les tableaux analogues.

D'ailleurs l'incalculable multitude de personnages accumulés sur cette toile eût empêché l'auteur de suivre le chemin battu. La manière a encore l'austérité, ou, si l'on veut, la roideur de l'ancien style. En compensation, le caractère et le travail de ces petites figures révèlent une main habile et scrupuleuse ; et quelle variété ! quelle expression, non-seulement dans les capitaines, mais dans la foule des guerriers secondaires ! Ici une phalange de noirs archers se précipite de la montagne, ainsi qu'un torrent. D'autres les suivent et sont, à leur tour, pressés par de nouveaux soldats : plus loin, sur le flanc d'un rocher, on voit des bandes éparses de fuyards qui tournent dans un chemin creux. Le point central, l'action décisive se détache du tout avec un éclat surprenant. Alexandre et Darius nous apparaissent couverts d'une armure d'or; Alexandre, montant Bucéphale, et tenant une lance ornée de marquetterie, devance de beaucoup les siens; il poursuit Darius, qui cherche à fuir et tourne vers lui des yeux où se peint le trouble de la défaite. Le conducteur du char est déjà tombé sur les chevaux blancs. Pour le paysage, il est aussi beau que ceux des maîtres contemporains de la Flandre, tels que Patenier et autres. On peut même dire qu'il les surpasse en vérité et en grandeur. Une montagne rocheuse et couverte de belles forêts, qui se dresse au milieu de la toile, fait principalement naître l'admiration.

Elle porte un château vers lequel grimpe un chemin sinueux. Au pied de la hauteur, le soleil frappe une ruine de sa lumière oblique ; l'édifice est peint avec un sentiment si délicat de la nature, qu'il eût seul permis à l'auteur d'enfanter les plus brillants ouvrages.

Une autre composition d'Altdorfer, qu'on voit dans la galerie de Schleissheim, prouve aussi la force de son talent. C'est un panneau qu'une image embellit de chaque côté. L'une représente la madone avec l'enfant. La Vierge a une gracieuse figure, pleine d'une charmante expression, et ses habits se drapent en nobles lignes. Jésus se tient sur ses genoux, ayant l'air de bénir ; il est vêtu d'une chemise fine et transparente, et porte un rosaire à la main. Autour d'eux, un chœur d'anges font allégrement de la musique et se perdent dans les vapeurs de la gloire. Le tout flotte au milieu des nues, planant sur un paysage bien dessiné. L'autre côté nous montre la caverne où fut enseveli le Rédempteur. Les personnages, le Christ et Madeleine, sont les objets les moins importants ; ils ne servent guère que de prétexte à un beau paysage oriental et fantastique, aperçu par l'ouverture de la caverne, et illuminé par le soleil.

Un troisième tableau du même artiste, signé de son monogramme, et portant la date de 1526, brille dans la même galerie. On y admire l'histoire de la chaste Suzanne ; c'est aussi une composition fantastique d'une extrême richesse, avec la fontaine au milieu du jardin sur la gauche et des édifices multipliés sur la droite. Toutefois il n'égale pas les précédents. Certaines perspectives du paysage sont magnifiques, et c'est plaisir à voir les vieux pêcheurs se glisser à travers les broussailles. Les autres productions d'Altdorfer, qui enrichissent la galerie de Schleissheim et ont pour sujets des événements historiques, sont moins agréables; elles ne plaisent que par quelques fonds champêtres.

La chapelle St-Maurice possède encore un bon ouvrage de cet artiste. On y observe plusieurs personnes tirant de l'eau le corps de saint Quirinus. Elles forment une scène de genre bien coordonnée. Les saules épais du fleuve signalent de nouveau sa profonde intelligence des beautés de la nature. La lumière du soleil couchant produit un effet magique. Des cercles de nuages, où l'or se mêle à la pourpre, environnent l'astre près de disparaître. On voit de lui, au château de Nuremberg, un Crucifiement d'une exécution élégante et vigoureuse. Les collections de Vienne, surtout celle du Belvédère, renferment aussi d'excellents ouvrages de sa main. Dans celle du prince de Lichtenstein, on trouve une belle madone avec l'enfant et des anges, de l'année 1511.

Les estampes d'Altdorfer ne se recommandent point par la même grâce et la même suavité que ses tableaux.

Un chef-d'œuvre aussi considérable et aussi original que la bataille d'Alexandre devait produire de nombreuses imitations. En effet, la galerie de Munich possède une page de Martin Fesele (1530), qui nous montre le siége de Rome, par Porsenna. C'est une composition aussi riche, les formes sont aussi belles et aussi pleines de goût que celles d'Altdorfer ; mais la poésie est absente. Un second tableau du même artiste, qui orne la galerie de Schleissheim, et représente la conquête de la ville gauloise Alexia par César, a beaucoup moins d'importance. L'image d'un autre coloriste du temps, Georges Brew, qui figure la victoire de Scipion remportée sur Annibal à Zama, et enrichit la pinacothèque de Munich, est une médiocre imitation d'Altdorfer ; l'ensemble est confus, les masses ne se séparent point et les détails ont une choquante dureté. Ces tableaux prouvent suffisamment que l'Anglais Martin n'a point inventé le genre de productions mis en vogue par ses toiles et ses gravures.

Georges Pens, après s'être formé à l'école de Dürer, alla en Italie et travailla dans l'atelier de Raphaël. On remarque donc une grande différence entre ses premiers ouvrages et ceux qui les suivirent. On peut admirer de lui, à Vienne, un Crucifiement de petites proportions, très nettement peint, qui rappelle la gracieuse sobriété des artistes de Nuremberg. Un autre Crucifiement, conservé à la galerie d'Augsbourg, et exécuté aussi pendant sa première jeunesse, a un caractère plus exclusif. Le Jérôme de la chapelle St-Maurice nous offre une tête vigoureusement peinte, bien modelée et gravement méditative. Deux tableaux de la Pinacothèque, signés de son nom, trahissent l'influence italienne. C'est une Judith tenant la tête d'Holopherne, demi-figure nue, suavement modelée, mais dure de couleur; et une Vénus accompagnée de l'Amour, d'un dessin précis et d'un coloris presque italien.

Pens occupe un rang élevé parmi les peintres de portraits. Le château de Nuremberg possède une excellente image de cette espèce. On en voit trois au musée de Berlin, qui se distinguent également par une bonne disposition, une couleur chaude et légère et une grande liberté de pinceau. Le caractère allemand domine dans les deux premiers, mais la manière italienne l'emporte dans le troisième.

Parmi les petites gravures de Georges Pens, un sentiment pur et délicat distingue la série d'estampes, qui exposent l'histoire de Tobie. La naïveté et la douceur des conceptions allemandes s'y joignent, d'une manière naturelle et très heureuse, à cette grâce plus élevée qui semble un legs de Raphaël.

On connaît peu de tableaux de Jacob Bink. Ses autres ouvrages portent en général le caractère de l'école, modifié par l'influence italienne.

Mathias Grunewald est regardé comme un bon imitateur de Dürer. Une Sainte Famille de lui, composition gracieuse que possède la galerie de Schleissheim, justifie cette opinion. On trouve dans la galerie impériale de Vienne un excellent portrait de l'empereur Maximilien et de sa famille, qu'il a su rendre avec beaucoup de simplicité. La chapelle St-Maurice renferme deux beaux portraits de Jean Grimer, élève de Grunewald. Sa manière s'éloigne déjà complètement de l'ancien style germanique; ils ressemblent essentiellement aux ouvrages iconiques des Hollandais contemporains.

Jean Burgkmair n'étudia pas sous Dürer, mais il a des rapports avec lui. L'influence de ce grand homme domine son talent: toutefois il possède une dignité originale. On remarque en lui, comme dans les autres artistes du temps, certaines duretés; il s'abandonne aussi quelquefois à des rêveries informes. Les nombreuses toiles du château de Nuremberg, qu'on lui attribue, m'ont fait souvenir de Michel Wolgemuth. Parmi les productions de la chapelle St-Maurice, peu distinguées au surplus, il en est une qui m'a semblé intéressante: on y lit la date de 1510. Marie, assise sous un arbre, offre un raisin à son fils; la mère et l'enfant se groupent très bien et ne manquent pas de charme; les formes seules du petit Jésus sont désagréables: un élégant paysage occupe le fond du tableau. Parmi celles de Schleissheim, on en trouve encore une de grande valeur; c'est une large composition qui représente saint Jean dans l'île de Pathmos. Trois palmiers verdoient sur le premier plan; sous leur ombre, l'apôtre à moitié agenouillé et regardant la Vierge qui lui apparaît, se dispose à écrire; autour de lui se déploie une végétation méridionale, au milieu de laquelle apparaissent des animaux de toute sorte, oiseaux, lièvres, etc. L'ensemble rappelle Altdorfer, et compose une charmante forêt magique. La galerie de Schleissheim contient encore d'autres ouvrages de Burgkmair tout-à-fait dignes d'attention. Je mentionnerai, entre autres, le portrait de Jean Geiler, de Kaisersbourg, exécuté l'an 1510, d'une manière dure et sévère, mais plein d'une vie caractéristique. Les images du duc Guillaume de Bavière et de son épouse, qu'on voit à la pinacothèque de Munich, sont aussi rudes et tranchées, mais peintes simplement et d'une façon très nette. Le musée d'Augsbourg, l'église Sainte-Anne de la même ville possèdent divers tableaux importants de Burgkmair. On trouve, dans le chœur oriental de cet édifice, une Descente du Christ aux enfers, chargée d'une multitude de diableries.

Deux scènes religieuses, conservées à la galerie impériale de Vienne, nous font connaître Johannes Aquila. L'auteur s'y rapproche des motifs de Dürer; il semble en même temps se souvenir de la sage noblesse et de la douceur de Martin Schœn.

Un autre contemporain de Dürer, Jean Baldung Grün, qui peignit dans l'Alsace et dans le Brisgau, est beaucoup moins attrayant. Ses tableaux historiques font souvenir des artistes de Nuremberg; mais la couleur en est froide et sèche, et la tendance fantastique ne s'y révèle que par une exagération souvent choquante. Il reste faible dans le portrait. Le musée de Berlin, la chapelle St-Maurice, et la galerie de Schleissheim contiennent de nombreuses preuves de ce que nous avançons. Néanmoins les tableaux qui ornent la cathédrale de Fribourg se distinguent par la finesse du coloris et la beauté de plusieurs têtes.

Écoles Saxonnes.

Avec Albert Dürer et ses élèves lutte l'école saxonne dont Lucas Cranach est le chef. On connaît peu d'ouvrages de ce style antérieurs à lui. Toutefois, il en existe quelques-uns qui, indépendamment de certaines productions plus anciennes, annoncent un progrès de l'art dans la Saxe et dans les pays voisins, au commencement du seizième siècle. Nous pouvons citer comme une œuvre

intéressante le tableau du principal autel de
l'église St-Maurice à Halle; il paraît dater du quinzième siècle. L'autel a la forme d'une armoire,
avec des figures sculptées en bois et de triples
volets, extérieurement et intérieurement couverts
d'images, qui représentent des saints de grandeur
naturelle. Les lignes principales de la draperie,
surtout celles des saintes, rappellent encore la
manière souple et large du style gothique. Les accessoires se rattachent néanmoins par leurs motifs
à l'époque suivante. Les beaux visages tranquilles
des saints et particulièrement des saintes, les formes nationales des têtes, les yeux un peu trop
fendus annoncent, du reste, un peintre original.
La technique est encore dure, le dessin tranché;
mais les détails et le modelé satisfont la vue. Le
retable, qui orne le maître-autel de la cathédrale
de Brandenbourg, charme également. C'est aussi
une espèce de coffre avec des statues en bois et
des figures de saints peintes sur les ventaux dans
l'année 1518. Celles-ci ont des formes solennelles
et grandioses; le dessin frappe par sa noblesse, le
coloris indique une main légère, l'ensemble un
esprit observateur. Les têtes sont modelées avec
une grande précision: quelques-unes se distinguent
par un caractère sérieux et profondément senti,
d'autres respirent plutôt cette molle douceur, qui
distingue habituellement les principales créations
des artistes gothiques, et, si plusieurs personnages

font penser aux grandes lignes d'Albert Dürer, d'un autre côté, certains détails, surtout dans les étoffes, se rapprochent de Lucas Cranach. Cette dernière circonstance, qui, du reste, concerne plutôt l'aspect extérieur que le fond de la peinture, a engagé quelques personnes à l'attribuer sans raison à ce dernier maître.

Les auteurs de ces tableaux ne sont pas connus; mais nous allons nommer un troisième ouvrage que l'artiste, Jean Raphon d'Eimbeck, a pris soin de signer. C'est un tableau de l'année 1508, exposé dans le chœur de la cathédrale d'Halberstadt, représentant au milieu le Crucifiement; sur le côté intérieur des ailes, l'Annonciation, l'Adoration des Mages, l'Adoration des Bergers et la Présentation au Temple; sur la face extérieure, quelques saints personnages. Pris dans son ensemble, cet ouvrage pourrait être comparé à ceux des artistes nurembergeois. La composition de l'image centrale est quelque peu chargée; les têtes se distinguent par leur énergie et leur individualité, mais manquent un peu de vie intime et rendent mal les sensations transitoires. On cite encore de Raphon un tableau exécuté dès l'an 1499.

Ces essais et d'autres tentatives analogues furent éclipsés par le talent souple, par la verve intarissable de Lucas Cranach l'ancien, que favorisèrent une longue vie et d'heureuses circonstances.

Il était né en 1472, à Cranach, près de Bamberg, et mourut à Wittemberg, en 1553. Son nom de famille était Sunder, et non point, comme on l'a dit, Muller. Son surnom lui vient du lieu de sa naissance. Il eut d'abord pour maître son père, qui l'appliqua surtout au dessin ; puis, selon la coutume du siècle, il se mit en voyage. La Flandre était alors, sous le rapport des arts, ce que l'Italie est de nos jours : il s'y rendit comme les autres. On ignore sous quel peintre il se perfectionna ; plusieurs ateliers paraissent l'avoir reçu tour à tour. Lorsqu'il eut formé son talent, il revint en Allemagne et fixa bientôt sa demeure à Wittemberg. Il s'était approprié tous les secrets des vieux maîtres ; il connaissait leur manière d'employer les couleurs et surprit ses compatriotes. Son habileté, jointe à un caractère doux et ferme, lui mérita l'estime universelle.

Peu de temps après son retour, il s'était marié avec une jeune personne du nom de Barbara. Elle ne l'avait point séduit par ses avantages extérieurs. Elle était si laide, dit-on, qu'il ne put jamais se résoudre à la peindre dans une attitude qui laissât voir sa figure. Il ne l'en aimait pas moins ; ils vécurent heureux, pleins de bonté l'un pour l'autre, et eurent quatre enfants, deux garçons et deux filles.

L'électeur de Saxe, Frédérick le Sage, qui avait fondé, en 1502, l'université, maintenant détruite,

de Wittemberg et donnait à ce lieu une attention
toute spéciale, n'aurait pu méconnaître un talent
aussi distingué que celui de Cranach. En effet, il
l'apprécia bientôt, le combla de faveurs, le nomma
peintre de la cour, et, afin de l'honorer davantage,
lui accorda des lettres de noblesse, l'autorisant à
porter l'écusson peint depuis lors sur presque
tous ses tableaux : un serpent couronné de noir
et de rouge, dans un champ jaune, et tenant à la
gueule un anneau monté d'un rubis. La famille
du grand homme, qui subsiste encore à Brandenbourg, possède le titre original où ce droit
lui est conféré. En 1509, sur l'ordre de Frédérick,
notre artiste parcourut de nouveau les Pays-Bas.
Il fit à Malines le portrait du futur empereur
Charles-Quint, alors âgé de neuf ans. Tout le
monde l'accueillit avec respect et admiration. Il
ne déployait pas moins de persévérance que de
talent ; en route ou dans sa demeure, il s'occupait
toujours de son art et prenait sans cesse des croquis.
Son imagination était, du reste, si tenace, qu'il
n'oubliait ni les lignes, ni les couleurs, ni les formes, qui avaient charmé ses yeux. Il peignait aussi
très rapidement : de là le grand nombre de ses
tableaux. Il taillait en outre le cuivre, et n'a pas
laissé moins de trois cents gravures sur bois. Il a
orné de cette manière plusieurs bibles.

 Lucas Cranach suivit l'électeur Frédérick dans
son pèlerinage au tombeau du Christ. Il dessina

tout ce qu'il vit de curieux, soit en chemin, soit à Jérusalem. On ignore ce que sont devenues ces esquisses ; peut-être la poussière les couvre-t-elle au fond d'une armoire ou d'un grenier sans visiteurs.

En 1519, Cranach fut nommé bourgmestre de Wittemberg et remplit soigneusement les devoirs que lui imposait cette place. Il fit alors la connaissance de Martin Luther, et l'amitié la plus étroite unit bientôt ces deux hommes de génie. Le réformateur n'avait pas de secrets pour le peintre : il lui confiait tous ses plans et toutes ses idées. Celui-ci contribua beaucoup à son mariage avec Catherine de Bora ; il fut un des témoins qui signèrent l'acte. Luther, de son côté, admirait franchement les travaux de l'artiste. Lorsqu'une circonstance les séparait, des lettres affectueuses volaient de l'un à l'autre. Cranach a peint son ami dans tous les costumes et sous tous les aspects.

Quand Frédérick-le-Sage fut descendu dans le tombeau, son successeur, Jean-le-Persévérant, qui aimait Cranach, ne le traita pas moins bien que son devancier. Il mourut lui-même après sept années de règne. Frédérick-le-Magnanime, auquel il légua son pouvoir, témoigna au grand homme et lui inspira un attachement encore plus vif que ses prédécesseurs. Une grande infortune donna lieu à Cranach de montrer son dévouement.

Charles-Quint ayant fait l'électeur prisonnier à

la bataille de Mühlberg, en 1547, et étant venu mettre le siége devant Wittemberg, où résidait le peintre, celui-ci alla trouver l'empereur. On le conduisit dans sa tente : le prince le reçut fort amicalement, se rappela le portrait pour lequel il avait posé en Flandre et lui demanda s'il pouvait lui être agréable. Le digne vieillard, pour la première fois sans doute, tomba sur ses genoux devant un autre que Dieu. Il demanda en pleurant la liberté de son maître. — « Tu apprendras bientôt que j'ai usé de clémence envers lui; » telles furent les paroles que Charles-Quint prononça d'un air flegmatique. C'était une sinistre équivoque. Le prince fut condamné à mort par un tribunal que présidait le farouche duc d'Albe. L'empereur lui fit grâce de la peine capitale, mais le traîna de donjon en donjon, l'espace de cinq années. Il ne recouvra son indépendance qu'en abandonnant ses droits seigneuriaux pour luimême et pour toute sa postérité. Cranach, âgé de soixante-quinze ans, le suivit dans toutes ses prisons. Il avait perdu sa femme, mais il lui restait des enfants, des petits-enfants, des amis, des alliés; il les quitta généreusement afin d'adoucir la captivité de l'électeur. Ils priaient ensemble; il lui lisait la Bible et les ouvrages de Luther; il ornait de dessins et de fraîches peintures les tristes murailles de son cachot. Ils passèrent ainsi plusieurs années, se consolant et s'exhortant l'un l'autre. En 1552, le prince redevint libre ; il fit une entrée solennelle à Weimar, Cranach se tenant à sa droite et son propre fils l'escortant à gauche. L'artiste jouit peu de ce doux rayon, qui éclairait le soir de sa vie. Aimé, respecté de tous, il émigra pour un autre monde, à l'âge de 81 ans. Il fut enterré dans le cimetière de l'église St-Jacques, à Weimar. La pierre qui couvrait sa dépouille est maintenant dressée tout auprès, contre le mur d'enceinte. On voit sculptée l'image du défunt, de grandeur naturelle ; une inscription latine disposée alentour rappelle son nom, son âge, la date de sa mort, son attachement fraternel pour l'électeur et la tendresse de l'électeur pour lui. Au bout de quelques mois, ce dernier l'alla rejoindre dans l'asile que ne troublent ni souffrances, ni inquiétudes.

Cranach a une foule de rapports avec Dürer, surtout pour ce qui concerne la libre intelligence de la nature, et la manière fine et légère d'appliquer le coloris, tout en obtenant des tons vigoureux. Cependant l'énergie grandiose, le sérieux profond du dernier sont remplacés chez lui par une sérénité naïve et enfantine, aussi bien que par une grâce suave et presque timide. C'est le Raphaël de l'école allemande. Rien de plus délicat, de plus attrayant que ses bons tableaux. La nature lui avait donné une âme tout à fait poétique et le sentiment de la beauté ne le quitte jamais. Ses têtes ont souvent une expression d'une finesse étonnante; c'est dire qu'il brille surtout dans les visages de femmes. Il a peint avec une rare habileté, avec un charme extraordinaire quelques têtes de courtisanes. L'astuce, l'amour du plaisir, la versatilité du caractère y sont parfaitement rendus. Ses *Fileuses*, qu'on voit à Berne, me semblent une merveille d'élégance. Il a aussi trouvé dans le monde fantastique les sujets de plusieurs chefs-d'œuvre.

Il existe de lui un grand nombre d'ouvrages, surtout dans les provinces saxonnes. Nous ne citerons que les plus intéressants. Commençons par les principaux, qui traitent des scènes pieuses et formaient généralement des triptyques. Une production de sa première jeunesse, époque dont il ne nous reste que très peu de tableaux, décore l'église de Tempelhof, près de Berlin. Elle porte le millésime de 1506 et représente au milieu le martyre de sainte Catherine; sur les ailes, brillent les figures de plusieurs saintes. Pour la force du coloris elle n'égale pas les toiles postérieures du maître; on y remarque néanmoins d'excellentes têtes, pleines d'animation et d'individualité.

Wittemberg possède deux ouvrages considérables de Cranach. On trouve à l'Hôtel-de-Ville une grande représentation emblématique des dix Commandements, de l'année 1516. Elle n'a point encore la perfection qu'il atteignit plus tard;

cependant la couleur énergique; l'exécution précise, charment le spectateur. Il faut remarquer les formes surnaturelles des démons, qui accompagnent les transgresseurs de la loi. Le tableau placé au grand autel de la cathédrale, se range parmi les meilleures productions religieuses de Cranach. L'image centrale nous fait voir la Cène, disposée d'une manière peu commune. Les disciples environnent une table ronde, et leurs têtes sont différemment caractérisées. Sur l'aile droite on aperçoit le sacrement du Baptême, que Mélanchton administre avec l'aide d'un assistant et de trois parrains. Sur le devant, un groupe de femmes bien vêtues regardent la Cène. Le tout ne manque ni d'expression ni d'originalité. L'aile gauche nous montre la Confession, et a plus d'importance que la précédente. On reconnaît dans le confesseur le portrait de Bugenhagen : il absout avec une dignité sévère un bourgeois repentant et agenouillé, tandis qu'il repousse un soldat qui manifestait plus d'orgueil que de repentir, et n'avait pas joint les mains. Le prêtre porte, du reste, une clef dans la droite et une dans la gauche. Une quatrième peinture, composée de petits personnages, brille sous le panneau principal. Au milieu, l'on voit un crucifix à côté duquel s'élève une chaire, d'où Luther enseigne la foule. Un groupe naïf et suave de jeunes filles, de femmes et d'enfants, prête l'oreille; un peu plus bas, une troupe non moins belle d'hommes et de jeunes gens se nourrit de la parole sacrée. L'autel contient en outre une série des principaux actes de l'Église évangélique et des plus célèbres commentateurs de l'Écriture-Sainte. Quoique l'exécution n'en soit pas aussi noble, il constitue, avec les apôtres de Dürer mentionnés tout-à-l'heure, une des plus habiles et des plus significatives productions de la nouvelle croyance.

C'est encore un excellent travail que le principal autel de la cathédrale de Meissen. Le retable se divise en trois parties ; le crucifiement occupe le haut ; une intention symbolique a fait mettre au-dessous le sacrifice d'Abraham et le miracle du serpent d'airain. L'holocauste d'Isaac est une composition grandiose, comme Cranach en exécuta rarement ; l'on voit à côté l'image du donateur, un des plus beaux portraits qu'ait exécutés l'artiste. Sur la face interne des ailes six compartiments retracent la découverte de la vraie croix ; à l'extérieur, on distingue Jésus couronné d'épines et la sainte Vierge. Deux autres volets nous montrent les symboles des évangélistes. Quoique d'un grand prix, ces battants rappellent de mainte façon le style de Cranach le jeune, qui par la suite avait coutume d'aider son père dans l'exécution des œuvres importantes.

Un grand autel de l'église principale de Weimar nous montre sur la partie centrale Jésus crucifié, Jean-Baptiste, Cranach et Luther d'un côté, de l'autre le Messie vainqueur de la mort et du démon ; sur les ailes, la famille de l'électeur Frédérick-le-Magnanime. Cet ouvrage appartient aux derniers temps de l'auteur. Certains détails sont excellents ; on remarque surtout la beauté des portraits. Celui de Luther mérite le nom de chef-d'œuvre.

Pour ne point fatiguer par l'énumération de tableaux analogues, nous nous bornerons à citer encore une suite de peintures retraçant la passion du Christ. Elles décorent la galerie du château à Berlin. Un désir de caractériser, poussé jusqu'à l'exagération, les stygmatise, ainsi que beaucoup d'autres créations des artistes contemporains. Elles virent le jour en 1537 et 1538. La principale est un Portement de croix, image pleine d'expression, où les têtes des soldats et des spectateurs frappent par leur coloris et leur vigueur. Les trois toiles que l'on admire à Berlin semblent avoir complété cette passion.

Quelques petits tableaux religieux montrent l'aptitude innée de Cranach à saisir la grâce dans ses plus brillantes manifestations. L'hyperbole ne s'y glisse que rarement. Ce défaut et cette qualité se trouvent néanmoins réunis dans la Femme adultère de la chapelle St-Maurice ; le Sauveur a une expression douce et bienveillante, mais les accusateurs choquent par leur physionomie bestiale.

Il existe plusieurs répétitions de ce tableau ; la galerie de Schleissheim, la collection Esterhazy, à Vienne, etc., en renferment des copies. Le Christ bénissant les enfants, que Cranach a également reproduit plusieurs fois, l'emporte de beaucoup sur la Femme adultère. Un des plus beaux décore l'église Saint-Wensel à Naumburg ; la magie de l'innocence, une grâce naïve et une profonde sensibilité mettent peut-être cet ouvrage au-dessus de tous ceux que nous devons à la même main. On en voit une seconde copie dans l'église Saint-Anne à Augsbourg, une troisième dans les appartements de la famille Holzhausen à Francfort, etc. Sur cette dernière le réformateur et Catherine de Bora sont mêlés parmi les enfants. Nous mentionnerons encore diverses saintes familles de petite dimension, comme, par exemple, le gracieux tableau de l'année 1504, qui orne la galerie Sciarra à Rome, et un autre que possède M. Campe de Nuremberg.

Le goût du fantastique a aussi produit chez Cranach des résultats originaux, et il sut en tirer tous les effets merveilleux, toute la poésie qui nous charment dans les contes populaires. Parmi les ouvrages de cette espèce, nous aimons surtout un petit tableau qu'on voit dans la *maison gothique* du parc de Wörlitz et que le catalogue désigne sous le titre du *Chevalier entre les deux routes*. Il représente en effet un guerrier couvert de sa cuirasse et réfléchissant assis sur une pierre. Trois jeunes filles nues se tiennent devant lui ; un voile coloré flotte autour de leurs hanches ; leur tête est parée de chaînes, d'un filet et d'un chapeau. Entre les jeunes filles et le chevalier, on aperçoit un vieillard portant une armure dorée. Des ailes et des becs d'oiseaux ornent son casque ; il a les jambes nues à partir du genou et semble regarder les belles femmes avec un air singulier de mépris diabolique. Une colline pierreuse occupe le fond. J'ai cru reconnaître dans ce sujet une circonstance de la vieille histoire du Tannenhauser, qui fut entraîné vers la montagne de Vénus. Une autre production riche en merveilleux et composée sous l'influence des idées bibliques enrichit le musée d'Augsbourg. Dalila est assise dans un beau jardin ; Samson couvert d'or et habillé comme un fastueux chevalier, tenant du reste la célèbre mâchoire d'âne, sommeille sur ses genoux. Elle lui coupe les cheveux avec d'élégants ciseaux. Les Philistins bien armés se glissent à travers le bois ; par le côté, on découvre une magnifique perspective. — Un petit tableau du musée de Berlin, qui semble représenter Apollon et Diane au milieu des forêts, a un charme tout spécial. Le frère et la sœur sont nus. Le dieu porte barbe et tient son arc avec ses flèches ; comme tous les personnages mâles de Cranach, il n'a pas grande importance. Diane, au contraire, élégamment et naïvement placée sur le dos d'un cerf, se distingue par une grâce piquante. C'est la reine virginale des bois, que le chasseur découvre dans les lieux retirés, pendant les heures solitaires de la nuit. On dirait un fantastique souvenir de l'antiquité.

Cranach affectionnait ces êtres surnaturels, principalement les Vénus, et l'on en rencontre un grand nombre de sa main; toutefois lorsqu'il a dû tracer de grandes figures en repos, il abandonne souvent le terrain propre à son talent et se risque dans une carrière insidieuse, où il aurait eu besoin de la chaude couleur et de la technique vénitiennes. Un des plus agréables ouvrages de cette espèce orne la galerie du château, à Berlin. C'est une Vénus toute nue, assise près d'une source; la forme est pleine de grâce et d'élégance, l'exécution fine et soignée. Un beau paysage brille derrière la déesse.

On peut encore citer une composition extrêmement originale, qu'on voit au musée de Berlin, et qui a pour sujet la fontaine de Jouvence. Au milieu d'un vaste bassin entouré de degrés s'élève une construction élégante, d'où jaillit l'eau merveilleuse. D'un côté, sur une campagne sèche et inféconde, arrive une multitude de vieilles femmes à cheval, en chariot, etc. Elles s'approchent péniblement des ondes régénératrices. De l'autre côté elles se montrent sous la forme de jeunes personnes, qui folâtrent et s'abandonnent à de charmantes espiègleries. Tout auprès se dresse une vaste tente, où un héraut les engage à entrer et où on les revêt de splendides habits. Un joyeux festin préparé sur le gazon les attend et elles passent du banquet à la danse. Les groupes animés se perdent au milieu des buissons. Malheureusement les hommes ont gardé leur âge et leurs barbes grises. Ce travail est de 1546; l'auteur parcourait alors sa soixante-quatorzième année.

Comme peintre de portraits, Cranach mérite une vive estime ; il imite avec scrupule et simplicité les formes de la nature. A propos de certains retables, nous avons déjà mentionné quelques-unes de ses meilleures effigies. D'autres monuments, comme la galerie des Offices à Florence, en contiennent d'isolées, qui ont une grande valeur ; mais le choix le plus considérable se trouve à Berlin ; on admire surtout l'image du duc George de Saxe, à cause de ses traits fermes et dignes, de son coloris chaud et brillant. Une autre est originalement conçue ; elle représente l'électeur de Mayence, Albert de Brandenburg, en saint Jérôme, avec un magnifique habit de cardinal. Il étudie dans la solitude des bois, et des animaux de toute espèce l'environnent.

Cranach était aussi célèbre de son temps comme peintre d'animaux. Il peignait les oiseaux, les quadrupèdes, les reptiles avec une si grande vérité qu'ils faisaient presque illusion. Une excellente preuve de ce talent s'offre à nous dans un livre de prières qu'on voit à la bibliothèque de Munich. Les marges de la première moitié ont été couvertes de dessins par Albert Dürer; celles de la seconde par Cranach. Celui-ci s'est plu à esquisser au trait les groupes d'animaux les plus divers. Il existe de Cranach une foule de gravures sur bois, qui datent de sa jeunesse et représentent presque toutes des sujets de l'histoire sainte ou des légendes. Il a aussi gravé sur cuivre les portraits de plusieurs célèbres contemporains.

La foule de peintures semblables aux siennes par le style, que l'on trouve éparses dans les provinces saxonnes, et qui passent souvent pour des créations du maître, prouve l'énergique influence qu'il a exercée autour de lui, et les résultats considérables qu'enfanta son activité. Cependant on connaît peu d'élèves proprement dits de Cranach. Le principal fut son fils, Lucas Cranach le jeune, qui sur la fin de ses jours remplit comme son père les fonctions de bourgmestre de Wittemberg. Cet artiste semble néanmoins s'être aussi proposé Albert Dürer pour modèle, comme le démontrent les rapports de son style, tantôt avec celui de son père, tantôt avec celui d'Albert. Néanmoins il possède une grâce et une suavité originales, que relève un coloris florissant et quelquefois même trop rose. Il est un de ceux qui restèrent le plus longtemps fidèles à l'ancienne manière. Il mourut en 1586, lorsque tous ses contemporains subissaient déjà une influence étrangère et maniérée. La cathédrale de Wittemberg renferme plusieurs tableaux de lui. — Jésus sur la croix entre les deux larrons, et à ses pieds la famille agenouillée du donateur, production excellente. — Une Naissance du Christ où l'on voit la charpente de l'étable couverte d'une multitude de petits anges. — La Conversion de Saül, travail peu important, et une singulière composition qui rappelle manifestement les circonstances religieuses de l'époque. C'est la vigne du Seigneur dont une moitié est détruite par des prêtres catholiques, tandis que de l'autre côté les héros protestants lui donnent leurs soins. La naïveté poétique de l'exposition surpasse de beaucoup le mérite pittoresque. L'église de Bamberg, ville peu éloignée de la première, renferme aussi les battants d'un autel peint par Cranach le jeune. Un de ses plus beaux ouvrages (je ne balance pas à l'en déclarer auteur), se trouve dans le dôme de Mersebourg, pendu à un pilier de la nef. Il représente les fiançailles de sainte Catherine et quelques saints sur les ailes. Plusieurs tableaux du même peintre ornent le chœur occidental de la cathédrale de Naumburg. Deux volets sur la face extérieure desquels est dessinée l'Annonciation, tandis qu'à l'intérieur on voit le Christ couronné d'épines et la Vierge, appartiennent à un retable en armoire qui était jadis rempli de sculptures. Les autres toiles formaient ensemble un ouvrage d'autel. Sur la portion du milieu, on admire la Conversion de Saül, accompagné de hardis chevaliers. Une petite image, qui devait la surmonter, renferme deux anges charmants, dont les mains portent le suaire de sainte Véronique. Au-dessous du tableau principal, on remarque les bustes des quatre docteurs de l'église ; sur les ailes, quelques figures de saints. Malheureusement ces ouvrages ont beaucoup souffert, quoiqu'on n'ait pas essayé de les restaurer. Plusieurs compositions de la chapelle St-Maurice sont attribuées au jeune Cranach et offrent évidemment les caractères de son style. Quelques-unes trahissent de nouveau la tendance fantastique de son père. Mentionnons entre autres une représentation de la chute du premier homme, où la Mort et le Démon poursuivent Adam avec un acharnement farouche, et un tableau qui a pour sujet la même infortune, mais auquel de nombreuses allégories donnent un caractère plus tranquille. On conserve en outre à la bibliothèque de Weimar plusieurs excellents portraits du jeune Cranach, de l'année 1561.

École de la Haute-Allemagne.

Une école spéciale et suivant une louable direction, se développa au commencement du seizième siècle dans la ville d'Ulm. L'amour du fantastique la domina moins que les autres. Une noble douceur analogue à celle de Martin Schœn, et qui ne se produisit certainement point sans son concours, forme le trait essentiel de cette manière.

Un des maîtres les plus intéressants qui l'aient adoptée se nomme Bartholomé Zeitbloom. Ses ouvrages annoncent un désir souvent heureux de concevoir fortement et dignement son sujet, tout en suivant de près les modèles que nous offre la nature. A la vérité, les formes du corps s'empreignent de gaucherie sous son pinceau ; les bras, les jambes paraissent maigres et roides, mais les têtes n'en ont que plus de beauté ; elles expriment une paix douce et intime de l'âme ; de plus, la couleur est vigoureuse et brillante, la carnation ferme et vraie. On trouve un grand nombre de tableaux de ce maître dans la collection que possède le procurateur Abel de Stuttgard. Ce sont quatre bustes très expressifs représentant les pères de l'Église latine, et venant de la paroisse d'Eschach, près de Gaildorf ; une Annonciation et une Sainte Anne de grandeur naturelle ; puis les vigoureuses figures de saint Georges et de saint Florian, qui ornaient l'église de Kilchberg, près de Tübingen. D'autres panneaux enrichissent le cabinet du professeur Hirscher, dans cette dernière ville. On remarque surtout une tête de sainte Anne parfai-

tement exécutée, pleine de grâce et de noblesse.
On en rencontre çà et là en Souabe, par exemple,
dans la vieille église sur le Heerberg, près de
Sulzbach, à une lieue de Gaildorf ; dans le cloître
Adelsberg à Hundsholz, etc. Une Sainte Ursule
de la chapelle St-Maurice est attribuée à Zeitbloom ; c'est une jolie figure avec une sorte de
dignité sculpturale. Le visage exprime une piété
fervente et digne. Un grand nombre d'autres
productions, qu'il faut considérer comme des
ouvrages de son école, prouvent son influence
étendue : tel est le grand autel de Blaubeuren. Il
contient des scènes tirées de la vie du Christ et
de celle de saint Jean-Baptiste : on remarque
d'excellentes expressions dans les têtes. Le coloris
est frais et vigoureux, le dessin rappelle encore
l'ancienne manière, quoique les figures soient
plutôt maigres que roides. Sur le pignon de cette
même église, on voit en dehors une peinture murale représentant saint Jean-Baptiste, de proportions colossales et d'un grand effet. D'autres
tableaux de l'école d'Ulm ornent l'église de Murrhardt et Saint-Urbain de Hall.

Le principal artiste de cette école est Martin
Schaffner, qui florissait entre 1520 et 1530. La
plus grande partie de ses ouvrages se trouvent à
la galerie de Schleissheim. Il faut citer, comme
des travaux hors de ligne, quatre de ces peintures,
venues du domaine religieux de Wettenhausen :

l'Annonciation, la Présentation au temple, de l'année 1524, la Descente du Saint-Esprit et la Mort de la Vierge. Martin Schaffner nous apparaît ici comme une âme douce et sympathique, pleine d'un vif sentiment et douée d'une grande aptitude à saisir les formes majestueuses, aussi bien que les formes tendres, surtout pour les têtes. Son coloris seul, principalement dans les nus, mérite une faible attention. Il est clair et légèrement grisâtre sans froideur. Le dernier tableau cité l'emporte sur les autres par sa beauté. La défaillance de Marie, qui priait à genoux avec les apôtres (idée fort ingénieuse), et les diverses émotions, qui se peignent sur la figure de ceux-ci, sont très heureusement exécutées. Une suite d'images, relatives à la passion du Christ et conservées dans la même galerie, se rapproche par la manière de la peinture de genre. Une autre production importante de Schaffner, de l'année 1521, décore le maître-autel de la cathédrale d'Ulm. L'ornement du milieu se compose de sculptures en bois, qui représentent la Sainte-Famille. Les ailes ont été peintes de la main de Schaffner : à l'intérieur, on voit des groupes de famille composés des parents de la Vierge ; à l'extérieur, plusieurs figures de saints. Les formes ont quelque chose de suave, qui rappelle l'Italie. L'expression des têtes est pleine de mollesse. Les draperies sont encore parfois anguleuses, mais tombent noblement et en longues masses. Le comte Leutrum, de Stuttgard, possède de notre artiste un très bon portrait de femme.

Aux peintres cités jusqu'à présent se joint un des plus considérables qu'ait produits l'Allemagne, Jean Holbein le jeune (1498-1554), fils de l'artiste du même nom. Né à Augsbourg, il passa les premières années de sa vie à Bâle. Il semble y avoir reçu prématurément ces impressions douces et animées de la nature, qui influençaient les peintres de l'Allemagne méridionale, et s'être formé sous leur direction. Sa triste position en Suisse et l'espoir d'améliorer son sort le conduisirent en Angleterre pendant l'année 1526. Il fut bien reçu par le roi Henri VIII, qui l'occupa souvent, ainsi que les grands seigneurs du royaume. Il se fixa dans la Grande-Bretagne, où il mourut de la peste, après avoir fait de courtes excursions dans son pays natal.

Holbein se distingua surtout par son talent pour le portrait. Ses nombreuses images prouvent un sentiment naïf, intime et scrupuleux de la nature. Elles ont toutes une attitude de repos et un air mesuré. Si l'exécution soignée des détails est une circonstance qu'on retrouve dans tous les peintres contemporains, il les surpasse de beaucoup par sa couleur chaude, vigoureuse, intense et par ses formes belles et pleines. Les grandes galeries possèdent généralement quelques tableaux de sa main ; la majeure partie fait l'ornement des collections anglaises. Le château de Windsor près de Londres et celui de Longford près de Salisbury renferment ses ouvrages les plus irréprochables. Une autre composition, qui mérite beaucoup d'intérêt, se voit dans la salle des barbiers de la première ville. Elle représente Henri VIII donnant de nouveaux statuts à la confrérie des chirurgiens et des barbiers. Le roi est assis sur un trône et offre le parchemin à quinze membres agenouillés à sa droite ; trois autres se tiennent à gauche dans la même posture. Toutes les têtes sont excellentes ; elles ont cependant souffert. On admire une semblable peinture à l'hôpital de Bridewell.

Parmi les ouvrages qui enrichissent les galeries allemandes, le plus beau, le plus gracieux est celui de Dresde. Il nous met sous les yeux la Vierge, debout dans une niche et portant son divin fils ; à ses pieds se prosterne la famille de Jacob Meyer, bourgmestre de Bâle. A un naturel plein de vie, à un relief parfait, se joignent un sérieux, une unité, une élévation peu commune ; ce n'est point seulement la présence d'un être supérieur qui donne au tableau ce caractère, mais encore l'intérêt que la Vierge témoigne à ses adorateurs, et la manière dont elle semble communiquer la sainte paix, qui brille sur son visage, dans son attitude et sur les traits du Messie. Nos pères seuls ont pu exprimer cette union de l'homme et du ciel, cet accord mutuel de pieux et chastes personnages. Les galeries de Vienne, de Berlin et de Florence contiennent plusieurs bons portraits d'Holbein. Quelques autres de son premier temps sont exposés à la bibliothèque publique de Bâle; on remarque surtout une figure de femme avec l'inscription : *Lais corinthiaca*.

On a peu de tableaux religieux de Holbein. Un autel de la cathédrale de Fribourg en Brisgau fournit un exemple de la manière dont il les traitait. Il représente la Naissance du Christ et l'Adoration des Mages, toutes deux composées d'un grand nombre de figures et contenant le portrait des donateurs [*]. — Huit ouvrages de la bibliothèque de Bâle, formant un ensemble, retracent les souffrances du Christ. Plusieurs scènes sont richement inventées, pleines de vie et exécutées avec le plus grand soin. Dix autres dessins au lavis et d'un égal mérite, font passer sous nos yeux les douleurs de Jésus.

La tendance de Holbein à concevoir la nature d'une manière purement objective et tranquille semble avoir dû l'empêcher de tomber dans les rêveries fantastiques. Il est pourtant un de ceux qui ont saisi cet élément avec le plus de vigueur et en ont tiré la plus haute poésie. Je fais allu-

[*] Voyez dans le premier volume la description de la cathédrale de Fribourg.

sion à ses gravures de la danse des morts. L'imagination de l'auteur a su éviter les traits énigmatiques, les songes bizarres qui eussent pu facilement l'égarer; elle s'est soumise aux exigences d'un but plus sérieux. Elle n'ennoblit, elle ne transfigure pas la vie terrestre, elle ne se conforme point aux lois universelles de l'idéal; tout au contraire elle n'examine que le vide, la faiblesse des choses réelles et les peint dans leur misère et leur néant. La mort n'est pas ici un gracieux jeune homme, qui aborde les créatures avec un flambeau renversé, mais un terrible squelette, un monstre ennemi de toute joie, de tout orgueil, qui promène la crainte et le désespoir sur le monde. Néanmoins une vive intelligence pouvait seule enfanter l'humour audacieuse, l'impitoyable ironie de cette composition. Il fallait envisager les affaires humaines avec une complète liberté d'esprit, pour donner au roi des épouvantements le dédain que trahit la manière dont il contrefait les riches et les puissants du monde, la moqueuse bienveillance qu'il témoigne aux pauvres et aux affligés. Avant Holbein, durant tout le quinzième siècle ou même plus tôt, les artistes allemands avaient représenté ce sujet bien accueilli de la multitude; mais ce qui jusqu'alors n'avait été que l'expression d'un sentiment obscur, d'une idée latente, acquit entre ses mains une netteté, une profondeur et un éclat équivalents à l'importance de la pensée. Les quarante et quelques feuilles qui nous exposent la fin des hommes de toutes les classes, forment un ouvrage séparé, mis au jour en 1538; de nombreuses éditions et des copies multipliées témoignent de l'intérêt qu'il excita. On possède encore d'autres gravures sur bois de la main de Holbein, entre autres un alphabet avec des figures tirées de la danse des morts, et deux pages où sont dessinés des fourreaux de poignards ornés des mêmes images. Citons encore un grand nombre de planches, qui retracent des scènes de l'Écriture.

Chez les imitateurs de Holbein, l'élément fantastique disparaît complètement. Leur principale occupation est de peindre le portrait, dans lequel ils réussissent très bien. Les plus remarquables se nommaient Jean Asper et Christophe Amberger. On trouve du dernier deux bons portraits dans le musée de Berlin, et plusieurs tableaux historiques dans la chapelle St-Maurice, dans la galerie de Munich et dans l'église Sainte-Anne d'Augsbourg. Ils ont pour caractère dominant une sensibilité fort tendre, qui dégénère quelquefois en mollesse.

Outre la danse macabre de Holbein, il en existe une autre de son contemporain Nicolas Manuel, de Berne, surnommé Deutsch ou *l'Allemand* (1484-1530). Elle couvrait le mur d'un cloître dominicain de cette ville et fut détruite avec l'édifice. Des copies exactes et des esquisses lithographiées nous en ont cependant conservé le dessin. Manuel était un partisan ingénieux de la réformation. Il tourna en ridicule les abus de l'Église catholique dans un grand nombre de caricatures extrêmement spirituelles, et a laissé les esquisses de beaucoup d'autres non moins charmantes. On peut mentionner comme spécimen celle que possède M. Grüneisen de Stuttgard. Elle nous montre la Résurrection du Sauveur; mais au lieu de soldats, ce sont des moines et des prêtres escortés de leurs maîtresses, qui environnent le tombeau et fixent sur le Messie un regard épouvanté.

Dix-septième et dix-huitième siècles.

Tandis que l'art flamand, après la chute de l'ancienne école, prenait au dix-septième siècle un nouvel essor avec les Rubens, les Van Dyck et les Jacques Jordaens, la peinture allemande était loin d'obtenir les mêmes résultats. La nation, absorbée par une lutte où se trouvaient compromis les droits de l'intelligence, et où elle devait enfin se régénérer, n'avait pas trop de toute sa force pour soutenir ces grands combats. Le déchaînement de la guerre et la longue détresse qui en fut la suite ne favorisaient nullement la prospérité de l'art. Les peintres, qui abordaient encore la lice, cessèrent alors d'étudier les anciens maîtres de leur pays. Se proposant les Italiens pour modèles, ils s'efforcèrent de transporter dans leur style les modifications que subissait la peinture au-delà des Alpes. Ils s'inspirèrent surtout de l'école naturaliste, dont les ouvrages violents, animés, pleins d'effets énergiques correspondaient à l'état de l'Allemagne. L'apogée de cette manière qui se distingue moins par l'éclat d'une grand poésie, que par la vigueur et une science sérieuse, tombe vers le milieu du dix-septième siècle.

Citons d'abord un élève de Honthorst, Joachim de Sandrart, né à Francfort en 1606. Après avoir soigneusement étudié la peinture et la gravure, il accompagna son maître sur le sol anglais. Il y resta long-temps et ne fut pas seulement l'ami du roi Charles 1er, mais encore celui du duc de Buckingham. La mort violente de ce dernier protecteur lui fit quitter la Grande-Bretagne. Il visita Florence, Bologne et enfin la capitale du monde chrétien. Sa renommée engagea le marquis Vincent Justiniani à lui offrir un logement dans son palais. Durant son séjour chez ce seigneur, il exécuta une foule de portraits, de tableaux d'autel et de tableaux d'histoire. Il fut recommandé au Pape Urbain VIII, et chargé par lui de plusieurs travaux ; il se rendit ensuite à Naples, en Sicile et à

Malte, puis retourna dans son pays natal. Il y mourut pendant l'année 1688. Sa manière annonce l'étude de l'école vénitienne; il semble avoir aimé beaucoup Paul Véronèse et le Titien ; seulement il a plus de noblesse qu'eux. On voit de lui au musée de Berlin la Mort de Sénèque le philosophe, tableau énergique et régulier, où l'on admire de beaux effets de lumière. Une de ses œuvres les plus importantes est l'image du grand festin, qui eut lieu à Nuremberg, en 1650, après la guerre de trente ans. Quelque embarras se fait encore sentir dans la composition, mais les têtes, peintes avec force, rappellent la manière vénitienne. Sandrart a produit en outre des ouvrages théoriques. L'un d'eux intitulé : *Académie allemande d'architecture, de statuaire et de peinture* (1675-1679), contient des détails intéressants pour l'histoire de ses contemporains. Matthieu Merian, le jeune, est un habile disciple de Sandrart et fut justement apprécié. Il peignit l'histoire et le portrait de façon à devenir célèbre dans ces deux genres. Il fit pour la cathédrale de Bamberg un tableau d'autel, qui représente le martyre de saint Laurent; l'évêque le chargea aussi de conserver ses traits à la postérité. L'empereur Léopold lui donna la même tâche.

Un autre artiste distingué de cette époque est Charles Screta de Prague (1604-1674). Sa ville natale, et surtout la galerie des États, possèdent une grande quantité de ses ouvrages. Il s'y montre comme un vigoureux et hardi naturaliste, à la manière des Italiens. Sous ce rapport, on admire principalement les tableaux qui exposent la vie de saint Wenzel. Dans d'autres peintures, la réalité de son style devient grossière; quelquefois il penche vers l'école éclectique. Il a également bien réussi en traitant le portrait, comme le prouvent quelques tableaux de cette galerie, entre autres celui d'un riche tailleur de pierres fines et polisseur de glaces.

Un peu plus tard florit Jean Kupetski de Hongrie (1666-1740), qui brille par la force du dessin et la plénitude de la couleur. Son père, que ses opinions religieuses avaient éloigné de la Bohême, faisait le métier de tisserand. Lorsque le jeune homme eut atteint sa quinzième année et qu'il lui fallut commencer son apprentissage, il s'esquiva de la maison paternelle, se joignit à une troupe de mendiants et finit par devenir l'élève d'un peintre lucernois, nommé Claus. Il visita ensuite l'Autriche, Venise et Rome. Son principal genre était le portrait, dans lequel il réussit; il exécutait surtout très habilement les mains. Le Guide, Corrége et Titien lui servirent constamment de phares. Son talent lui permit d'approcher les plus grands monarques de l'époque; mais des infortunes domestiques empoisonnèrent son existence; il avait épousé la fille de son premier maître;

et cette odieuse femme ne lui laissait aucun repos. Son coloris a beaucoup de force ; ses teintes sont même un peu exagérées. Une foule de ses portraits ont eu les honneurs de la gravure et composent un ouvrage à part. Presque toutes les galeries allemandes renferment de ses tableaux ; on trouve de lui au musée de Berlin une excellente image de saint François, dessinée avec une grande énergie.

Les autres Allemands de ce siècle se livrèrent à une imitation fâcheuse des éclectiques italiens et des derniers peintres de Venise, ou plutôt ils tombèrent dans le style maniéré et corrompu, mis en vogue par Pietro Berettini da Cortona. Il suffit de mentionner Joseph Werner, premier directeur de l'académie de Berlin, Pierre Brandel, le baron Pierre de Strudel, etc.

Tout au commencement du siècle avait brillé dans le paysage Adam Elzheimer, né en 1574, à Francfort sur le Mein. Son père, tailleur de son état, ayant vu qu'il manifestait un grand amour pour le dessin, le conduisit chez Philippe Uffenbach, qui lui donna les premières leçons et fût bientôt éclipsé par lui. Elzheimer voyagea dans toute l'Allemagne et visita ensuite l'Italie. Sa mémoire était extraordinaire ; lorsqu'il avait employé le jour à étudier les sites, les monuments de Rome et la campagne voisine, il employait le soir à dessiner de souvenir les objets qu'il avait remarqués.

Au sentiment italien de la forme et à l'exécution
flamande, il joint une manière spéciale de concevoir. Ses tableaux ont l'apparence d'une miniature ; ils font voir les choses comme diminuées
par un verre rapetissant. Dans l'étendue fort
restreinte de ses toiles s'ouvrent de longues perspectives, qui laissent découvrir d'immenses horizons. La lumière se brise en mille reflets; des
bois obscurs, des eaux resplendissantes, des montagnes et des vallées alternent de la façon la plus
gracieuse, et l'œil charmé de loin par l'harmonie de ce petit monde reste également satisfait,
lorsqu'on approche pour examiner jusqu'aux
moindres détails. On y observe en outre divers
personnages élégants, tantôt subordonnés au
paysage, tantôt formant le principal objet de la
composition. Ici, c'est une sainte famille qui traverse durant la nuit des campagnes solitaires; là,
c'est un bois touffu où Jean-Baptiste enseigne la
multitude; plus loin c'est Ilion qui flamboie dans
les ténèbres, pendant qu'Énée soustrait les siens
aux périls du carnage et de l'incendie. Quelquefois ses tableaux sont de vraies peintures historiques, mais on y remarque toujours sa délicate
exécution. Ses toiles se trouvent en assez grand
nombre à Munich, à Florence, dans la galerie des
Offices, et dans les collections de Vienne. Toutefois le soin extrême, avec lequel il travaillait, ne
lui permit pas de les multiplier comme ses con-

frères. Aussi, quoiqu'on les lui payât bien, il ne put éviter les horreurs de l'indigence. Ses créanciers le poursuivirent, et, sa nombreuse famille l'empêchant de les satisfaire, ils parvinrent à le jeter en prison. Il y mourut de douleur, à l'âge de quarante-six ans.

Il eut pour élève Cornelius Poelenburg (1586-1660). Celui-ci dessina de préférence des paysages romains, avec des ruines et des figures pastorales ou mythologiques. Il ne possédait point le sentiment tendre et communicatif de son maître ; ses tableaux ont souvent un caractère de décoration. Sa couleur est plus agréable, ses compositions ne manquent pas de grâce ; mais aussitôt qu'il veut élargir ses toiles, il trahit une malheureuse ignorance du dessin. Nommons encore un élève de Heem, le patient Abraham Mignon de Francfort, qui mourut à Wetzlar en 1679. Plusieurs de ses tableaux qu'on voit au musée de Paris sont de véritables chefs-d'œuvre. Si ses natures mortes et ses fleurs n'ont pas l'harmonie qui distingue celles de Van Huysum et de son maître, en récompense il dessine plus fermement. Tous les détails des objets naturels se retrouvent dans ses prodigieux tableaux ; il ne néglige pas une nuance, pas une ligne, pas un brin d'herbe.

D'autres peintres ont brillé dans le dix-huitième siècle. Quoiqu'ils ne manquassent pas de talent, ils n'en avaient pas assez pour ouvrir des routes nouvelles. On distingue parmi eux Balthasar Denner, qui sut prendre une direction originale et imiter la nature avec indépendance. Il était né à Hambourg, en 1685. On dit que ses parents le forçaient à soigner leur auberge, et que les seuls moments où il pouvait étudier le dessin, étaient ses rares instants de loisir. Mais comme il avait la passion de la peinture, il alla trouver un artiste d'Altona, puis un autre de Dantzig, qui lui apprirent l'usage des couleurs à l'huile. Après avoir parcouru plusieurs royaumes, il entreprit à Rostock de reproduire toute la famille ducale de Schwerin et mourut pendant le travail, en 1749. Il peignait les têtes de vieilles gens avec une exactitude prodigieuse, avec une finesse microscopique, sans tomber néanmoins dans la sécheresse. Ses ouvrages, qui ne sont pas rares, semblent un reflet immédiat de la vie; mais il leur manque cette puissance poétique qui fait du corps l'interprète de l'âme. Son chef-d'œuvre est la célèbre tête de vieille femme qui orne la galerie impériale de Vienne; cette galerie contient en outre son portrait par lui-même, à l'âge de quarante-et-un ans. Christian Sebald fut son disciple, et quoiqu'il ait un coloris plus vif, que sa manière soit plus sèche, on confondrait presque ses ouvrages avec ceux du maître.

Dietrich (1712-1774) imita ingénieusement plusieurs anciens maîtres, surtout Rembrandt, et a plusieurs fois très bien réussi. On ne saurait néanmoins l'égaler à son modèle. Il se distingue matériellement de lui par une habitude de jeter des couleurs très vives sur le premier plan.

Gardons-nous d'oublier Jean-Henri Tischbein. Il était né en 1722 à Hayna dans la Hesse. Son père exerçait la double profession de boulanger et de menuisier. Il reçut les premières leçons d'un dessinateur de tapis. Le sort ne lui devint favorable qu'au moment où un comte de Stadion s'éprit d'amitié pour sa personne et lui donna les moyens d'étudier sans crainte. Il lui fit même entreprendre un voyage en Italie, puis en France, où il devint élève de Charles Vanloo. A son retour dans son pays, il déploya de grands talents et s'acquit une vaste renommée. Il expira l'an 1789, laissant une fille qui suivit ses traces. Sa couleur est presque toute française; ses compositions se distinguent par leur richesse. Un de ses principaux ouvrages est la grande bataille d'Arminius, qui orne le château de Pyrmont. Fiorillo vante beaucoup son Alceste. Il avait l'habitude de retoucher ses tableaux à sec, opération très difficile qu'il exécutait en se jouant.

Bernard Rode (1725-1797), après avoir d'abord reçu les leçons de Pesne, devint aussi le disciple de Charles Vanloo et même de Jean Restout. Il fit un court voyage en Italie et se hâta de regagner l'Allemagne. Sur l'ordre du roi de Prusse il peignit, dans l'église militaire de Berlin, les images de trois généraux morts pendant la guerre de sept ans. Au reste, la ville est pleine de ses ouvrages : ils révèlent une puissante imagination, mais aussi l'influence d'un goût conventionnel et maniéré.

Ce fut alors que naquit en Allemagne un homme qui devait donner aux arts une nouvelle impulsion. Sans être lui-même artiste, Jean Winckelmann (1717-1768) sut analyser l'essence de l'art : il déchira le voile qui semblait jusqu'alors environner la grandeur et la sublimité des modèles antiques ; il mit en honneur l'étude réfléchie des chefs-d'œuvre de la Grèce et de Rome, qui devait purifier le goût et l'intelligence de ses contemporains. Si ses travaux archéologiques, vu les progrès actuels de la science, ont besoin de compléments et de rectifications, ses paroles pleines d'enthousiasme, après nous avoir conduits au sanctuaire mystérieux de la beauté, résonneront jusque dans le plus lointain avenir. Winckelmann entretint des relations amicales avec les principaux artistes allemands, et leur commerce mutuel eut pour résultat l'apparition d'un style plus pur, qui réalisa sa doctrine, si ce n'est pour sa génération, du moins pour la suivante. Un sentiment de la nature plus hardi et plus original, un plus libre amour de la forme n'exercèrent pas une action moins favorable sur les arts. La première direction de Winckelmann, avant qu'il connût l'Italie, lui fut donnée par la société de Dresde, qui occupait alors le premier rang parmi les foyers esthétiques de l'Allemagne, et avec laquelle se trouvaient en rapport les principaux contemporains, tels que le peintre Dietrich, mentionné plus haut. Nous nous bornerons à citer les suivants :

Adam Hœser (1717-1799), artiste qui ne possédait pas une profonde énergie, ni une active réflexion, mais qui, en déclarant la guerre au goût maniéré de son siècle, contribua, par ses discours et par son exemple, à pousser l'art dans une autre voie. La ville de Leipsick, où il passa la plus grande partie de sa vie, contient différents ouvrages de sa main, entre autres ceux qui ornent l'église Saint-Nicolas.

Antoine Raphaël Mengs (1728-1779). L'éducation de cet artiste fut loin de ressembler à celle que recevaient ses contemporains. Un père rigoureux et tyrannique le préserva de l'affectation qui régnait alors. Conduit à Rome, dès son enfance, on le força d'étudier attentivement l'antique et les grands maîtres du seizième siècle, surtout Raphaël. Un sévère amour des belles formes est donc le trait principal de son talent, et si la libre et vivante originalité du génie manque à ses créations, si elles laissent le spectateur insensible, ses tendances n'en constituent pas moins un phénomène important; il aida beaucoup à la naissance de la nouvelle école. Il exerça une action d'autant plus grande qu'une large carrière s'ouvrit devant ses pas, en Allemagne, en Italie et en Espagne. Du reste, c'était un éclectique ; il cherchait à fondre ensemble les beautés des œuvres grecques, de Raphaël, du Titien et du Corrége. L'impossibilité d'atteindre ce but et l'incompatibilité de ces diverses manières n'ont pas besoin de preuves ; ce sont là des principes d'académie et des plans inutiles. On trouve en Allemagne, dans les galeries de Berlin, de Vienne et de Dresde, des travaux considérables de sa main ; la dernière ville possède entre autres sa grande page d'autel représentant l'Assomption de Marie, qui orne l'église catholique. Il a exécuté à Rome plusieurs fresques célèbres, sur des plafonds. L'église Saint-Eusèbe, à la villa Albani, renferme une image du Parnasse, et une chambre de la bibliothèque du Vatican quelques autres. On en voit un plus grand nombre encore en Espagne. Mengs a aussi composé différents écrits théoriques, et quoique ses idées ne s'accordent pas de tout point avec les nouvelles opinions sur l'art, elles ont utilement contribué à lui donner une plus noble direction.

A coté de Mengs, il faut placer Angelika Kauffmann (1742-1808). Ses ouvrages ne se distinguent point par la force et la profondeur, mais par une agréable sérénité, par le charme de la forme et du coloris.

Antoine Graff, né en Suisse (1736-1813), cultiva le portrait ; il sut peindre la nature dans sa plus grande beauté et souvent d'une manière attrayante et naïve. Ses effigies masculines provoquent surtout l'attention.

L'amour des modernes pour la nature se manifeste vers ce temps par le paysage. On abandonne de plus en plus le style conventionnel et l'on s'attache, par opposition, à la réalité avec une exactitude méritoire, qui pourtant devient quelquefois prosaïque. Parmi les artistes qui reproduisirent habilement les phénomènes extérieurs, il faut citer Pascha Weitsch (1725-1803). Ses bois de chênes lui ont acquis une grande réputation. D'autres prirent pour modèle les campagnes italiennes. Le plus célèbre d'entre eux est Philippe Hackert (1737-1807). L'activité de cet artiste exerça une influence décisive sur la manière de traiter le paysage. Ses tableaux et ses dessins à la sépia, où les lointains sont surtout parfaitement exécutés, enrichissent presque toutes les collections. Un de ses compétiteurs, l'habile Ferdinand Kobell, réclame aussi une mention honorable.

Daniel-Nicolas Chodowiecky (1726-1801) excella dans les scènes dites de genre. Peu connu comme peintre, il dut sa grande renommée aux petites gravures dont il orna les produits littéraires de son époque et dont on ne saurait supputer le nombre immense. La plus aimable naïveté, ainsi qu'un crayon libre, ingénieux, caractéristique, donnent à presque tous ses travaux un aspect charmant; quelques-uns, il est vrai, ne sont que des objets de commerce.

Vers la fin du dix-huitième siècle, la peinture française prit un grand essor, chercha énergiquement à ressaisir l'esprit de l'antiquité, à reproduire l'effet noble et sérieux des monuments classiques. La même tendance se manifesta en Allemagne d'une manière non moins vigoureuse et sous l'influence évidente des artistes français. Les artistes germaniques ne possédaient pas alors les mêmes moyens de publicité : leurs œuvres, plus faciles à juger, sont bien moins nombreuses; mais, en compensation, ils se préservèrent des idées serviles qui signalèrent la décadence du style de David, et s'ils n'eurent pas la gloire brillante de leurs rivaux, ils accomplirent chez eux une révolution plus pure et plus profonde. Le génie de Winckelmann, qui n'avait exalté ses contemporains que d'une manière théorique, s'était personnifié dans cette nouvelle génération; il la conduisait au sanctuaire de la beauté idéale et vivante.

A la tête de ces jeunes disciples de Winckelmann se montre Asmus Jacob Carstens (1754-1798). Des circonstances ennemies l'empêchèrent long-temps de déployer son mérite, et ce ne fut guère que pendant les années suprêmes de sa courte existence, pendant qu'il habitait Rome, où il étudiait scrupuleusement l'antique, les ouvrages de Raphaël et ceux de Michel-Ange, ce fut, dis-je, seulement alors qu'il exécuta ses excellentes pages, auxquelles on rendit ensuite une si complète justice. Presque toutes sont des aquarelles ou des dessins. Sa pauvreté ne lui permettait pas de plus grands travaux, et les malheurs qui le poursuivirent, l'empêchèrent de se rendre assez fort sur la technique pour entreprendre des ouvrages considérables ; néanmoins, quelque petite que soit la dimension de ses feuilles, elles respirent une noble simplicité, un calme élevé de l'âme, un sentiment sérieux de la beauté humaine et une vie originale. Il ne cherche jamais l'effet; aucune prétention, aucune attitude théâtrale ne gâtent son dessin : on y sent une âme énergique et maîtresse d'elle-même, on y distingue un naturel parfait. Elles ont cependant toujours plus ou moins l'apparence d'une esquisse, d'un projet qui n'a pas été fini dans ses détails. L'académie de Berlin et le musée de Weimar possèdent la plus grande partie de ses travaux. La gravure a fait connaître ses excellents croquis relatifs à l'histoire des Argonautes. Carstens était un ennemi déclaré de la pédagogie académique, si florissante au dix-huitième siècle et toujours mortelle pour les beaux-arts. Sous ce rapport, son exemple a excité la génération suivante à s'affranchir de toute crainte et à se développer elle-même.

Après Carstens, il faut citer quelques jeunes peintres du Wurtemberg, qui lui doivent en partie l'indépendance de leur style : tel est Eberhard de Wœchter, né en 1762. Malheureusement des obstacles l'empêchèrent aussi bien que Carstens d'acquérir de bonne heure l'adresse matérielle, et il se distingua en conséquence, plutôt par la grandeur et le sens intime de ses conceptions, que par la perfection technique, quoiqu'il sentît fort bien l'harmonie de la couleur. Son chef-d'œuvre, *Job confiant ses douleurs à ses amis*, a été dernièrement acheté pour la collection de l'école des beaux-arts à Stuttgard. Ajoutons Gottlieb Schick (1779-1818). Ce qui manque au précédent, l'habileté matérielle et le soin de l'exécution, abondent dans les ouvrages de cet artiste. Ses peintures, entre autres le sacrifice de Noé et Apollon parmi les bergers (cette dernière se voit au château de Stuttgard), se distinguent par une beauté noble, un sentiment pur et intime; une harmonie, qu'on rencontre seulement dans les maîtres du seizième siècle, adoucit les formes de ses personnages et l'ensemble de ses toiles. Il serait parvenu à la plus haute perfection, mais le destin l'enleva trop tôt pour la gloire de l'Allemagne. Nous devons encore mentionner Ferdinand Hartmann.

Joseph Koch, du Tyrol, né en 1770, compte aussi parmi les heureux successeurs de Carstens.

Remarquable par la vigueur de son exécution, très expérimenté dans la technique et d'un esprit sévère, cet artiste a produit des œuvres considérables. Ses illustrations du Dante montrent une imagination originale et grandiose; ses paysages ont poétisé de nouveau ce genre charmant et rétabli le style héroïque en vogue au dix-septième siècle. Il déploie toujours une grande force plastique, même quand sa couleur ne satisfait pas entièrement. François Catel, né en 1778, joignit à ces qualités la splendeur du coloris, celle de la lumière et sut bien observer les lois de la perspective aérienne.

A côté de Carstens, il faut encore placer quelques artistes. Henri Wilhelm Tischbein (1751-1829), produisit surtout un grand effet, soit par ses esquisses d'après les figures des anciens vases, soit par d'excellentes peintures originales, qui traitent des épisodes mythologiques. Le plus grand nombre se trouvent au château ducal de Holdenbourg. C'est aussi là qu'on voit la riche collection de scènes pastorales et profondément pensées, qui comptent parmi les meilleurs ouvrages de sa main. Tischbein avait d'abord représenté d'une manière habile des scènes du moyen-âge, entre autres Conradin écoutant sa sentence de mort. Ce tableau orne maintenant la résidence princière de Pyrmont et excita jadis un vif intérêt. Il se distingua aussi dans la peinture des animaux. A son amour de l'antiquité classique, il joignait une aptitude à saisir fidèlement l'aspect de la vie, et rehaussait son dessin par une vigoureuse couleur. Henri Füger (1751-1818), élève de d'Hœser, seconda les efforts de Carstens, quoiqu'il n'eût pas son vaste talent et qu'il penche quelquefois vers l'école de David. Gérard de Kugelchen (1772-1820) brille également par l'éclat et la beauté de son coloris. Vient ensuite Frédéric Georges Weitsch (1558-1818), élève du précédent et fils de l'artiste du même nom, cité plus haut. Peu remarquable dans les ouvrages historiques, il embrassa, conformément à la tendance de son père, une manière libre et puissante de reproduire les phénomènes extérieurs. Ses portaits et ses paysages révèlent quelquefois tout le talent d'un maître.

La pureté et la noblesse du style, la reproduction énergique de la vie étaient les avantages obtenus par les peintres allemands, qui se développèrent à la fin du dix-huitième et au commencement du dix-neuvième siècles. Mais on ne se contenta point de ces résultats : une seconde métamorphose du goût allait permettre à l'art de prendre un nouvel essor.

Ecole moderne.

Le moyen-âge, longtemps dédaigné et méconnu, était enfin sorti de sa tombe avec une pompe romantique et une significative élégance. On tirait de la poussière les poèmes du treizième siècle, on les lisait, on les imprimait, on les admirait. Une nouvelle école, réunissant les plus hauts talents, occupait la scène littéraire. L'architecture gothique, riche en beautés originales et fortement coordonnées, avait fait suspecter la perfection absolue de l'architecture antique. On rassemblait avec soin et amour les ouvrages des vieux peintres et on les étudiait sérieusement. Bref, on reconnaissait dans toutes les créations de nos ancêtres une pureté intellectuelle, une innocence, une profondeur de vie morale, un sentiment pieux ignorés jusqu'alors et que l'art moderne n'avait point reproduits. Des circonstances extérieures contribuèrent à fortifier cette direction intime de l'art. C'était alors l'époque de la domination française : on était contraint de chercher dans le domaine de l'esprit la liberté qu'on regrettait au dehors : on s'inspirait de la gloire des anciens jours, de l'énergie et de la sévère pensée des temps accomplis pour se préparer à une défense courageuse.

L'art plastique devait donc aussi tourner ses regards vers les productions du moyen-âge, se nourrir de ses idées solennelles et abandonner en partie d'autres qualités, afin de rendre surtout les agitations de l'âme. Un cercle de jeunes artistes, qui avaient d'abord travaillé à Vienne, unis par de communs intérêts, et qui, s'étant retrouvés par la suite à Rome, y renouvelèrent leur fraternité, eurent l'honneur d'accomplir ce mouvement. Owerbeck, Cornélius, Ph. Veit, Schadow, Schnorr et Pforr, dont la fin prématurée fit regretter le talent; les frères Olivier suivant dans le paysage la même direction que les autres dans la peinture historique; enfin, Charles Fohr enlevé trop jeune à son art et beaucoup d'autres, ont répandu bien loin la gloire de cette école. Leur mérite plus ou moins grand, leur style original fixèrent l'attention et leur procurèrent quelques travaux considérables, qui leur permirent de déployer toutes leurs forces. Le général-consul Bartholdi fit peindre, par les quatre premiers, des fresques représentant l'histoire de Joseph, dans sa villa située sur la Trinita de' Monti, à Rome. D'autres fresques furent exécutées dans la villa du marquis Massini, d'après Dante, l'Arioste et le Tasse. Quelques-uns de ces artistes obtinrent de l'emploi dans la nouvelle partie du musée du Vatican. Des tentatives semblables eurent lieu en-deçà des Alpes. Kolbe peignit avec bonheur des scènes romanesques tirées du moyen-âge, et Frédéric des paysages pleins d'expression.

Les chefs des peintres que nous venons de nommer, tout en étudiant les vieux maîtres, eurent soin de ne pas négliger la perfection extérieure ; mais ils n'étaient pas toujours en état de remplir les conditions matérielles d'un libre travail. Ce qui, chez eux, dépendait du point de vue particulier où ils étaient placés, se changeait dans leurs imitateurs en singularités bizarres, ainsi que d'ordinaire. Il était impossible, qu'ils ne rencontrassent pas, en même temps que des sectateurs enthousiastes, des antagonistes déclarés, surtout parmi les vieux artistes et amateurs. Pour n'en donner qu'un exemple, nous rappellerons le jugement peu favorable de Gœthe. Les résultats des efforts antérieurs semblaient tout-à-fait perdus ; on eût dit que l'art tombait dans la manière et dans la convention. Mais la suite a prouvé que la résurrection du style oublié du moyen-âge était une crise préparatoire, une évolution rudimentaire, qui devait amener des progrès réels. Après s'être fortifiée, après avoir sondé du regard les profondeurs de l'âme, l'école romantique a contemplé le beau avec une inspiration nouvelle, a embrassé l'idéal avec une force juvénile. D'heureuses circonstances extérieures hâtèrent le développement de ces germes féconds.

Owerbeck, né en 1789, s'établit à Rome et se montra presque seul opiniâtrement fidèle aux principes qu'il avait d'abord adoptés. Plusieurs de ses compagnons l'abandonnèrent, sans que le doute pénétrât dans son âme; il les regarda s'éloigner avec une émotion exempte de faiblesse. Ses œuvres se distinguent en conséquence par l'unité de la manière et du sentiment. Il s'est modifié avec l'expérience, mais il n'a changé ni de goût, ni de convictions. Dans la première partie de sa carrière, il étudiait et imitait les vieilles formes allemandes. Ses personnages étaient maigres, élancés, réels; il allait jusqu'à vêtir les Hébreux et les Romains des costumes en vogue aux quinzième et seizième siècles. Peu à peu, il a négligé les anciens maîtres tudesques pour les peintres primitifs de l'Italie : ses contours sont devenus plus gracieux et plus doux; il a montré plus d'élan idéal. Dans cette nouvelle direction, il a enfanté des œuvres charmantes. C'est un véritable artiste qu'inspire l'amour du beau : il sait ennoblir, vivifier les moindres sujets. Que l'on regarde attentivement, par exemple, son *Christ balayant la maison de sa mère*. Il a fait sortir de cette donnée triviale une poésie étonnante. Quelques-uns de ses tableaux ont la suavité de Raphaël. Il n'est pas seulement le père de la récente école germanique; on pourrait, en outre, affirmer qu'elle n'a pas produit de plus grand homme. Ce n'est pourtant pas un génie créateur : il n'a pas puisé en lui-même et dans l'observation immédiate de la nature les matériaux qu'il exploite; remontant vers un autre âge, il a pris la route que suivaient d'anciens artistes ; sa manière ne lui est que faiblement personnelle.

Parmi ses élèves, Philippe Veit, maintenant directeur de l'école des beaux-arts à Francfort, se tient le plus près de lui. Ce fut à Rome, sous ses yeux, qu'il se développa. Ses premiers travaux remarquables ornent la salle Bartoldi : on l'avait chargé d'y peindre *Joseph dédaignant la femme de Putiphar* et l'allégorie des *Sept années d'abondance;* il révéla dans ces fresques une grande imagination, de la noblesse, une couleur en même temps douce et brillante. Canova le choisit alors pour décorer un pan de muraille, au Vatican. Il y retraça le Colisée, cette prodigieuse arène qui fait naître tant d'émotions diverses, et plaça au milieu la Vierge apparaissant à un pèlerin. C'était mêler habilement les croyances de Rome moderne et les souvenirs de Rome antique. Depuis lors, son *Christ au jardin des Oliviers,* sa *Judith,* ses fresques de Francfort ont tenu toutes les promesses de ses commencements. Il se distingue d'Owerbeck par une tendance moins prononcée vers l'archaïsme. Il est, du reste, le beau-fils de Frédérick Schlegel, sa mère ayant épousé le fameux critique en secondes noces.

Pierre de Cornélius travailla aussi quelques instants sous les auspices d'Owerbeck. Il est né en 1783 à Dusseldorf, où il étudia son art d'une manière capricieuse. Il se forma d'après des gravures, entr'autres celles de Goltzius et de Sadeler ; élevés dans les principes de David, ses maîtres jetaient les hauts cris en voyant ses rudes et fantasques ébauches. Les vices de ces productions ardentes les frappaient seuls et ils n'avaient pour l'auteur que très peu d'estime. Cornélius n'en esquissa pas moins, d'après le Faust de Gœthe, une suite de dessins, qui furent admirés. Bientôt il passa les Alpes et descendit à Rome, avec l'intention d'y peindre les Niebelungen et les victoires d'Attila. Deux fresques montrèrent alors ses défauts et ses qualités : dans l'une, on voit Joseph reconnu par ses frères, dans l'autre, Joseph expliquant les songes de Pharaon. Le dessin en est incorrect, mais la verve y abonde et les figures sont très expressives. Ses ouvrages postérieurs offrent les mêmes caractères. Nous avons apprécié déjà, en parlant de Munich, les peintures de la Glyptothèque. Si la composition trahit un penseur, l'exécution manque de charme et de naturel. Cornélius a inventé pour son propre usage le coloris le plus singulier que l'on puisse voir. Nul objet ne garde sous son pinceau une physionomie réelle ; on se croirait transporté dans un monde fantastique, où la splendeur et l'agrément ne rachètent point l'absence de vérité. Des fautes d'anatomie, de choquantes disproportions blessent d'ailleurs le regard. Le talent de ce peintre est, pour ainsi dire, abstrait; on ne le comprend que par la réflexion; il a besoin d'étude et c'est en fait d'art le plus grave de tous les inconvénients. L'œuvre alors ne vous attire, ne vous émeut, ne vous agite point comme la vie : elle n'impressionne qu'à la manière des livres scientifiques. Les peintures de l'église St-Louis produisent peut-être un effet plus immédiat : elles ont une grandeur qui frappe l'intelligence, mais l'exécution, comme d'habitude, est peu attrayante. Cornélius exerce néanmoins une grande influence; sa vigoureuse conception lui permet d'agir fortement sur ceux qui l'entourent. Le roi Louis de Bavière lui a confié d'immenses travaux.

Près de lui brillent, par des qualités plus douces, Julius Schnorr, Henri Hess, les frères Olivier. Les travaux que fait sans cesse exécuter le roi de Bavière, travaux dont l'étendue surprend les contemporains et excite leur admiration, ont eu pour résultat d'assembler autour de ces maîtres de nombeux élèves. La sévérité du style, la vigueur de la forme, le développement dramatique de l'action caractérisent cette école. On peut s'en assurer en étudiant la physionomie spéciale des chefs, leurs diverses productions et la technique des fresques peintes sous leur patronage.

Quelques-uns des jeunes élèves ont déjà pris le rang de maîtres, comme par exemple Hermann, et avant lui Wilhelm Kaulbach, dont les ouvrages, composés dans le style le plus élevé, manifestent une grande aptitude à individualiser aussi bien qu'une pure harmonie. Le genre et le paysage n'ont pas moins ressenti que les autres branches de la peinture l'influence des nouvelles doctrines. Les fresques champêtres exécutées sous les arcades du jardin de la cour, à Munich, nous offrent de remarquables spécimens de cette dernière espèce; une conception grandiose et un style majestueux s'y trouvent réunis. Pierre Hess a déployé beaucoup de talent dans ses petites scènes de genre.

Wilhelm Schadow, habile coloriste et doué de la délicatesse nécessaire pour bien exprimer les sentiments intimes a, comme chef de l'académie de Dusseldorf, rassemblé autour de lui une pépinière de jeunes néophytes, parmi lesquels on a vu s'accomplir de sérieux progrès. Grâce sans doute au voisinage de la Hollande, ils se sont voués à la reproduction de la nature, à l'observation des phénomènes de la vie; ils ont en même temps gardé une indépendance de conception, qui leur a déjà fait créer des chefs-d'œuvre. La profondeur saisissante et passionnée de Lessing, la force et la vérité de Hildebrandt, la douceur et la majesté solennelle de Bendemann, le style gracieux de Hübner, les suaves carnations de Sohn ont acquis une trop grande célébrité pour que nous ne nous contentions pas d'en raviver la mémoire. Sur leurs traces s'élancent des disciples avides de renommée. Le genre a aussi ses héros à Dusseldorf; quelques ouvrages de Schrœdter se distinguent par une vivacité d'esprit qu'on n'a peut-être jamais surpassée. Le paysage obtient encore plus de succès et d'honneurs. La manière de Lessing, qui prête un langage éloquent et merveilleux à la nature inanimée, a donné l'impulsion ; à cette poésie on joint une vérité locale extrêmement précise. Les natures mortes ont aussi leurs partisans ; les charmantes productions de Preyer soutiendraient la comparaison avec celles des Hollandais.

Berlin n'a pas mis au jour une école très originale. Quelques peintres s'y font cependant remarquer et développent l'art à leur manière. Wilhelm Wach, qui appartient à la génération nouvelle, s'est renfermé dans un style décoratif, où il a su travailler avec bonheur. Les muses qui ornent le plafond du théâtre le démontrent suffisamment. Charles Begas donne à ses carnations beaucoup de douceur et doit à la nature un profond sentiment poétique, auquel se joint parfois un caractère majestueux, comme dans son Henri IV à Canossa. Tous deux, et surtout Wach, ont formé de bons élèves, tels que Daëge, Steinbrück, Siebert, mort trop jeune, et Holbein, qui suivent maintenant chacun leur route. Parmi les paysa-

gistes et les peintres de marine, nous citerons
Schirmer, Bonisch, Krause ; parmi les peintres de
genre, Meyerheim, qui reproduit avec une aimable
perfection les scènes affectueuses de la vie privée.
Si l'on cherche un trait commun, qui s'applique
en général à tous les artistes de Berlin, on le
trouvera dans cette tendance décorative que nous
venons de mentionner pour Wach. La présence
de Schinkel contribua sans doute puissamment à
lui donner cette direction. Architecte avant tout,
mais s'intéressant activement à la prospérité des
autres arts, il sut mettre la main à l'œuvre et créer
dans leur domaine. Ses ingénieux paysages, mais
surtout les profondes compositions historiques
dont il traça le plan, et qui furent exécutés dans
l'avant-salle du musée de Berlin, comptent parmi
les plus beaux ouvrages modernes : ils portent
le cachet d'une manière noblement décorative.
Nous passons sous silence les nombreux artistes,
qui honorent les autres provinces de l'Allemagne; il nous suffit d'avoir indiqué les principaux.
L'heure n'est peut-être pas encore venue de juger
définitivement les compositions modernes. Notre
siècle n'a point donné sa mesure entière : ce que
nous voyons ne saurait être son dernier terme
et il s'élèvera probablement plus haut dans les
régions de l'idéal. La peinture allemande surtout
a une longue carrière devant elle : jusqu'à présent
elle a montré plus d'intelligence et d'adresse que

d'invention. L'étude des formes païennes et chrétiennes l'a tellement absorbée que le principe créateur en a souffert. On pourrait sur chacun de ses tableaux mettre la date de l'époque dont l'auteur s'est inspiré. Quelques œuvres seulement trahissent une origine contemporaine et, disons-le, ce ne sont pas les moins brillantes. Que l'Allemagne entre résolument dans cette voie et se tresse une couronne de fleurs immortelles, nées sur son propre sol.

FIN.

TABLE.

	PAGES.
Jean-Henri Voss. I.	1
— II.	16
Christophe Hœlty.	35
Jean-Paul Richter.	49
— Théorie du goût.	55
Novalis.	95
Adelbert de Chamisso.	131
Frédérick Rückert.	155
— La fleur mourante.	159
Henri Heine.	177
Poésies de Henri Heine. — Donna Clara.	187
— Les deux grenadiers.	190
— Les protecteurs.	191
Louis Uhland.	195
Poésies de Uhland. — La malédiction du chanteur.	195
— L'heureuse mort.	199
— Le bois périlleux.	ib.
— Mauvais voisinage.	200
— Le chevalier nocturne.	201
— La fille du bijoutier.	202
— La résolution.	204
— L'étudiant.	205
— La mère et l'enfant.	209
Histoire de la Peinture en Allemagne.	215
Premières tentatives.	215
Style gothique.	245
Imitation de l'École flamande.	275
Maîtres du seizième siècle.	296
Albert Dürer.	300
Élèves et imitateurs de Dürer.	346
Écoles saxonnes.	359
École de la Haute-Allemagne.	377
Dix-septième et dix-huitième siècles.	386
École moderne.	404

Cette seconde édition avec les changements, suppléments et corrections est la propriété de l'éditeur. Le dépôt en a été fait conformément à la loi.

EXTRAITS DES JOURNAUX ET REVUES.

ÉTUDES SUR L'ALLEMAGNE,
PAR ALFRED MICHIELS.

(**Journal des Débats.**)

. . . .
Ce livre est un recueil de fragments sur Schiller, sur Jean-Paul Richter, sur Novalis, Uhland, Hebel, Voss, l'art germanique, le paysage allemand, la vie allemande, sur l'histoire de la peinture en Allemagne et sur l'architecture gothique de ce pays. Une pensée centrale domine ces fragments et les rallie. Le style ne manque pas de fermeté, de finesse ou d'élégance; la conception générale est hautaine jusqu'au dédain. M. Alfred Michiels est un penseur tout à fait à part; ce n'est point un causeur, ni un esprit qui se prodigue avec une facile et trop souvent indulgente confiance. C'est un homme d'études silencieuses, dont la réflexion solitaire a vécu longtemps, sans se mêler au tumulte du bas-monde, sur les cimes escarpées de l'intelligence. C'est là qu'il se plaît. Il veut les causes, il remonte aux sources, il respire à l'aise dans la métaphysique. Cette jouissance de la pensée pure et abstraite, dont nous sommes loin

de contester le pouvoir, lui fait mépriser la causerie du coin du feu, l'entretien sans façon, l'échange amical de la pensée. Il trouve, et à juste titre, que les jugements modernes sur la littérature et les arts sont incertains, irréguliers, incomplets, contradictoires ; « fragmentaires, » comme s'expriment les Allemands ; « discursifs, » si l'on veut employer l'expression anglaise. Il nous reproche à tous de ne pas remonter aux principes, de manquer de centre commun et de base solide, de ne posséder que des théories inconciliables et hostiles, de ne pas nous entendre, de pérorer au hasard, de nous arrêter aux détails ; enfin, d'être complétement de notre siècle et de notre pays. Nous accusons, nous, d'iniquité cette dédaigneuse accusation.

Notre société est une grande mêlée. M. Michiels la quitte ou plutôt l'ignore. Il s'en va errer sur les cimes et les hauteurs, contemplant le ciel et les horizons lointains, arrêtant un regard ferme sur le soleil du beau idéal et maudissant ceux qui ne peuvent le suivre ou l'imiter. Excusable et injuste malédiction ; injuste envers les contemporains, courageuse comme avertissement donné à l'époque. Mais de ce qu'il trouve plaisir et force dans l'élévation abstraite de ses doctrines, il ne doit pas conclure que toutes les organisations humaines s'habitueront aisément au même régime et pourront s'entourer d'une atmosphère semblable.

Faut-il s'exprimer avec cette bonne simplicité bourgeoise, qui passe aujourd'hui pour *sérieuse* et qui n'est pas plus « sérieuse » qu'un homme en manteau n'est grave? Il nous semble que la rigidité de M. Michiels s'attache à des principes vrais, mais qu'elle en tire des déductions trop violentes et trop dures. Il ne fait pas assez de concessions à l'immense et délicieuse variété de l'esprit humain. Il est généralisateur, idéaliste, géomètre et astronome de la critique. Partisan enthousiaste de la volonté humaine, croyant avec Fichte et Schiller que la force intime de l'homme peut tout, il

donne peu et ne donne pas assez au caprice, au hasard et
à la fantaisie. Il comprend Shakespeare, mais en lui pré-
férant Schiller. Un des éléments de notre vie intellectuelle,
la volonté, domine chez lui, au détriment quelquefois de
cette flexible et naïve action de la pensée, se prêtant à
toutes les variations du monde matériel et moral. Mais,
hâtons-nous de le dire : C'est un penseur, un philosophe et
un écrivain, trois termes que nous ne laissons pas tomber
au hasard d'une plume indifférente.

. . . .

Philarète Chasles.
(*Journal des Débats* du 29 mai 1840.)

(La Presse.)

. . . .
Dieu soit loué, voilà un critique comme nous les aimons.
M. Michiels n'est pas un homme qui s'en va platement,
dans un ouvrage, marquer de l'ongle certains mots, certaines consonnances, certains tours mal famés de Vaugelas.
M. Michiels est un esprit supérieur à toutes ces misérables
tracasseries de la critique, et il a conçu pour lui-même un
rôle plus important que celui de faire des raies à l'encre
rouge sur la marge d'un livre; il est remonté aux lois
mêmes, aux sources divines de l'art. Il a remué, sinon résolu
toutes les questions primordiales, comme les grands pen-

seurs de l'Allemagne, d'où il nous arrive présentement avec deux volumes ; il a étudié toutes les littératures de l'Europe, persuadé qu'on n'en peut connaître aucune sans connaître les autres ; il est enfin remonté aux principes généraux, persuadé encore que, pour porter un jugement, il faut connaître la loi.

A proprement parler, l'ouvrage qui porte le titre d'*Études sur l'Allemagne* n'est pas une appréciation complète et unitaire de ce qui se passe au-delà du Rhin. Il n'y a dans ce livre d'autre unité que l'unité des idées, et celle-là suffit bien, surtout quand l'auteur a trouvé le moyen d'aborder les côtés les plus fondamentaux de l'art, depuis l'architecture jusqu'à la poésie ! Il y a ensuite dans ce livre une chose que nous aimons par-dessus tout ; c'est le caractère de l'auteur qui se trahit à chaque page. On pourrait, avec la biographie de tous les poètes qu'il examine, écrire la biographie de M. Michiels ; il n'est frappé dans un écrivain que des côtés par lesquels il paraît lui ressembler : la souffrance intime, l'amour poétique de la nature, le mépris souverain des petites gens appelées à classer le talent. Nous aimons cette colère dans un jeune penseur, elle prouve un bon naturel. Méfiez-vous des hommes qui ne haïssent personne et qui n'ont pas d'ennemis. Ensuite, au milieu de son indignation contre ce qu'il nomme aujourd'hui méchanceté et sottise humaine, et qu'à notre âge il nommera infirmité très pardonnable, M. Michiels laisse échapper à chaque pas une puérilité charmante de poésie. Il s'éprend d'amour pour les plus petites fleurs, pour les plus petits oiseaux qui chantent sur l'épine fleurie, pour des riens adorables, pour des fils de la Vierge, impalpables tissus qui naviguent dans les rayons d'un soleil d'automne.

Précieuse qualité du cœur, naïveté de légende, que M. Michiels perdra avec l'âge comme nous avons tous perdu la nôtre, mais que rien dans sa vie ne pourra remplacer. Quoi qu'il en soit, les *Études sur l'Allemagne* classent leur auteur à part dans la critique, et lui imposent des obligations. Il a jeté le gant à tous ses confrères ; nous pensons qu'il soutiendra dignement le combat. En attendant, nous nous hâtons de désigner à tous ceux qui aiment les choses sérieuses, les pages écrites sur Schiller, comme les plus belles pages, les mieux senties, les plus approfondies, les plus poétiques qui aient depuis longtemps été faites dans ce caveau si ténébreux de la critique.

. . . .

Un Inconnu. (*La Presse* du 9 juin 1840.)

(**Gazette de France.**)

. . . .

Sur tous ses devanciers, M. Michiels nous paraît avoir un avantage incontestable. Il n'a pas seulement voyagé en Allemagne, il y a vécu ; pendant dix-huit mois, il s'est fait Allemand. Or tout pays a deux aspects : l'un officiel, si l'on peut s'exprimer ainsi ; l'autre naturel. Il pose devant le voyageur ; il ne se montre guère avec familiarité et abandon qu'à celui qui habite la contrée que ses pareils ne font que traverser. Pour bien voir, il faut voir à loisir, et surtout n'exprimer ses observations que lorsqu'on s'est familiarisé avec les objets, et qu'ainsi le caractère d'étrangeté qu'ils présentaient au premier abord est tombé. Sans cela tout frappe dans un pays nouveau, et les yeux, distraits par les surfaces, ne peuvent pénétrer le fond des choses.

M. Alfred Michiels s'est mis tout-à-fait à l'abri de ce danger en accomplissant à pied sa longue course à travers l'Allemagne, en vivant de la vie de ses hôtes, comme un étudiant de l'université d'Iéna qui retournerait dans sa famille après avoir pris ses degrés. Il s'est par là acclimaté dans le pays qu'il voulait connaître, il s'est plié à l'enveloppe matérielle de la vie allemande, et il a pu ainsi éviter les erreurs produites sur le jugement par le conflit des habitudes qu'on apporte avec les habitudes qu'on trouve. A ce système, il a dû encore de ne pas se tromper avec ceux qui jugent un pays par une douzaine d'auberges et la moitié moins de salons. Toutes les auberges sont sœurs, comme tous les salons sont frères, et ce n'est pas là que se tiennent les nationalités, fleurs sauvages et jalouses qui ne croissent qu'à l'écart.

Quant aux dispositions avec lesquelles l'auteur a accompli son voyage à travers l'Allemagne, il nous a semblé avoir cette probité de cœur et d'esprit, qui sont l'attribut du premier âge de la vie.

Ce n'est point un voyageur systématique, qui cherche à combiner ses observations dans l'intérêt d'un certain ordre d'idées ; s'il se trompe, du moins il ne cherche pas à tromper ; il est de bonne foi dans ses erreurs. Ce n'est pas non plus un touriste insouciant, qui ne demande aux nouveaux objets que des émotions inconnues pour lui ; il voyage dans un but plus sérieux, il observe, il étudie, il élabore ses convictions, il cherche la logique des choses sans être insensible à leur poésie. Enfin il y a dans sa nature un élan généreux vers l'idéal, un dégoût du matériel qui annoncent un cœur bien placé, un esprit d'élite.

. . . .

ALFRED NETTEMENT. (*Gazette de France* du 23 mars 1840.)

(*Revue du dix-neuvième siècle.*)

. . . .

Un jeune homme doué d'un sentiment exquis du beau, capable de profondes méditations et d'observations fines et judicieuses, dédaigne les leçons d'autrui ; il s'élance dans la carrière de l'étude en s'abandonnant à une impétueuse imagination, puis saisissant le bâton du pèlerin, sans souci de l'avenir, sans préoccupation d'un emploi à conquérir, il parcourt avec la simplicité du garçon de métier les campagnes et les villes. Il voyage avec le paysan, s'arrête au cabaret du village, séjourne dans les villes, se présente aux plus illustres écrivains et vit dans leur intimité. La nature, l'art, la littérature, les mœurs sont en quelque sorte prises sur le fait : M. Michiels a de l'enthousiasme pour tout, mais ce n'est pas un enthousiasme aveugle : n'oublions pas qu'il s'est fait par l'observation même une théorie du sublime et une théorie du goût, et quiconque aura lu ces deux chapitres, son histoire de la peinture en Allemagne, sa note sur l'art gothique dans le midi de la France, le choisira sinon pour maître, du moins pour compagnon, et marchera volontiers avec lui. Personne mieux que lui ne sait animer l'architecture, en ressaisissant la véritable signification des ornements, en ressuscitant la pensée de l'artiste avec un bonheur et une sagacité dont peu de connaisseurs seraient capables : à beaucoup de solidité dans les principes, M. Michiels joint une grande facilité à recevoir et à communiquer les impressions les plus diverses ; et, comme on l'a dit, il est catholique à la voix de l'airain grondant dans les hauteurs aériennes de l'édifice religieux, il est presque panthéiste en face du génie de Gœthe ; mais de cette flexibilité du talent, de cette vérité d'appréciation, fallait-il conclure que son âme ressemble à une grande route ouverte aux quatre coins du ciel, plutôt qu'à un sanctuaire dont la foi et la raison gardent la porte? M. Michiels n'a point prétendu nous donner un corps de doctrines morales et religieuses; il a voulu nous faire connaître une nation en l'étudiant autrement que dans les livres : il n'a fait de théories que sur l'art, sur le goût, sur le sublime. Il lui est bien arrivé parfois de s'écarter des règles qu'il avait posées lui-même, d'être plus solennel, plus pompeux que ne le comportait le sujet, de prodiguer la richesse de l'expression, quand la simplicité eût été préférable, mais il ne lui est jamais arrivé de nous égarer, encore moins de nous tromper, car il s'est rarement trompé lui-même, et surtout il ne nous a jamais ennuyés. Ses deux volumes in-octavo sont si vite lus, les parties didactiques sont si bien adaptées aux observations qu'on rencontre dans le cours de l'ouvrage, qu'on relit volontiers le tout après avoir étudié la partie. Les cathédrales de Strasbourg, de Fribourg méritent qu'on s'y arrête.

En général, les considérations de M. Michiels sur l'art gothique sont d'un esprit profondément chrétien; il reproche à l'art grec de ne point rappeler à l'homme le monde surnaturel, qu'il oublie toujours si volontiers; il doute que les Grecs aient jamais senti le frémissement de l'enthousiasme religieux dans les *cabanes* de leurs déités charnelles. L'expression est ici beaucoup trop dédaigneuse, mais lui-même reconnaît que l'antique architecture réunit les conditions de la beauté, qu'elle est pure et régulière. Il n'en a pas moins raison d'accorder la préférence au genre gothique et cette page du livre brille d'heureuses inspirations.

Sans avoir la forme didactique, cet ouvrage est un cours de littérature où sont jugées et souvent reproduites les plus belles productions des poètes : Hebel, Voss, Hœlty, Novalis, Chamisso, Rückert, Heine, Uhland, Stœber y comparaissent. Il suffit à l'auteur d'esquisser en quelques pages le genre de leur talent, et le plus souvent il y joint un *spécimen*, heureuse traduction, imitation quelquefois très poétique. La studieuse pensée de M. Michiels a consacré à Schiller de longs chapitres, où son génie sert à la fois d'exemple et de théorie ; ses drames, ses poésies lyriques, ses romans et ses ouvrages théoriques sont appréciés séparément. . . . .

Encore une fois, M. Michiels n'a pas prétendu tout dire, mais on lira tout ce qu'il a dit, et même on le relira plus d'une fois. Puisse-t-il trouver aussi des imitateurs ; l'espérer serait avoir beaucoup de confiance dans l'avenir.

De Golbéry, *membre de la Chambre des Députés.*
(*Revue du dix-neuvième siècle*, 10 mai 1840.)

(**Courrier Français.**)

Il vient de se publier un livre qui est tout à la fois un itinéraire brodé de descriptions et de paysages, et un ouvrage de haute et saine critique. Les *Études sur l'Allemagne*, de M. Alfred Michiels, s'adressent également à l'homme dont le regard aventureux aime à vaguer par les pays inconnus, et à celui qui cherche, avant tout, dans l'étude d'une nation étrangère, le secret de la pensée sociale et poétique qui a présidé à son élévation ou à sa décadence. Telle page a été écrite pour le touriste curieux, qui se plaît à contempler les splendides magnificences de la nature alpestre, ou les restes sacrés des cathédrales byzantines : telle autre pour le philosophe inquiet, dont la raison sans cesse en éveil interroge la marche du génie, bâtit l'histoire morale d'un peuple auprès de son histoire physique et demande inexorablement chaque cause à son effet. M. Michiels a donc réussi à jeter de la variété dans son œuvre et à rendre intéressants mille détails qui, sans l'heureuse disposition de son plan, n'auraient pas manqué de soulever ce genre d'ennui trop généralement attaché à la lecture des récits de voyages. Quelques chapitres, entre autres celui intitulé : *Les fêtes d'octobre à Munich*, offrent une piquante description de la vie commune en Allemagne.

M. Michiels, avec l'assurance de l'observateur qui a vu par lui-même, attaque le préjugé qui nous fait regarder les Allemands comme des rêveurs exclusifs, préjugé que les tendances métaphysiques de leurs auteurs n'ont pas peu contribué à accréditer parmi nous. Ailleurs, c'est l'historique abrégé de l'architecture germaine, prise à l'époque de ses premiers développements jusqu'à la période actuelle. Plus loin de chaudes et attachantes biographies de Novalis, de Rückert, de Henri Heine. Tout cela est raconté nettement, rapidement, avec profondeur et pourtant sans emphase : et tout cela intéresse, instruit, persuade. Le livre de M. Michiels nous semble digne de trouver sa place dans les bibliothèques. La préface seule, espèce de manifeste raisonné sur la nature de l'art et les devoirs de la critique, suffirait pour assurer à ce jeune écrivain le double titre de logicien sévère et d'arbitre consciencieux.

. . . .

Molé-Gentilhomme. (8 mars 1840.)

(**Indépendance Belge.**)

. . . .

M. Michiels, dans un voyage dont il a eu le bon goût de ne pas se faire le héros, a médité sur l'art germanique, tel qu'il lui est apparu dans toutes ses manifestations. L'architecture, la poésie, la peinture ont été l'objet de ses investigations ardentes. La musique seule manque à cette réunion de toutes les muses allemandes et nous le regrettons vivement ; car, plus qu'en aucun autre pays, cet art y continue, y prolonge pour ainsi dire la littérature.

. . . .

En donnant à son livre substantiel le titre modeste d'*Études*, il a ménagé un plus libre cours à ses pensées toujours élevées sur les arts et a pu les développer à mesure que l'occasion s'en présentait sur son chemin. L'architecture attire d'abord ses regards ; le sujet est vaste en effet, et digne de ses méditations. Le sol germanique a vu s'élever trois monuments fameux, qui passent à bon droit pour l'élan le plus sublime de la croyance catholique : ce sont la cathédrale de Strasbourg, celle de Fribourg en Brisgau, et ce dôme inachevé de Cologne, plus poétique même que les ruines, car ce qui fut inspire moins de mélancolie que ce qui n'a jamais été.

A propos de l'art allemand au moyen-âge, M. Michiels dit une chose tout-à-fait neuve et qui nous a vivement frappé. Nous n'avons rien trouvé de semblable dans les deux volumes de M. Victor Hugo sur le Rhin, quoiqu'ils soient dus à la même plume qui a fait d'une basilique chrétienne le sujet, nous dirions presque l'héroïne d'un roman devenu célèbre. Voici ce que c'est : Après avoir profondément réfléchi devant les nobles géants de pierre que les artistes allemands ont exhaussés jusqu'aux nues, M. Michiels en est arrivé à conclure que l'architecture ogivale n'est pas d'origine germanique, et que, loin d'avoir pris naissance sur les bords du fleuve fameux qui en reflète les merveilles, elle y a été importée plus tard qu'en aucun autre pays de l'Europe. Il appuie sa thèse de si excellentes raisons que nous oserions nous dire convaincu sans plus d'examen, si, dans une affaire de cette importance, il ne fallait pas toujours laisser la part à la réfutation. Tout en félicitant M. Michiels de cette découverte, nous sommes surpris que M. Victor Hugo, dans un livre écrit après le sien et tout entier consacré à l'architecture, ait paru l'ignorer. Suivant l'auteur des *Études*, à la France septentrionale revient l'honneur d'avoir trouvé l'architecture ogivale, etc. . . . .

. . . .

La partie littéraire des *Études sur l'Allemagne* est la plus considérable de toutes. M. Michiels y a donné une biographie complète de Schiller, qui, outre une analyse très belle des œuvres principales du grand tragique allemand, contient encore une dissertation remarquable sur le sublime dans les arts. Jean-Paul Richter lui a fourni l'occasion d'une théorie également distinguée sur le goût. Il passe encore en revue plusieurs poètes célèbres à divers titres, tels que Hebel, le barde de la Forêt noire, « qui serait assurément compté parmi les plus grands auteurs de l'Allemagne, s'il eût écrit davantage et dans la langue des lettrés ; » Voss et Hœlty, qui tous deux ont brillé dans le genre pastoral ; Adelbert de Chamisso, Français d'origine, mais bien Allemand par le talent, auteur de la légende de Pierre Schlemihl, cet homme qui avait vendu son ombre au démon ; Henri Heine, connu en France par sa collaboration à la *Revue des Deux Mondes* ; Louis Uhland, que M. Michiels appelle le dernier des trouvères ; Frédérick

(13)

Rückert, poète inégal, chez qui la fécondité, dans le genre lyrique, atteste la pauvreté de l'imagination. Son Histoire de la peinture mérite toute l'attention des hommes de goût ; elle est nourrie de faits et nous a vivement intéressés. Ce qui nous a semblé digne de remarque, c'est l'influence des Van Eyck sur la peinture allemande au quinzième siècle, avant la venue d'Albert Dürer, qui lui-même dériva de ces deux grands artistes flamands.

Eugène Robin. (25 avril et 2 mai 1842.)

La *Revue de Paris*, le *Temps*, l'*Écho de la littérature*, la *France littéraire*, le *Constitutionnel* et d'autres journaux ont également rendu compte de cet ouvrage. Les extraits que nous venons de donner suffisent pour recommander la nouvelle édition, bien supérieure à la première.

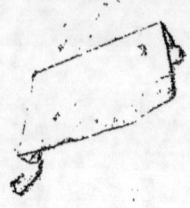

En vente à la librairie de A. Vandale :

HISTOIRE

DE LA

PEINTURE FLAMANDE

ET HOLLANDAISE,

PAR

ALFRED MICHIELS.

4 volumes in-8°, le premier est publié, le second paraîtra dans le courant d'octobre.

On s'abonne à la même librairie :

Au **Bulletin du Bibliophile belge**, sous la direction de M. le baron De Reiffenberg, avec la collaboration de MM. R. Chàlon, Th. Dejonghe, P. Vandermeersch, C.-P. Serrure et A.-G.-B. Schayes.

Cette publication forme, par an, un volume de plus de 500 pages, avec gravures et vignettes.

    Prix, pour la Belgique,   10-00
    Prix, pour l'étranger,   12-00

Bulletin du Bibliophile, publié par Teschener, sous la direction de MM. Ch. Nodier, etc., à Paris.

    Prix par an (*franco*) pour la Belgique,   13-00

Histoire des seigneurs et princes de Gavre. In-4° de 488 pages, exactement semblable au manuscrit original de la bibliothèque de Bourgogne, ornée de 95 dessins coloriés avec soin.   45-00

Vie et Miracles de saint Rombaut patron de Malines, d'après les tableaux de M. Coxis. Cet ouvrage formera 15 livr. in-folio de 2 pl. lith. avec soin et accompagnées de texte à fr. 3-00 la livr. 8 livr. sont en vente.

Revue numismatique belge. Tirlemont, 1 vol. par an. La 1re année a paru.

    Prix, pour la Belgique,   12-00
    Prix, pour l'étranger,   15-00

Histoire des Belges à la fin du xviiie siècle, par A. Borgnet, professeur à l'université de Liége. Brux., 1844, 2 beaux vol. in-8.   10-00

Histoire des Comtes de Flandre jusqu'à l'avénement de la maison de Bourgogne, par Ed. Leglay. Bruxelles, 1843, 2 vol. in-8°.   18-00

www.ingramcontent.com/pod-product-compliance
Lightning Source LLC
Chambersburg PA
CBHW050904230426
43666CB00010B/2014